Menschen gewinnen

# Menschen gewinnen

## Evangelisch sein im ländlichen Raum

Herausgegeben von Volker Mantey, Sigurd Sadowski
und Heinz-Ulrich Schmidt-Ropertz

EVANGELISCHE VERLAGSANSTALT
Leipzig

Bibliographische Information der Deutschen Nationalbibliothek
Die Deutsche Nationalbibliothek verzeichnet diese Publikation in der Deutschen Nationalbibliographie; detaillierte bibliographische Daten sind im Internet über http://dnb.dnb.de abrufbar.


Printed in Germany · H 7661


Das Buch wurde auf alterungsbeständigem Papier gedruckt.

Cover: Zacharias Bähring, Leipzig
Satz: Kai-Michael Gustmann, Leipzig
Druck und Binden: Hubert & Co., Göttingen

ISBN 978-3-374-03280-8
www.eva-leipzig.de

*Für Rudolf Schulze*

# Vorwort

„Die Zukunftschancen einer jeden Institution hängen an ihrer Lernfähigkeit. Aber gerade dort, wo kirchliche Arbeit gut gelingt, wird dies zu wenig beachtet, nicht bewusst ausgewertet und kaum als Anregung zur Nachahmung in Anspruch genommen." Diese Feststellung aus „Kirche der Freiheit", dem Impulspapier des Rates der Evangelischen Kirche in Deutschland (EKD) aus dem Jahr 2006, gab den Anstoß für das Forschungsprojekt „Wachsen gegen den Trend" (2007). Darin konnten 32 Gemeinden vorgestellt werden, die erfolgreich dem vor allem demographisch bedingten Mitgliederschwund entgegenwirkten.

Im Kirchenkreis Melsungen (Evangelische Kirche von Kurhessen-Waldeck) haben sowohl das Impulspapier als auch das Forschungsprojekt große Aufmerksamkeit erfahren. Seit der Jahrtausendwende versuchen die Kirchengemeinden der ländlich geprägten Region, daraus Konsequenzen zu ziehen und sich in ihrer Arbeit auf eine geistliche Erneuerung der Kirche zu konzentrieren. Der äußere Anlass dazu waren einerseits landeskirchliche Bestrebungen, den Kirchenkreis mit benachbarten Kreisen zu einer größeren Einheit zu fusionieren, und andererseits die zunehmenden finanziellen Einschränkungen bei zurückgehenden Mitgliederzahlen.

Dass die finanzielle Konsolidierung der Gemeinden in Zukunft nur ein erster Schritt sein kann, ein geistlicher Aufbruch aber die entscheidende Aufgabe der Kirche sein wird, diese Überzeugung wird in den Gemeinden des Kirchenkreises Melsungen seit Jahren geteilt. Viele gemeinsame Projekte und Initiativen prägen deswegen die Gestaltung kirchlichen Lebens im Kirchenkreis. In diesem Zusammenhang ist die vorliegende Aufsatzsammlung entstanden. Da Kirchenrat Rudolf Schulze über viele Jahre als Dekan des Kirchenkreises diese Überzeugung in den Mittelpunkt seiner Arbeit gestellt hat, widmen wir ihm in Dankbarkeit anlässlich seines 65. Geburtstags diese Aufsatzsammlung. Ein Epilog zu den Aufsätzen stellt sein Wirken noch einmal humoristisch vor, eine seiner Predigten dokumentiert sein besonderes Engagement programmatisch.

Wir danken der Evangelischen Kirche von Kurhessen-Waldeck, insbesondere Bischof Prof. Dr. Martin Hein, für die großzügige Unterstützung durch einen Druckkostenzuschuss sowie dem Kirchenkreisvorstand des Kirchenkreises Melsungen und der Dr. Bernhard Braun-Stiftung des Heimat- und Verschönerungsvereins Melsungen e.V. Frau Dr. Annette Weidhas von der Evangelischen Verlagsanstalt Leipzig danken wir für die spontane Bereitschaft, die Sammlung in das Verlagsprogramm aufzunehmen.

Dass eine geistliche Erneuerung der Kirche gelingen kann, ist unsere Überzeugung und weiterhin das Leitmotiv unserer Arbeit im Kirchenkreis. Dass für diese Erneuerung die Ebene des Kirchenkreises eine geeignete Plattform darstellt, entspricht unserer Erfahrung. Lesen Sie vor diesem Hintergrund die hier versammelten Beiträge und lassen Sie sich für die Arbeit in der Gemeinde inspirieren!

*Melsungen, Mai 2013*

*Volker Mantey, Sigurd Sadowski und Heinz-Ulrich Schmidt-Ropertz*

# Inhalt

# Andacht zum Pfarrertag in Melsungen am 11. Mai 2011 zu Markus 9,17–27

*Rudolf Schulze*

Liebe Schwestern und Brüder,

Sie kennen das: Wenn wir Bibelworte auslegen, bringen wir unsere Gedanken und Erfahrungen der letzten Tage mit. So geht es mir auch heute:

Vor wenigen Tagen habe ich an einem Gespräch teilgenommen, in dem mit großem Ernst über die Zukunft unserer Kirche gesprochen wurde angesichts der Herausforderung durch den weiterhin ungebremsten Bevölkerungsrückgang. Sehr schnell, aber folgerichtig, waren wir auch bei der Frage angekommen, welche Bedeutung die Pfarrerinnen und Pfarrer für die weitere Entwicklung unserer Kirche haben. Schnell entwickelten sich zwei unterschiedliche Positionen. Die eine sagte: Vielen von unseren Pfarrerinnen und Pfarrern macht die hohe Arbeitsbelastung zu schaffen. Sie haben in den letzten Jahren erlebt, wie ihnen immer mehr aufgeladen wurde, wie auch die Erwartungen in den Gemeinden immer differenzierter wurden. Manche haben das Gefühl, ausgebrannt zu sein. Und jetzt sollen sie auch noch verantwortlich gemacht werden für die Zukunft der Kirche oder für das Schrumpfen der Volkskirche?

Auf der anderen Seite wurde ein sehr nachdenklicher Impuls formuliert: Liegt das Belastungsgefühl der Pfarrerinnen und Pfarrer vielleicht gar nicht in der objektiven Belastung, sondern liegt hier vielleicht ein geistliches Problem zugrunde: die Erfahrung von Erfolglosigkeit? Das Miterleben eines Schrumpfungsprozesses zerrt vielleicht an der eigenen Glaubensgewissheit: Befinden wir uns am Ende alle auf einem sinkenden Schiff?

Es ist nicht leicht zu sagen, welche dieser beiden Positionen Recht hat und ob und wie sie zusammenhängen. Das verbreitete Gefühl einer Überlastung und die eigene Verunsicherung über eine schrumpfende Volkskirche. Aber mir fiel dazu eine Geschichte ein, die ich uns jetzt aus dem Markusevangelium vorlesen möchte:

> Einer aber aus der Menge antwortete: Meister, ich habe meinen Sohn hergebracht zu dir, der hat einen sprachlosen Geist. Und wo er ihn erwischt, reißt er ihn; und er hat Schaum vor dem Mund und knirscht mit den Zähnen und wird starr. Und ich habe mit deinen Jüngern geredet, dass sie ihn austreiben sollen, und sie konnten's nicht. Er aber antwortete ihnen und sprach: O du ungläubiges Geschlecht, wie lange soll ich bei euch sein? Wie lange soll ich euch ertragen? Bringt ihn her zu mir! Und sie brachten ihn zu ihm. Und sogleich, als ihn der Geist sah, riss er ihn. Und er fiel auf die Erde, wälzte sich und hatte Schaum vor dem Mund. Und Jesus fragte seinen Vater: Wie lange ist's, dass ihm das widerfährt? Er sprach: Von Kind auf. Und oft hat er ihn ins Feuer und ins Wasser geworfen, dass er ihn umbrächte. Wenn du aber etwas kannst, so erbarme dich unser und hilf uns! Jesus aber sprach zu ihm: Du sagst: Wenn du kannst – *alle Dinge sind möglich dem, der da glaubt.* Sogleich schrie der Vater des Kindes: *Ich glaube; hilf meinem Unglauben!* Als nun Jesus sah, dass das Volk herbeilief, bedrohte er den unreinen Geist und sprach zu ihm: Du sprachloser und tauber Geist, ich gebiete dir: Fahre von ihm aus und fahre nicht mehr in ihn hinein! Da schrie er und riss ihn sehr und fuhr aus. Und der Knabe lag da wie tot, so dass die Menge sagte: Er ist tot. Jesus aber ergriff ihn bei der Hand und richtete ihn auf, und er stand auf.

Diese Heilungsgeschichte führt uns mitten hinein in die Grenzerfahrungen der Jünger, von denen es heißt: *„Sie konnten's nicht".* Und auf der anderen Seite steht der grenzenlose Satz: *„Alle Dinge sind möglich dem, der da glaubt."* Was für einen unmöglichen Satz schleudert Jesus da seinen Freunden entgegen? Wie geht es Ihnen, liebe Schwestern und Brüder, mit diesem Wort? Würden Sie es Ihren Konfirmanden jetzt als Konfirmationsspruch weiterreichen? *„Alle Dinge sind möglich dem, der da glaubt."* Ich hätte da meine Hemmungen und würde es nicht ohne Interpretation tun können, weil ich die Sorge hätte, unrealistische Allmachtsphantasien in den Jugendlichen zu wecken. Viel näher ist mir das, was von den Jüngern erzählt wird: *„Und sie konnten's nicht."*

Die Jünger konnten den kranken Jungen nicht gesund machen. Eben erst waren einige von ihnen mit Jesus auf dem Berg der Verklärung gewesen. Sie hatten ein wahres Highlight erlebt. Und dann kam der Abstieg. Mit jedem Schritt, den sie wieder hinuntergingen ins Tal, ist die Klarheit Gottes verflogen, die ihnen oben eine österliche Gewissheit verschafft hatte. Als sie in den Niederungen ihres Alltags ankommen, kommt ihnen ein Vater mit einem epileptischen Sohn entgegen. Sie sollen ihn heilen. Und auf einmal merken sie, wie wenig sie vermögen.

Wir könnten wohl viele eigene Erfahrungen beisteuern, die unter diese Überschrift gehören: *„Und sie konnten's nicht".* Du willst Menschen helfen, aber du vermagst es nicht. Du möchtest Menschen für den Glauben begeistern, aber es gelingt nicht. Du hast Träume für deine Gemeinde, aber sie scheitern an der Wirklichkeit. Und da sind da noch die vielen interessanten Aufgaben und Herausforderungen, die man in seiner Gemeindearbeit alle auch noch erledigen könnte, aber wo bleibt die Zeit dafür? „Sie konnten's nicht". Es stimmt: Am Ende bleibt bei manchen das Gefühl, dass die eigenen Kräfte ausgehen, weil man immer und immer wieder erneut seinen engen Grenzen begegnet. Leicht türmt sich ein schlechtes Gewissen auf für all das, was man nicht erledigt hat. Die Liste der unerledigten Krankenbesuche wird immer länger. Und dabei haben wir doch auch die Highlights erlebt, die Gipfelerlebnisse wie die Jünger: als wir hochmotiviert ins Pfarramt gekommen sind mit unserer Ordination. Als wir innerlich bewegt von einem Kirchentag zurückkamen oder als wir ein großes Kirchenfest zu feiern hatten oder Erfolgserlebnisse in der Gemeinde. Aber dann sind diese Hochgefühle auf einmal nicht mehr alltagstauglich. Wir erfahren unsere Grenzen wie die Jünger damals: „Sie konnten's nicht".

Als Jesus das hört, wird er unwirsch. „O du ungläubiges Geschlecht, wie lange soll ich bei euch sein? Wie lange soll ich euch ertragen? Bringt ihn – den Jungen – her zu mir!" Es scheint mir, als fühle sich Jesus gekränkt durch das schwache Selbstvertrauen der Jünger. Er hatte sie doch immer und immer wieder inspiriert, mit der großen Kraft Gottes zu rechnen. So holt er aus mit einem steilen Satz: „Alle Dinge sind möglich dem, der da glaubt."

Was für eine kühne Behauptung. Nein, liebe Schwestern und Brüder, es ist eben nicht nur eine Behauptung. Es ist eine Zusage. Jesus sagt nicht: So sollte es sein, sondern das ist die Realität: „Alle Dinge sind möglich dem, der da glaubt." Man darf dieses Wort nur nicht isoliert verstehen. Damit diese Einsicht bei uns ankommen kann und sich in unsern Herzen festsetzen kann, müssen wir zunächst den Weg des Vaters gehen. Er kann uns zum Beispiel werden. Er weiß um seine Grenzen – und doch will er viel mehr, will alles für sich und seinen Sohn erreichen. Er spricht in seiner Verzweiflung aus, was wir nicht immer aussprechen und wohl doch manchmal denken: Ich möchte gerne so unendliches Vertrauen auf Gott haben, gerade wenn ich an meine Grenzen stoße. Aber da ist die Stimme des Zweifels in uns. Und deshalb ruft der Vater: „Ich glaube, hilf meinem Unglauben!"

Es ist bezeichnend, dass die Geschichte von einem Vater spricht. Denn Eltern machen sehr spezielle Erfahrungen mit dem Satz: „Alles ist möglich dem, der da glaubt". Denn sie geben ihren Kindern ein Maß an Geborgenheit und Zukunftshoffnung mit, für das sie selbst überhaupt nicht garantieren können. Sie geben ihren Kindern ein Urvertrauen mit, das doch eigentlich gar nicht in ihren Möglichkeiten liegt. Das ganz und gar auf der Linie liegt: „Alles ist möglich dem, der da glaubt." Wenn Eltern nachts ihr Kind trösten, das aufgeschreckt ist durch einen Alptraum und Angst hat und nicht wieder einschlafen will, dann nehmen sie ihr Kind in den Arm und sagen: Es ist doch alles gut! Schlaf ein, alles wird gut. Der Satz stimmt doch gar nicht. Es ist doch gar nicht alles gut. Und es gibt vielleicht mancherlei Sorgen in dieser Familie. Und als der Vater oder die Mutter gestern Abend die Spätnachrichten gesehen haben, haben sie gesehen, wie viele Katastrophen in der Welt sind. Und sie mögen sich vielleicht fragen, was die Klimakatastrophe oder die Wirtschaftsentwicklung oder die Kriege oder die Ungerechtigkeit der Welt für ihre Kinder morgen bedeuten werden. Oder sie machen sich Sorgen, ob es den Kindern morgen ebenso gut gehen wird wie den Eltern heute. Trotz ihrer eigenen Sorgen sagen sie den Kindern: Alles wird gut!

Aber sie sagen damit die Wahrheit! Das ist ja keine Lüge. Es ist nur so: dass sie selber dafür nicht einstehen können. Sie sagen mehr, als sie wissen können. Es ist legitim, den Kindern nachts zu sagen: Es ist alles gut. Denn das ist nur das Echo, das Gott selbst bei der Schöpfung gesprochen hat: „Und siehe, es ist sehr gut." Damit unsere Kinder das nachsprechen lernen, dass Gott es gut mit dieser Schöpfung gemeint hat und mit uns auch in Zukunft auch gut meint: Deshalb schulden wir ihnen den Satz: Alles wird gut. Wie sollen sie denn sonst die *Sprache des Urvertrauens* lernen?

Aber damit sind wir genau in diese Dimension vorgestoßen, von der Jesus spricht: „Alle Dinge sind möglich dem, der da glaubt."

Wir möchten diesen Satz glauben. Aber dazu brauchen wir eben erst das Eingeständnis, dass wir oft zu kleingläubig sind. Aber mit dem ehrlichen Seufzer: Hilf unserem Unglauben, haben wir Gott schon längst Recht gegeben, dass bei ihm alle Dinge möglich sind. Und dass wir daran teilhaben werden.

Immer wieder überrascht uns Gott mit seinen neuen Möglichkeiten. Vor 21 Jahren zum Beispiel, als er uns die Wiedervereinigung unseres Volkes schenkte, für die wir so oft gebetet und an die wir vielleicht viel zu wenig geglaubt haben. Oder weil sich auf einmal neue Erfahrungen aufgetan haben, wunderbare Neuanfänge im Leben, wo wir gemerkt haben: „Das Alte ist vergangen, siehe, es ist alles neu geworden." Vor einigen Tagen habe ich einen Brief in den Händen gehabt, den mir vor einigen Jahren einer geschrieben hat, der einmal als Durchreisender vor 20 Jahren an meiner Tür stand. Es fügte sich so, dass ich anders als sonst für den Durchreisenden Zeit haben wollte. Und dass er bereit war, sich helfen zu lassen, und dass ich ihn in eine Therapieeinrichtung vermitteln konnte. In diesem Brief schrieb er, wie er an der ersten Therapieeinrichtung gescheitert ist, und dann schrieb er: „Die gute Seite der Zeit in der Einrichtung ist die, dass ich zum Herrn Jesus fand. Obwohl ich rückfällig wurde, kann ich nicht von ihm lassen." Und dann schildert er ausführlich seinen schwierigen Weg zur Entgiftung.

Als ich diesen Brief erhalten hatte, habe ich mehrere Jahre nichts von ihm gehört. Und dann, an einem Karfreitag um 16 Uhr nach der Feier zur Todesstunde Jesu, als ich die Stadtkirche verlasse, steht er vor der Kirchentür und sagt: Ich wohne jetzt in Westdeutschland, ich bin auf der Reise nach Thüringen, um meine Tochter zu treffen, ich habe wieder Kontakt zu ihr. Ich wollte mich nur schnell bei Ihnen bedanken, aber ich muss jetzt gehen, mein Zug fährt gleich weiter.

Liebe Schwestern und Brüder, Sie alle kennen diese Situation, dass ein Durchreisender vor Ihrer Tür steht. Und Sie wissen, wie begrenzt die Chancen sind, ihm einen Schritt weiter in Richtung Heilung zu verhelfen. Meistens ist doch die Erfahrung: „Und sie konnten's nicht." Und dann ereignete sich es sich auf einmal doch. Damals schenkte mir der Mann an Karfreitag eine Ostererfahrung! Es gibt sie, die Kraft der Verwandlung. Von Gott her.

Auch wir machen die österliche Erfahrung: *Das Alte ist vergangen, siehe Neues ist geworden.*

Wir haben das nicht in der Hand. Wir sind nicht der allmächtige Gott. Aber wir können seine Kraft ins Spiel bringen. Und das fängt damit an, dass wir bei uns selber sagen: *Herr, hilf meinem Unglauben*, oder anders übersetzt: Ich will deiner Kraft nicht im Weg stehen durch meine Resignation. Durch meinen scheinbaren Realismus, der vergessen hat, dass es einmal Ostern geworden ist. Dass seither über unserem Leben die Überschrift steht: Das Alte ist vergangen, Neues ist geworden.

Es geht nicht darum, dass *wir* das Neue schaffen und dass wir dafür garantieren. Dann müssen wir an unseren Grenzen scheitern. Sondern es geht darum, dass wir uns dem Neuen öffnen und dass wir Gottes gute Absicht für uns gelten lassen.

Und in dieser Richtung dürfen wir die Zukunft unserer Kirche erhoffen. Nicht *wir* verfügen über die Zukunft der Kirche. Es ist wohl die besondere Versuchung der kirchlichen Strukturausschüsse, Lenkungsgruppen, Personalplaner und der EKD-Leuchtturmwärter, sie hätten die Zukunft der Kirche in der Hand, man brauche nur die richtigen Konzepte.

Der Vater des epileptischen Jungen weist uns Kirchenplanern den Weg: Auch wir möchten doch – wie er – so vieles erreichen. Aber es ereignet sich nur, wenn wir unsere eigenen Grenzen und Sorgen annehmen und deshalb wie jener Vater bitten: „Ich glaube, hilf meinem Unglauben."

Dass der Weg eines Menschen oft anders verläuft, als wir es vorausberechnen, das wissen wir. Sollte das nicht ebenso für unsere Kirche gelten, dass Gott ihr neue Möglichkeiten schafft und Menschen das Herz öffnet und wir dabei mithelfen wollen? Obwohl wir hier und da an unsere Grenzen stoßen. Und obwohl sie kleiner wird, weil die deutsche Bevölkerung immer noch zurückgeht. Nicht irgendwie erträumte Menschen hat Gott sich ausgesucht, um mit ihm an der Kirche zu bauen. Sondern reale Menschen, wie Sie es sind, wie ich es bin, wie unsere Gemeindeglieder es sind. Mit diesen wirklichen Menschen mit ihren Begrenzungen und ihrem oft unsicher tastenden Glauben hat Gott sich verbündet, um in diese Welt hineinzuwirken. Er lädt uns ein, ihm zu vertrauen, und eröffnet uns jenseits unserer Begrenzungen einen weiten Raum der Hoffnung.

Amen.

# Menschen gewinnen.

# Praktische Grundperspektiven

# Kinder in der Kirche – eine Betrachtung

*Ruthild von Dörnberg*

„Siehe, Kinder sind eine Gabe Gottes; dass sie zur Welt kommen, ist ein Geschenk!"
Psalm 127,3

Dieses Wort aus dem 127. Psalm habe ich als kleines Mädchen jeden Tag auf meinem Schulweg gelesen. Es stand in großen Buchstaben an der Stirnwand des evangelischen Kindergartens, an dem ich vorbeilaufen musste. Ich weiß noch, wie glücklich und froh ich mich gefühlt habe, wenn ich das las. Das war doch etwas Wunderschönes – ich als Gabe Gottes, ich als Geschenk! Selbst wenn wie bei allen Kindern früher – wie auch heute – bei mir alles Mögliche schiefging an einem Tag – immerhin war ich ein Geschenk, eine Gabe Gottes!

Aufgewachsen in einem „frommen" Elternhaus in der Nähe von Wuppertal, sozusagen im Dunstkreis aller möglichen Erweckungsbewegungen, habe ich in meiner kirchlichen Sozialisation erlebt, dass Kinder in der Kirche selbstverständlich beachtet und geachtet wurden: Der sonntägliche Kindergottesdienst wurde von vielen Kindern besucht; es gab fröhliche Kindergottesdienstfeste und Ausflüge in die Umgebung. Bei kirchlichen Festen zogen die Kinder des Kindergottesdienstes in Umzügen an der Spitze der Gemeinde und keine der jährlich stattfindenden „Zeltmissionen" gab es ohne Kinderprogramm. Ich habe es also als selbstverständlich erlebt, dass Kinder zum Leben der Kirche dazugehörten, dass sie willkommen waren und dass viele Menschen sich Mühe gaben, Kinder an das Evangelium heranzuführen und in das Leben der Kirche mit einzubinden.

Allerdings war meine Kindheit eine Zeit, in der das Leben der Kinder von dem der Erwachsenen klar abgegrenzt war. Niemand wäre auf den Gedanken gekommen, Kinder mit in den sonntäglichen Gottesdienst zu nehmen – der war ja für die „Großen". Deshalb kamen wir Kinder normalerweise auch nicht in die Verlegenheit, bei einer Veranstaltung, die nicht für uns gedacht war, die erwachsenen, andächtigen Gottesdienstbesucher zu stören. Wir konnten im Kindergottesdienst, wenn wir unter uns waren, genug Quatsch machen.

Natürlich gingen aber auch in meiner Kindheit nicht alle Kinder so selbstverständlich in den Kindergottesdienst wie meine Geschwister und ich.

Ich nehme also an, dass sich die Verantwortlichen in der Kirche auch damals schon Gedanken darüber gemacht haben, wie es gelingen könnte, die „Gaben Gottes“, die Kinder, in das kirchliche Leben zu integrieren.

Wie die Kirche ihre Haltung zu Kindern findet und definiert, hat ja auch immer etwas mit den gesamtgesellschaftlichen Zusammenhängen, Strömungen und Definitionen zu tun. Jede Zeit muss neu überlegen und entscheiden, wie sie mit den Kindern umgeht, die in ihr leben und aufwachsen, wie sie sie heranführt an ein verantwortungsbewusstes und erfülltes Erwachsenenleben und – bezogen auf die Kirche – wie sie der nächsten Generation ein Wissen davon vermittelt, dass Leben auch immer bedeutet, verantwortlich vor Gott zu handeln und geborgen in Gottes Liebe sein Leben getrost und zuversichtlich zu gestalten. Ganz abgesehen davon ist es für die Kirche in Zeiten des demographischen Wandels sicher auch eine Überlebensnotwendigkeit, sich verstärkt um die „Mitgliedergewinnung“, um den Nachwuchs zu kümmern. Missionarisch zu handeln ist ja auch einer der Schwerpunkte, den sich die Kreissynode Melsungen für die laufende Legislaturperiode gesetzt hat. Und dazu gehört sicher auch die Frage danach, ob und welche Zielsetzungen den einzelnen Kirchengemeinden für die Kinder einfallen, die in ihnen leben.

Und weil wir in der Kirche ja nie etwas ohne biblische Rückbesinnung tun, aus der wir den Auftrag für unser Denken und Handeln ableiten, erinnere ich an dieser Stelle daran, dass Jesus selbst immer wieder seine Wertschätzung für Kinder betont hat: „Wenn ihr nicht werdet wie die Kinder ...“; „Lasset die Kinder zu mir kommen ...“ – diese Zitate aus den Evangelien sind uns allen bekannt.

Was aber tut Kirche heute, was kann sie tun, um Kinder wieder – noch mehr – überhaupt in den Blick zu nehmen? Ich will versuchen, einige wenige Dinge aufzuzeigen, die mir persönlich vielversprechend erscheinen.

## 1. „Mit Kindern neu anfangen“

So heißt ein Projekt, das aus der westfälischen Kirche kommend inzwischen auch in unserer Landeskirche Fuß gefasst hat. Nach einer Pilotphase, in der einige ausgewählte Kirchengemeinden Erfahrungen mit dem Projekt gesammelt haben, ist es inzwischen in vielen Gemeinden eingeführt und wird in unterschiedlicher Ausprägung durchgeführt.

Im Leben eines jeden Menschen gibt es immer wieder Momente, in denen er etwas davon spürt, dass das Leben mehr ist als der Alltag, der bewältigt, und die Freizeit, die genossen werden will. Die Geburt eines eigenen Kindes gehört wohl für die meisten Menschen zu den Augenblicken, in denen sie etwas davon merken, dass es unerklärliche Wunder gibt, die man selbst nicht machen kann. Eine Ahnung davon, dass „Gott am Werk ist“, dass sie selbst teilhaben dürfen am Schöpfungsauftrag Gottes, erfasst auch Menschen, die eigentlich nichts mit dem Glauben, mit der Kirche, im Sinn haben.

Aufmerksam und phantasievoll mit Menschen umzugehen, die gerade Eltern geworden sind, ist deshalb eine ungeheuer große Chance für die Kirchengemeinden, die bisher viel zu wenig in den Blick genommen wurde. Das Projekt „Mit Kindern neu anfangen“ möchte gerade die Familien mit neu geborenen und kleinen Kindern durch unterschiedliche Maßnahmen begrüßen und begleiten.

In einigen Gemeinden finden sich Menschen, die die Familien besuchen, in denen ein Kind gerade geboren ist. Sie bringen die Grüße der Kirchengemeinde mit, vielleicht auch ein kleines Geschenk. Sie wünschen Gottes Segen für das Baby und die Eltern und machen auf die Angebote aufmerksam, die es in der Kirchengemeinde für Familien und ihre Kinder gibt. Ich meine, dass an dieser Stelle auch dazugehört, dafür zu werben, dass die Eltern ihr Kind taufen lassen können und sollen. Viele junge Eltern lehnen die Taufe für ihre Kinder eigentlich ja gar nicht ab, aber sie wissen nicht so richtig, „wie das geht“, ein Kind taufen zu lassen. An wen müssen sie sich wenden, was müssen sie beachten, wie wird das in der jeweiligen Gemeinde gehandhabt, wie ist das mit Taufterminen und Taufpaten? All das sind Fragen, die einem kirchlichen Insider gar nicht in den Sinn kämen, die aber für viele junge Eltern ein solches Hindernis darstellen, dass ihr oft auch nur diffus empfundener Wunsch, ihr kleines Kind unter den Segen Gottes zu stellen, immer wieder aufgeschoben wird, so lange, bis sie dann die Meinung vertreten, das Kind solle „selbst entscheiden“, ob es getauft werden will oder nicht. Welch eine Chance lassen Kirchengemeinden ungenutzt, wenn sie aus falsch verstandener Bescheidenheit – „für unsere gute Sache brauchen wir keine Werbung“ – an dieser Stelle Gelegenheiten verstreichen lassen, Menschen im Sinne Jesu zu Jüngern zu machen! Außerdem sei die ganz nüchterne Frage gestellt, wie lange es sich die Kirche noch leisten kann, auf die kleinen Kinder als neue Mitglieder zu verzichten.

In der Kirchengemeinde meines ältesten Sohnes, der auf einem kleinen Dorf in der Nähe von Hannover wohnt, wird jedes neu geborene Kind durch ein viertelstündiges „Babyläuten“ der Kirchenglocken in der Dorfgemeinschaft und in der Kirchengemeinde begrüßt, lange bevor es getauft wird. Und der Name des Kindes und seiner Familienangehörigen wird im „Kasten“ an der Kirche ausgehängt. Welch ein wunderbares Zeichen, dass dieses neue Kind willkommen ist! Eine solche Sitte kann man in einer großen Stadt natürlich nicht einführen, aber man kann doch überlegen, wie man Familien mit ihren Kindern zeigen kann, dass sie beachtet und wahrgenommen werden und dass sie schon mit ihren kleinen Kindern willkommen sind.

Ein anderer Aspekt des Projekts „Mit Kindern neu anfangen“ ist die Begleitung getaufter Kinder und ihrer Eltern. So wichtig es auch ist, aktiv Werbung für die Taufe zu machen, sollte man darüber doch nicht vergessen, dass die Gemeinde dazu aufgefordert ist, ihre Verantwortung für die getauften Kinder wahrzunehmen. In Melsungen hat sich ein Besuchskreis zusammengefunden, dessen Mitglieder die Familien von getauften Kindern zum ersten und zum dritten Tauftag des Kindes besuchen. Dabei wird ein kleines Geschenk überreicht oder zum dritten Tauftag auch eine Kinderbibel. In persönlichen Gesprächen bei den Besuchen besteht die Chance, auf Angebote der Kirchengemeinde für Familien hinzuweisen und durch den persönlichen Kontakt Ansprechpartner sichtbar werden zu lassen. Im Gespräch mit einer Kindergottesdienstmitarbeiterin z. B. wird eben einfach sofort viel fassbarer, was der im Gemeindebrief oder in der Presse veröffentliche Hinweis bedeutet „Kindergottesdienst jeden ersten Samstag im Monat ...“ oder „Kinderkirche jeden Sonntag ...“.

Ab und zu ergibt sich vielleicht bei solch einem persönlichen Besuch auch ein Gespräch über „Gott und die Welt“, also z. B. darüber, wie ich mit meinem Kind über Gott sprechen kann oder welche Gebete für Kinder es gibt. Insofern ist die Zielrichtung des Projekts „Mit Kindern neu anfangen“ durchaus missionarisch ausgerichtet.

## 2. „Ich spreche Türkisch und Deutsch und ein bisschen evangelisch!“

Diese Aussage eines kleinen Mädchens der evangelischen Kindertagesstätte Lutherhaus in Melsungen, gerne immer wieder einmal von Dekan Rudolf Schulze zitiert, macht schlagartig deutlich, warum es unverzichtbar wichtig ist, dass sich Kirchengemeinden Kindertagesstätten „leisten“. Hier lernen Kinder offensichtlich, „evangelisch“ zu sprechen. Warum aber ist das in der heutigen Zeit immer noch oder gerade wieder wichtig? Ich verweise zu diesem Thema auch auf die Ausführungen in der Schrift der EKKW „Bildung stärken, Strukturen klären“, die im Abschnitt „Kinder“ ausführlich darauf eingeht. Ich werde einige Aspekte aus diesem Kapitel im Folgenden aufnehmen.

Schon im vorigen Absatz habe ich darauf verwiesen, dass es meistens kein böser Wille der Eltern oder grundsätzliche Ablehnung kirchlicher Strukturen und Traditionen bedeutet, wenn sie ihre Kinder nicht (mehr) zur Taufe bringen, nicht mehr mit ihnen beten oder ihnen keine biblischen Geschichten mehr erzählen. Die Eltern selbst gehören ja schon zu der Generation, die nicht mehr selbstverständlich – durch Riten und Rituale in der Familie, durch Besuch des Kindergottesdienstes oder auch durch den selbstverständlichen Besuch von Gottesdiensten an kirchlichen Feiertagen – in christliche Traditionen wie das Beten oder auch das Erzählen von biblischen Geschichten hineingewachsen ist. Sie wissen einfach selbst nicht mehr, welchen Sinn kirchliche Feste haben und warum man welche Gebete sprechen sollte. Wenn nun Kinder ihre Eltern nach dem Sinn des Lebens fragen – woher wir kommen und wohin wir gehen –, dann wissen die Eltern keine Antwort darauf, weil sie nie gelernt haben, wirklich darüber nachzudenken. Sie selbst finden sich oft ja auch nur schwer im Leben zurecht, wenn es nicht so läuft, wie sie es sich wünschen und vorstellen. Eltern brauchen also Orte, an denen sie lernen können, eigene Glaubensüberzeugungen auszudrücken, um sie dann mit der Tradition der Kirche in Beziehung setzen zu können.

Die Wiedergewinnung einer gemeinsamen Perspektive von Erziehung und Bildung kann neu zur Aufgabe kirchlicher Bildungsarbeit werden und – wo es gelingt – einen wichtigen Beitrag zum Wohl des Kindes leisten.

Im Umgang mit den Kindern steht in den kirchlichen Einrichtungen bei der Vermittlung von Fähigkeiten, Fertigkeiten und Wissen eine christliche Grundorientierung im Vordergrund, die das Denken und Handeln, das Erleben und Wollen mit einschließt.

Kindergartenkinder sind enorm wissbegierig. Sie wollen die Welt begreifen und verstehen, sie suchen nach Orientierung für ihr Handeln, Denken und Planen, sie wollen alles ausprobieren. Für sie ist nichts einfach so, wie es aussieht, sie wollen hinter die Dinge schauen und sie machen sich ihre eigenen Gedanken. Kindergartenkinder fragen: „Wo war ich, als ich noch nicht auf der Welt war?" Und sie finden Antworten, die dann vielleicht so aussehen wie die Antwort, die sich unser damals dreieinhalbjähriger ältester Sohn auf diese Frage selbst gab:

> Wie Friedrich auf die Welt kam:
> „Ich bin auf der Mauer von Burg Herzberg gewachsen, und da war nur mein Gesicht, und da hat der Gott mich in den Himmel geholt und hat mir Arme und

> Beine und den Kopf angeklebt und Ohren dran und Haare. Und dann hat er mich wieder auf die Mauer gestellt. Und da ist Mama gekommen und Papa, und da haben sie mich gesehen und gesagt: Was ist das für ein niedliches Jungchen! Und da haben sie mich mitgenommen, und da war ich froh!"

Und auf die Frage: „Wo werde ich sein, wenn ich nicht mehr lebe?" fand unser fünfjähriger Burkhard eine verblüffende Antwort.

> Burkhard macht sich Gedanken über den Tod:
>
> „Erst ist man ein Baby, dann ein Junge, dann ein Mann, dann ein Opa und dann ist man tot! Das ist das Ende vom Lied." Nachdenklich: „Aber vielleicht gibt es noch eine Geheimstrophe von dem Lied und die heißt dann ‚bei Gott!'"

Welch ein Schatz sind solche Gedanken von Kindern! Und wie wichtig ist es, Kinder dazu anzuleiten und sie zu ermutigen, ihre Erklärungen für Gott und die Welt und ihre Überlegungen zu Leben und Tod zu denken und auszusprechen

Es ist natürlich außerordentlich hilfreich, wenn Eltern bei der Beantwortung der oft komplizierten Fragen ihrer Kinder professionelle Hilfe in Anspruch nehmen können. Die Erzieherinnen und Erzieher in den Kindertagesstätten sind solche Helfer, die die Kinder auf ihrem Weg in die Welt begleiten und ihnen bei der Entwicklung ihrer Persönlichkeit zur Seite stehen. Schon Vorschulkinder wollen sich in der Welt, in der sie leben, orientieren. Sie wollen diese Welt deuten und verstehen und sie suchen Orientierung für ihr Denken und Handeln. Eine Orientierung in der Welt hat aber auch immer eine religiöse Dimension, weil sie es immer auch mit „letzten Fragen" zu tun hat. „Die christliche Tradition ist in der glücklichen Lage, dass sie über wunderbar reiche und vielschichtige Geschichten verfügt, die zu verstehen geben, was für den christlichen Glauben Deutung der Wirklichkeit, Handlungsorientierung und die Möglichkeit des Umgangs mit Brüchen ist." (Bildungsstudie der EKKW, 14) Das Erzählen von biblischen Geschichten und das gemeinsame Feiern christlicher Feste leisten also schon im Vorschulalter einen wichtigen Beitrag zur Entwicklung des Kindes.

Genauso wichtig sind für die kindliche Entwicklung Regeln und Rituale, die ihm helfen, die Welt zu strukturieren und das Durcheinander des täglichen Lebens zu ordnen. Hier bietet die christliche Tradition mit Gebeten und Liedern, immer wiederkehrenden Festen und anderen verlässlichen Strukturen einen reichen Schatz, den es bei der Erziehung schon kleiner Kinder zu nutzen gilt. Die Kinder lernen, dass es hilfreich ist, Trauer, Freude und Dank in bestimmten, wiederzuerkennenden und immer wiederkehrenden Formen ausdrücken zu können, die darüber hinaus ein großes Maß an Gemeinschaft stiften können.

Eine sorgfältige religiöse Erziehung von Kindern sollte deshalb ein Herzensanliegen jeder Kirchengemeinde sein. Wenn es in einer Gemeinde evangelische Kindertagesstätten gibt, sollte es selbstverständlich sein, dass auf eine solche sorgfältige frühkindliche religiöse Erziehung von Kindern nicht nur Wert gelegt wird, sondern dass darauf geachtet wird, dass sie auch tatsächlich geschieht. Und dazu gehört gerade in Zeiten der zunehmenden Personalknappheit bei pädagogischen Fachkräften eine sorgfältige Auswahl der Erzieher und Erzieherinnen in unseren Kindertagesstätten.

Wenn eine Kirchengemeinde selbst keine Kindertagesstätte hat – und das ist ja in den allermeisten Gemeinden der Fall –, könnte aber trotzdem ein Bewusstsein dafür entwickelt werden, ob und an welchen Stellen eine Zusammenarbeit mit anderen Trägern möglich ist, damit die religiöse Dimension im Leben der Kinder nicht vernachlässigt wird. Auch der Hessische Bildungs- und Erziehungsplan verlangt explizit von der Erziehung in allen Kindertagesstätten, dass „Religiosität und Werteerziehung" eine entscheidende Rolle in der Vorschulerziehung spielen sollen. Da wäre es eine lohnende Aufgabe der Kirche, der „Sprachlosigkeit" von Erzieherinnen und Erziehern durch Gesprächs- und Fortbildungsangebote abzuhelfen.

Ein „bisschen evangelisch" zu sprechen – bedeutet das nicht für Kinder, etwas davon mitbekommen zu haben, dass sie bejaht und erwünscht und angenommen sind, von Gott und den Menschen, selbst wenn sie alle möglichen anderen Sprachen auch noch sprechen? Und ist dieses Bewusstsein nicht eine wichtige Voraussetzung für „‚starke Kinder', die ihre eigenen Kräfte und Fähigkeiten entdecken und entfalten können und die in der Lage sind, verlässliche und selbstbewusste Beziehungen aufzubauen" (Bildungsstudie der EKKW, 14) und zu pflegen?

## 3. „Ich will dazugehören!"

Pfarrerin Sadowski sprach mich, Klassenlehrerin einer dritten Klasse, eines Tages an: „Weißt du, dass ich am vergangenen Sonntag ein Kind aus deiner Klasse getauft habe?" Nein, ich wusste es nicht, denn der Neunjährige war sehr still und wegen seiner Körperfülle in der Klassengemeinschaft auch nicht gerade besonders gut angesehen. Außerdem war er erst am Ende der zweiten Klasse zu uns gekommen und er lebte in ausgesprochen schwierigen familiären Verhältnissen. Nun also hatte er sich auf eigenen Wunsch taufen lassen. Auf die Frage der Pfarrerin, warum das gerade jetzt sein Wunsch sei, war seine Antwort: „Ich will dazugehören!" Er wollte nun endlich zu den Menschen gehören, von denen er im Religionsunterricht erzählt bekam: Menschen, die klein und unscheinbar sind, Außenseiter und ungeliebt, Menschen, die nicht alles richtig machen, die keine Helden sind, Menschen, die traurig sind und sich freuen – Menschen, denen eines gemeinsam ist, nämlich dass sie zu der Gemeinschaft derer gehören, die sich angenommen, angeschaut, geliebt wissen von Gott, so wie es uns überliefert ist in vielen biblischen Geschichten. Welch ein Erfolg – auch – des Religionsunterrichts!

Ein Kind, das sich angenommen und geliebt weiß, wird sich den Herausforderungen des Lebens und als Neunjähriger den Herausforderungen des Lernens in der Schule mit Zuversicht, Selbstbewusstsein und Vertrauen stellen können. Grundschulkinder sind glücklich zu nennen, wenn sie Eltern haben, die in der Lage sind, ihr Kind als „Geschenk Gottes" anzunehmen und ernst zu nehmen, damit das Kind nicht nur über seine Leistung definiert wird oder, was fast noch schlimmer ist, zur Erfüllung von Elternwünschen und zum Ausgleich eigener Defizite herhalten muss.

Grundschulkinder brauchen aber auch Lehrerinnen und Lehrer, die in der Lage sind, die ihnen anvertrauten Kinder als „liebenswerte Geschöpfe Gottes" zu sehen, egal, wie sie aussehen, sich verhalten und handeln, egal, wie schnell oder langsam oder „nachhaltig" sie lernen. Das wirft die Frage danach auf, wie die Würde des Kindes im System der öffentlichen Schule Beachtung finden kann.

Oft ist in diesem Zusammenhang die Rede von der sogenannten Schulkultur. Das bedeutet, dass nur eine Atmosphäre, in der die Achtung vor allen Menschen, die im Lebensraum der Schule lernen, lehren und arbeiten, überzeugend gelebt wird, als wirklich günstige Lernumgebung gelten kann.

In diesem Zusammenhang spielt der Religionsunterricht eine wichtige Rolle. Seine Bedeutung als ordentliches Unterrichtfach darf nicht unterschätzt oder ohne Not ausgehöhlt werden. Er ergänzt die Sichtweisen und Inhalte anderer Unterrichtsfächer durch die religiöse Dimension, indem er die christliche Sicht der Wirklichkeit und ihre Deutung von Welt – Mensch – Gott thematisiert. Eigentlich sollte aus den Gründen, die schon im vergangenen Abschnitt angesprochen worden sind, diese Dimension im gesamten Unterricht der Schule zum Tragen kommen. Gelegentlich geschieht dies in fächerübergreifenden Projekten oder an Projekttagen. Das Fach Religion ist von immenser Bedeutung für die Schule, um zu gewährleisten, dass die religiöse Dimension des Lebens insgesamt nicht in Vergessenheit gerät.

Die Kirchengemeinden vor Ort und die verfasste Kirche überhaupt sollten darauf achten, dass die Zusammenarbeit mit den öffentlichen Schulen gepflegt und intensiviert wird, wo immer es sich anbietet. Gewiss bedeutet es für die jeweiligen Gemeindepfarrer zusätzliche Arbeit, sich bei der Vorbereitung von Schulgottesdiensten mit den Kolleginnen und Kollegen der Schulen abzusprechen. Aber es kann doch auch eine große Bereicherung für den Dienst an Kindern (und ihren Eltern) sein, zusammen mit anderen Menschen, die täglich mit Kindern umgehen, zu überlegen und zu planen, wie es gelingen kann, in Kindern und ihren Familienangehörigen den Wunsch zu wecken, den der kleine Junge aus meiner Klasse ganz schlicht so ausdrückte: „Ich möchte dazugehören!"

An dieser Stelle seien auch die vielfältigen Aktivitäten erwähnt, die Kirchengemeinden überall und natürlich auch im Kirchenkreis Melsungen entwickeln, um Kindern und ihren Eltern ein Gefühl der Zugehörigkeit zu vermitteln. Ich nenne hier Angebote wie Kindergottesdienste, Kinderbibelwochen, Kinderchöre, Jungscharen oder auch die Evangelischen Öffentlichen Gemeindebüchereien. Das sind auf den ersten Blick Angebote, die im Bereich der Freizeitgestaltung von Kindern angesiedelt sind und auf freiwilliger Teilnahme beruhen. Damit stehen sie immer auch im Wettbewerb mit anderen Freizeitangeboten wie denen der Sportvereine oder auch der Musikschule.

Darüber hinaus sollte die Kirche nicht aus den Augen verlieren, welche Chance der Ausbau der Grundschulen zu Ganztagsschulen an dieser Stelle bietet. Warum nicht einen Kinderchor unter der Leitung des Kantors am Nachmittag in einer Schule anbieten? Oder können nicht auch im weitesten Sinne diakonische Angebote wie Hausaufgabenbetreuung, Lese- oder Sprachförderkurse durch kirchlich engagierte Laien das Angebot der Schulen ergänzen und unterstützen?

Zum Schluss dieses Absatzes möchte ich auf Martin Luther zu sprechen kommen, der in seinem Bemühen um die Erneuerung der Kirche auch eine große Weitsichtigkeit in Bildungsfragen an den Tag gelegt hat. Luther hat die Grundlage zur Volksschule gelegt, als er dem christlichen Adel deutscher Nation nahelegte, Schulen für alle Jungen und alle Mädchen (!) zu schaffen. Mit dem Kleinen Katechismus hat er über diese Empfehlung hinaus gleich noch eine Kurzdogmatik für den Hausgebrauch geschaffen, indem er zusammengefasst hat, was ein Christ wissen sollte über den Glauben: das Vaterunser, das Glaubensbekenntnis, die Zehn Gebote, die Taufe und das Abendmahl. Viele Jahrhunderte lang bis weit in das 20. Jahrhundert hinein war dies die eigentliche Grundlage evangelischer Bildungspolitik. Generationen von Menschen lernten die Stücke des Kleinen Katechismus auswendig und fanden durch sie und in ihnen Orientierung und Halt.

Es ist nicht zuletzt die Besinnung auf diese bis zu Martin Luther zurückreichenden Wurzeln, die es erstrebenswert und wünschenswert macht, sich dem Anliegen von Eltern nicht zu verweigern, wenn sie sich eine Schule in der Trägerschaft der Evangelischen Kirche wünschen. Evangelische Schulen können eine Schulkultur einrichten und pflegen, in der alle Kinder und ihre Eltern als Kinder Gottes ernst und wahrgenommen werden. Sie können das Verständnis für christliche Traditionen wecken und ausbauen und bei ihnen dürfte es keine Berührungsängste mit der jeweiligen Kirchengemeinde vor Ort geben.

Wie gut, dass die Landeskirche Kurhessen-Waldeck richtig viel Geld in die Hand genommen hat, um die beiden Grundschulen in Schmalkalden und Oberissigheim sowie das Gymnasium in Steinatal als Schulen in kirchlicher Trägerschaft einzurichten und zu unterhalten!

## 4. Von Kindern lernen

Was hat denn die Kirche davon, wenn sie sich in besonderer Weise um Kinder kümmert? Gibt es nicht genug zu tun im Bereich der Senioren, der 30- bis 40-Jährigen, in der Diakonie, bei den Männern, kurz bei all den Gruppen, die nicht so richtig vorkommen in der Kirche und die man so gerne locken und binden will? Und nun soll auch noch ein besonderes Augenmerk auf die Kinder gelegt werden! Diese Gruppe ist ja eigentlich ganz gut versorgt. Erst einmal kümmern sich die Eltern um ihre Kinder, und dann gibt es Institutionen genug, die sich „von Amts wegen" mit Kindern beschäftigen und die Wünsche und Bedürfnisse dieser Personengruppe ganz gut abdecken.

Gut, in den vorhergehenden Abschnitten habe ich versucht, ein Plädoyer für unsere Kinder zu halten, weil ich meine, dass es nicht reicht, wenn sie irgendwie aufwachsen, sondern dass es wichtig für sie ist, sich geborgen und geliebt zu wissen bei allem, was ihnen begegnet, und in allem, was sie tun.

Was aber haben wir davon? Jeder, der mit Kindern zu tun hat, kann auf diese Frage sofort und ohne nachzudenken eine Reihe von Antworten geben. Ich möchte an dieser Stelle einfach einige Aussagen von Kindern zu Fragen nach dem Sinn des Lebens oder auch nach Gott und der Welt unkommentiert aufschreiben.

Wie Burkhard (3 Jahre) auf die Welt kam:

„Nein, ich war nicht in deinem Bauch, Mama! Ich war gleich groß! In deinem Bauch waren Babys. Ich war erst bei Gott. Dann bin ich in ein Flugzeug gestiegen, und der Flugzeugführer war Herr Hans. Und dann sind wir von Gott weggeflogen, und dann sind wir zum Krankenhaus geflogen. Aber da waren nur Babys. Und dann sind wir weitergeflogen bis in unseren Garten. Und da bin ich ausgestiegen und hab' gesagt: Da bin ich! Und Papa und du hast dich gefreut. Und Herr Hans ist wieder zu Gott geflogen. Da war ja noch der Jan (Burkhards Freund)."

Burkhard (5 ½ Jahre) betet am Neujahrsabend:

„... und mach, dass das neue Jahr genauso wird wie das alte. Nur der Sommer könnte etwas besser sein!"

Burkhard (8 Jahre) kommt in die Schule und betet:

„Lieber Gott, mach, dass ich für Jan neue Freunde kriege, und mach, dass ich einen Lehrer kriege, der lieb ist und auch Spaß versteht!"

Friedrich (8 ½ Jahre) zur Taufe:

Bei der Taufe einer Konfirmandin wird Friedrich von Pfarrer Pfleger gefragt, ob er denn überhaupt verstanden hat, was Taufe bedeutet. Seine Antwort kommt wie aus der Pistole geschossen: „Das weiß ich doch längst! Taufe bedeutet, dass ich zu Gott gehöre!"

Friedrich (8 ½ Jahre) zum Heiligen Geist:

„Der Heilige Geist macht, dass wir heute noch etwas von Jesus wissen und dass wir wissen, dass Jesus Gottes Sohn ist und nicht ein einfacher Mensch!"

Wo ist Gott? Johannes (5 Jahre) und Jakob (3 Jahre) wissen es genau!

Der Vater – Pfarrer – fragt: „Ich brauch mal eure Hilfe: Wo begegnet euch Gott? So – nicht nur im Gottesdienst, sondern mehr so jeden Tag?" Johannes und Jakob antworten, ohne zu zögern: „Überall!" „Immer!"

Opa wendet sich an den Älteren: „Na, das musst du aber noch genauer sagen, Johannes!" Der: „Hab' ich doch schon: Überall auf der Welt!" Opa: „Ne, jetzt mal konkret! So – wenn du was machst?! Wo begegnet dir da Gott?" Schweigen. Opa flüstert hilfsbereit: „Wenn man betet!" Johannes ist sauer: „Ich hab' das doch schon längst gesagt!!" Opa: „Nein, beten hast du aber gar nicht ..." Johannes ist wütend und klärt ihn auf: „Ich hab's schon längst gesagt: Überall auf der Welt ist Gott, na klar, auch beim Beten!" Und Jakob fügt hinzu, seinem Bruder beistehend: „Und immer!"

Wer darf bestimmen?

Frederick, 4 Jahre, überlegt, wer in der Welt und in seinem Leben zu bestimmen hat: „Der Gott darf alles alleine überstimmen. Und dann hat er gesagt, dass die Mama auch überstimmen darf und auch die Sabine (seine Kindergärtnerin)."

Wer immer Umgang mit Kindern hat, wird solche und ähnliche Aussagen kennen, die zeigen, wie nahe Kinder Gott sind und wie vieles sie verstehen, unmittelbar und ohne jedes Problem. Wenn wir unseren Kindern zuhören, können wir hin und wieder ein Stück des Himmelreichs erfahren, von dem Jesus sagt: „Lasset die Kinder zu mir kommen und wehret ihnen nicht, denn ihnen gehört das Himmelreich." (Matthäus 19,14)

# Seelsorge an und mit Kindern

*Ulrike Grimmell-Kühl*

Vor der Religionsstunde in der Zweiten Klasse kommen mir mehrere Kinder entgegengelaufen. Aufgeregt berichten sie: „Der Dennis weint schon wieder, weil ...“.

Immer wieder begegnen mir im Schulalltag, beim Kindergottesdienst, in der Jungschar oder einfach im Umgang mit Kindern Situationen, in denen ein Kind unvermittelt emotional explodiert, schwierige Lebenssituationen benennt oder sich mit einer Frage an mich wendet, wie etwa: Wie groß ist denn die Hand von Gott, wenn wir singen: Er hält die ganze Welt in seiner Hand? Bin ich in solchen Momenten als Seelsorgerin gefragt, oder anders ausgedrückt: Sind Kinder überhaupt seelsorgefähig oder seelsorgebedürftig?

Ob und wie man die „Seelsorge an und mit Kindern“ konzipiert, hängt vor allem davon ab, wie Seelsorge verstanden wird und welches Bild man von einem Kind hat. Darum habe ich versucht, meine eigene Definition von Seelsorge zu finden: Seelsorge ist die Begleitung von Menschen in unterschiedlichen Lebenssituationen, so wie sie die Bibel bezeugt, ohne den Begriff jedoch direkt biblisch ableiten zu können. Wenn ich Seelsorge als Begleitung von Menschen verstehe, wie begleitet man dann Kinder seelsorgerlich? Dass Kinder als eine eigene Aufgabe für die Seelsorge erkannt wurden, hat noch keine lange Tradition. Die Krankenhausseelsorge schenkte ihnen als Erste besondere Aufmerksamkeit. Denn dass die Kindheit überhaupt eine eigene Art zu denken, zu fühlen und zu sehen hat, wie es J. J. Rousseau (Emile oder über die Erziehung) erstmals zum Thema machte, wurde lange nicht beachtet. Erst im ausgehenden 19. Jahrhundert etablierte sich die wissenschaftliche Entwicklungspsychologie, die versuchte, nachzuvollziehen, wie Kinder ihre Welt wahrnehmen, von welchen kognitiven und emotionalen Strukturen sie dabei bestimmt werden, wie und warum sie sich verändern usw.

Diese Entwicklungspsychologie würdigte das Kind aber noch immer nicht als Subjekt, sondern das Kind wurde eher als Produkt verstanden. Da gab es z. B. den sozialisationstheoretischen Ansatz, der das Kind als Produkt sowohl von bewussten als auch von unbewussten Umwelteinflüssen verstand, wie auch den behavioristischen Ansatz, der behauptete, man könne ein Kind zu allem erziehen.

Beiden widerspricht die Erfahrung, dass Kinder sich oftmals anders entwickeln, als Eltern und Umwelt das wollen. Das geschieht aufgrund der „Reize", denen Kinder ausgesetzt sind und denen sie auf *ihre ganz bestimmte* Weise begegnen.

> „Die jüngere Entwicklungspsychologie sieht im Kind denn auch weniger Plastilin, das sich nach Belieben kneten lässt, sondern vielmehr von Anfang an ein Subjekt, das in der unhintergehbaren Interaktion mit seiner Um- und Mitwelt die Wirklichkeit gleichsam neu erschafft."[1]

Bei allem seelsorgerlichen Handeln an und mit Kindern ist es besonders wichtig herauszufinden, mit welchem „Kinderbild" man auf Kinder schaut. Sehe ich ein Kind als kleines Monster oder sehe ich es als ein zartes Pflänzchen?

> „Wer im Kind ein von der Natur aus verdorbenes Wesen sieht, mit dem Makel der Erbschuld behaftet, böswillig; missgünstig – so pessimistisch sah es kein Geringerer als Augustinus –wird Kinderseelsorge anders praktizieren als wenn er über ein romantische Bild des Kindes verfügt."[2]

In diesem Zusammenhang sei auch an den Pädagogen Friedrich Fröbel erinnert, dessen Bemühungen dahin gingen, den Kindern einen Raum zu schaffen, in dem die zarte Kinderseele wie ein Pflanze gehegt und gepflegt werden kann. So setzte Fröbel sich für einen Kinder*garten*, nicht für ein Kinder*haus* ein.

Kinder sind Subjekte und als solche auch „Gegenstand" der Seelsorge. Dabei umfasst die Kinderseelsorge den gesamten Bereich religiöser Erziehung und Begleitung. Denn in keiner anderen Lebensphase gehören das Pädagogische und das Seelsorgliche-Diakonische so eng zusammen wie im Kindesalter.[3]

---

1 A. Bucher: Seelsorge an Schülerinnen und Schüler im Kindesalter, in R. Koerrenz/M. Wermke (Hrsg.): Schulseelsorge – Ein Handbuch, Göttingen 2008, 90.

2 Ebd., 88.

3 Vgl. Lebensphasenmodell von E. H. Erikson.

## Charakterisierung der Lebensalter[4]

| | Charakter der Psychosozialen Krise | Angestrebter Persönlichkeitswert | Umwelt/ Bezugsperson | Begleitende religiöse und profane Rituale |
|---|---|---|---|---|
| Säuglingsalter (1. Lebensjahr) | Grundvertrauen vs. Grundmisstrauen | Vertrauen Hoffnung | Mutter (mütterliche Person) | Taufe, Begrüßungsrituale |
| frühe Kindheit (2. Lebensjahr) | Autonomie vs. Scham und Zweifel | Wille | Eltern (elterliche Personen) | erster Geburtstag, Feste im Jahreskreis |
| Spielalter (3.–6. Lebensjahr) | Initiative vs. Schuldgefühle | Zielstrebigkeit | Familie | Eintritt in den Kindergarten, Kinderkreis o. Ä. |
| Schulalter (ab 6. Lebensjahr) | Leitungsverhalten vs. Minderwertigkeitsgefühl | Leistungsbereitschaft | Nachbarn, Schule | Schulanfang, Erstkommunion |
| Adoleszenz | Identität vs. Identitätsdiffusion | Treue Selbstgewissheit | Gruppe, Gleichaltrige, „Idole“ | Konfirmation/ Firmung, Jugendweihe, Schulabschlüsse |
| frühes Erwachsenenalter | Intimität vs. Isolierung | Liebe | Partner, Freunde, Kollegen | Ausbildungsabschlüsse, Berufsanfänge, Hochzeit, Einrichtung der gemeinsamen Wohnung |
| mittleres Erwachsenenalter | Generativität vs. Stagnation | Fürsorge | eigene Familie, Kollegen, Freundeskreis | Familienfeiern, Abschiede, Beerdigung der Eltern |
| reifes Erwachsenenalter | Ich-Integrität vs. Verzweiflung | Weisheit | Großfamilie, Freunde | Jubiläen, Eintritt ins Rentenalter |

[4] Verwendete Quellen: E. H. Erikson: Identität und Lebenszyklus, Frankfurt a. M. $^{4}$1977, 214 f., ders.: Der vollständige Lebenszyklus, Frankfurt a. M. 1988, 72 f., vgl. M. Specht-Tomannn/D. Tropper: Zeit des Abschieds, Düsseldorf 1998, 152 ($^{6}$2007, 165).

Jungschar, Kindergruppen, Kindergarten und Grundschule sind, wenn ein Klima des Vertrauens herrscht, immer auch ein „Echoraum“[5] für das, was Kinder bewegt. Vor allem aber sind diese Echoräume wichtig, weil Kinder in der Regel nicht von sich aus zur Seelsorge kommen und ihre Probleme besprechen wollen und weil sie in der Regel – außer in schweren Krankheitsfällen – auch nicht von einem Seelsorger oder einer Seelsorgerin besucht werden.

Aber es ist nötig, sie als potentielle Seelsorgepartner zu sehen, denn es gibt eine ganze Reihe seelsorgerelevanter Probleme bei Kindern, wobei das Vertrauensthema den Schwerpunkt bildet.[6] Der „Eckstein der gesunden Persönlichkeit“ ist nach Erikson das Urvertrauen. Es bezeichnet das „Gefühl des Sich-verlassen-dürfens ... in Bezug auf die Glaubwürdigkeit anderer wie die Zuverlässigkeit seiner selbst“.

Solch ein Vertrauen ist einer Gesamtpersönlichkeit normalerweise inhärent, wie Ziemer sagt, und wird dem Kind als solches kaum bewusst. Es ist einfach da und hilft, die späteren Phasen der Kindheit und Jugend zu bestehen. Aber es ist eben nicht selbstverständlich gegeben und sehr gefährdet. Kindliche Erfahrungen wie Ängste, Mangelerfahrungen in der Familie, soziale Probleme, schwere Krankheitserlebnisse können unter Umständen dieses Vertrauen zerstören oder erst gar nicht aufkommen lassen.

Freilich, Seelsorge ist auch bei Kindern keine Therapie. Doch die aufgezählten Probleme deuten an, was Kinder in der Seelsorge brauchen. Vor allem und grundsätzlich sollten sie sich in einer kinderfreundlichen Welt bewegen. Besonders die Kirche sollte da mit leuchtendem Beispiel voran gehen. Kinderseelsorge sollte von folgenden Aspekten geprägt sein:

1. Kinder wollen ernst genommen werden,
2. man sollte ihnen gegenüber ehrlich sein, denn sie sind es in der Regel auch, und
3. man sollte Zeit haben für sie.

All das sind Faktoren, die Sicherheit geben wollen und dem Kind bei der Vertrauensbildung helfen können. Selbstverständlich ist ein intensiver Kontakt mit den Eltern oder den zuständigen Betreuungspersonen sehr wichtig, wobei

4. das Prinzip der unbedingten Vertraulichkeit natürlich auch gegenüber Kindern gilt.

---

[5] Vgl. J. Ziemer: Seelsorge in unterschiedlichen Lebenssituationen, in: Ders.: Seelsorgelehre, Göttingen [3]2008, 249–256.

[6] Vgl. Eriksons Lebensphasen.

Wer auch immer seelsorgerlich an Kindern handelt – er sollte sich bewusst machen, dass er immer die eigene Kindheit in sich trägt. „Immer berühren wir mit unserem Blick nicht nur unser Gegenüber. Wir berühren uns vielmehr auch selbst: die eigene Kindheit und das Licht, das noch auf ihr liegt und das Dunkel, das sie düster macht", sagt R. Riess.[7] Als Erwachsene tragen wir nach Riess' Auffassung immer einen Traum in uns, manchmal sehr verschüttet, dessen Kraft den Mächten der Vergeblichkeit und Verwirrung und der Verzweiflung widersteht, den Traum davon, dass unser Leben von Anfang an und auch an seinem letzten Ende in Ordnung ist (bei E.H. Erikson ist das das grundlegende Vertrauen). „Am Anfang war der Traum" – das ist kein Gegensatz zu dem Satz: Am Anfang war das Wort, sondern dessen Auslegung; „Das Wort einer Liebe, die auf traumhafte Weise ein Licht in die Finsternis der Wirklichkeit bringt."[8] Und diese Liebe erfahren wir als ordnende und bestätigende Liebe in früher Kindheit durch die Mutter, durch die Bezugsperson. Im Erwachsenenalter erinnern wir uns dann – wie im Traum, an den Traum. Sicherlich ist es nur eine Sehnsucht danach, dass alles in Ordnung ist und bleiben wird, ohne je anzufangen und ohne je aufzuhören, eine Sehnsucht, die letztendlich nicht die Realität verändert, nämlich, dass am Ende eines jeden Lebens der Tod steht. Das Entdecken der eigene Endlichkeit gehört in die Kindheit, ohne jedoch den Traum vom unendlichen „alles ist gut" je ganz zerstören zu können. Möglicherweise liegt hier auch der Grund für die Erkenntnis, dass Kinder immer schon eine Gottesvorstellung mitbringen, die nur geweckt werden muss.

Im Folgenden möchte ich ein Begleitungskonzept für die frühe Kindheit und für das Vorschulalter von Regine Schindler darstellen, das für mich einen sehr schlüssigen Ansatz von seelsorgerlichem Handeln an Kindern bietet. Dabei versuche ich, dieses Konzept mit der Charakterisierung des Lebensalters von Erikson in Verbindung zu bringen. Ich hoffe, dass wir mit diesem Ansatz als Kirche das Vertrauen auf das Leben bei den Kindern begleitend unterstützen und auch den nicht kirchlich sozialisierten Kindern und Eltern hilfreich sein können.

„In Gottes Haus wohnen", so lautet die Überschrift von Regine Schindlers Konzept. War früher „Zucht" Ziel und Inhalt religiöser Erziehung (Abendgebet für Kinder: Lieber Gott, mach mich fromm ...), so ist heute die religiöse Erziehung und Begleitung zum Glück nicht mehr repressiv ausgerichtet. Stattdessen steht sie aber in der Gefahr, inhaltslos zu werden, weil sie nur

---

7 R. Riess/K. Fiedler (Hrsg.): Die verletzlichen Jahre, Gütersloh 1993 (im Folgenden: Die verletzlichen Jahre), 758.

8 Ebd.

auf Fragen des Kindes wartet, die möglicherweise nie kommen. Solch eine Grundhaltung bietet dem Kind nichts an. Ein Ziel und ein Glücksfall seelsorgerlichen Begleitens ist es, wenn in einem Kind innere Bilder wachsen, und darum legt R. Schindler ihren Ausführungen sechs Bilder zugrunde, die ich kurz darstellen möchte.

## 1. Der Weg

Wie Jesus mit seinen Jüngern, so sind wir mit den Kindern unterwegs. Das steht im Mittelpunkt religiöser Erziehung. Eltern mit Kindern, Große mit Kleinen, gehen Hand in Hand. Die Kinder hören Geschichten, werden geführt und gehalten, erfahren Gemeinschaft und erleben, dass der Weg nicht ins Leere läuft. Bezogen auf das Lebensphasenmodell von Erikson gilt diese Begleitung nicht nur einer bestimmten Altersstufe, sondern ist mindestens bis zur Adoleszenz wichtig. Deshalb ist es von Bedeutung, dass sowohl die Leiterinnen von Spielkreisen und Kindergartengruppen als auch LehrerInnen, vor allem aber Eltern, Großeltern oder Tageseltern befähigt werden, dem Kind kindgerecht und altersgemäß biblische Geschichten anzubieten – Bilderbücher, Erzählungen, Bilder oder Kinderbibeln sind dafür geeignete Medien.

## 2. Der Hirte – und in seinen Armen liegt das Schaf

Kinder lieben diese Geschichte, spielen sie gern nach, lassen sich suchen und finden – aber sie suchen auch selbst gern, helfen dem Hirten und sind glücklich, wenn sie im Spiel das versteckte bzw. verlorene Stoffschäfchen finden. Die Geschichte wird zum Bild für Geborgenheit und Angenommensein – aber auch dafür, sich aufzumachen, zu suchen und zu finden und selbst Geborgenheit vermitteln zu wollen. Insbesondere schwache und kranke Kinder wollen nicht immer nur getröstet werden, sondern selbst stark und Hirte sein. Das Bild vom Hirten ist ein schillerndes Bild, das Kinder anspricht und ihnen eine Gottesvorstellung bietet. Ein Bild, das in der frühen Kindheit (zweite Lebensphase) neben der Identifikation mit dem Schaf auch zur Identifikation mit dem Hirten anregt. So kann der „angestrebte Persönlichkeitswert“[9] dieser Lebensphase unterstützt werden.

[9] Vgl. Erikson.

## 3. Eine Leiter zum Himmel

Kinder brauchen Träume, Tagträume auch, die ihnen die Freiheit zur Phantasie geben, damit sich über die begreifbare und betastbare Welt hinaus eine lebendige Gottesvorstellung entwickeln kann. Besonders im Grundschulalter, wenn ein Kind sich mit den eigenen und den von außen kommenden Einschätzungen der eigenen Leistungsfähigkeit auseinandersetzt, sind Träume wichtig, um die eigene Leistungsbereitschaft zu fördern. Dazu braucht ein Kind jedoch Anregungen und Vorgaben, auch Jakob nahm schon eine Gottesvorstellung mit in seinen Traum: „Still werden, sich zudecken, um im Dunklen die strahlendsten Bilder zu sehen." Damit kann ein Kind sich selbst trösten und Mut machen.

## 4. Verbundene Augen

Kinder spüren schon früh, dass nicht immer alles im Leben gut ausgeht. Kinder, die religiös sozialisiert sind, wissen, dass Gott das weiß und Ungerechtes zulässt. Das ist eine Anfechtung, erst recht für Kinder, die an das Gute glauben lernen und alles Böse zur eigene Sicherheit verdammen möchten. Gerade in der Zeit des Spielens, also in der dritten Lebensphase, wenn das Kind zwischen eigener Initiative und der Erfahrung von Schuldgefühlen, die als Folge von eigenem Handeln auftreten können, steht, ist es wichtig, seelsorgerliche Begleitung anzubieten, die diesen Konflikt aufnimmt. Eine Geschichte, die diese Erfahrungen aufgreift, ist die Geschichte von Kain und Abel, in der Neid, Missgunst und ungerechtfertigter Tod thematisiert sind. Seelsorgerliche Begleitung sollte Kindern auch unbeantwortete Fragen zumuten, damit sie in allen Lebensphasen immer wieder lernen, die Grenzen des Lebens zu erkennen. Dazu gehört natürlich auch das Wahrnehmen des Todes. Das ist nicht leicht, aber vielleicht hilft es, von klein auf Erfahrungen des Verzichts zu machen, ohne diese gleichzeitig mit Frustration in Verbindung zu bringen.

M. Montessori z.B. empfiehlt im Hinblick auf Todeserlebnisse, kleine Kinder mit verbundenen Augen gehen zu lassen (Dunkelheit und Tod gehören zusammen), sie dabei rechts und links zu halten. Auf diese Weise kann das Kind äußerlich wahrnehmbare Sicherheit spüren, die zur inneren Sicherheit und zum Bild von Gottesbegleitung werden kann. Beim Lernen von Verzicht geht es nicht darum, in Passivität zu verfallen, sondern darum, Unabwendbares annehmen zu lernen.

## 5. Perlenkette

Kinder brauchen Wiederholungen, und Rituale bedeuten Wiederholung. Dabei sind Regelmäßigkeit und Wiedererkennbarkeit wichtig. Im Tagesablauf (Morgengebet im Kindergarten, Abendgebet am Bett ...) wie im Jahreslauf (Kirchenjahr) gilt das. Eingebettet in Rituale lassen sich Dinge, die nicht selbstverständlich sind, besser ansprechen, sowohl von Eltern als auch von Kindern. Rituale befähigen dazu, über den eigenen Glauben zu reden, weil sie Sicherheit und Gemeinschaft schaffen.

„Diese Perlenkette also: Sehr verschiedenartige Perlen, große, kleine, glänzende und matte – eine Aneinanderreihung ritueller Momente, denen vielleicht gemeinsam ist, dass sie alle rund sind, stimmig also für Kinder und Eltern, kleine Kügelchen, die in ihrer Perfektion das ganze einer großen Gotteserfahrung spiegeln.“[10]

## 6. In Gottes Haus wohnen – das Gebet

In Gottes Haus wohnen, also ganz nahe bei Gott geborgen zu sein, ist für R. Schindler ein angemessenes Bild für das Gebet der Kinder, das „[m]ehr als alles andere seelsorgerliche Hilfe vermittelt, das aber der Einübung, der behutsamen Anleitung bedarf.“[11]

Nicht die Not lehrt beten, sondern das Gebet bietet in der Not einen Vorrat. Einen Vorrat an Worten und an Haltung, der aber erst einmal gesammelt sein will. Hier ist eine seelsorgerliche Begleitung für Eltern und Kinder sehr wichtig. Im Gebet finden sich Worte, um von Gott zu reden; das Kind selbst, seine Situation kann zur Sprache kommen, zu danken und an andere zu denken ist darin möglich und das Bitten kann vorsichtig gelenkt vom egoistischen Wunschzettel zum Beten werden (Gott ist kein Automat, aber du darfst ihn um alles bitten), wobei die Fürbitte eine gute Möglichkeit ist, kleinen Kindern das Beten nahezubringen. Je nach Alter sollte das Gebet den unterschiedlichen Charakter der psychosozialen Situation aufnehmen. Wichtig ist es hier,

---

10 Vgl. R. Schindler: In Gottes Haus wohnen, in: Die verletzlichen Jahre, 60.

11 Ebd.

den Erziehenden entsprechende und gut formulierte kindgerechte Gebete an die Hand zu geben.

Weil das Gebet eine Situation der Geborgenheit schafft, können darin auch die letzten Dinge zur Sprache kommen: Abschied, Leiden, Tod. Und hier werden wieder die inneren Bilder bedeutsam auf dem Weg, den wir mit Kindern gehen. Dessen Ziel ist das Leben, das stärker ist als der Tod. Dies in der Seelsorge zur Sprache zu bringen und für die Kinder erfahrbar zu machen, ist eine wichtige Aufgabe.

Weil Jesus Christus alle Menschen und besonders die Kinder wichtig nahm (Markus 10,13 ff.) und weil Kinder ein wunderbarer Schatz sind und eben die Zukunft der Kirche. Drei Aspekte haben sich meiner Erfahrung nach als grundlegend wichtig erwiesen für alle, die den Kindern als Seelsorger gegenübertretenden:

- Jedes Kind ist ein Subjekt – aber in jedem Kind leuchtet auch meine eigene Kindheit auf.
- Kirche muss kinderfreundliche Räume schaffen und Angebote für Kinder und Eltern/Betreuungspersonen bieten.
- Kinderseelsorge geschieht alltagsbegleitend und vielfach pädagogisch ausgerichtet.

# Bauliches Erbe – Last oder Chance Kirchen zu erhalten?

*Michael Frede*

Kaum eine andere Institution in unserer Gesellschaft pflegt einen umfänglicheren und baugeschichtlich bedeutenderen Baubestand als die christlichen Kirchen. Als wichtiger Kulturträger sind die Kirchen somit in der Verantwortung, dieses bedeutende kulturelle Erbe zu bewahren. Allerdings gelingt dies nur, wenn sie dabei auf eine breite Unterstützung durch die gesamte Gesellschaft beim Erhalt des gemeinsamen kulturellen Erbes zählen können. Für die Kirchen selbst kommt hinzu, dass die Kirchengebäude, wie keine andere Gruppe, derart identitätsstiftend für die Institution Kirche selbst sind, dass jede Aufgabe einer Kirche zur scheinbaren Selbstaufgabe wird. In Deutschland geht es um ca. 21 000[1] evangelische und etwa genauso viele katholische Kirchengebäude aus allen Stilepochen der Baukunst. Weil die Kirchen so wichtig sind, stellt der Erhalt der Kirchen eine hohe Selbstverpflichtung und gleichzeitig auch eine gesamtgesellschaftliche Aufgabe dar – schauen wir doch auf eine lange christliche Tradition zurück. Schon seit einiger Zeit wird deutlich, dass diese Aufgabe die finanziellen Möglichkeiten der Kirchen zunehmend übersteigt. Wird nun der Erhalt der Kirchen privatisiert, drohen Verluste, über die in der Presse tatsächlich immer wieder zu lesen ist, und vor allem auch in der Fachliteratur kann man seit längerem bisweilen spektakuläre Beispiele über den Umgang mit nicht mehr benötigten Kirchen finden. Angesichts der Debatte über den Umgang mit den Kirchen könnte man nun einwenden, dass die Aufgeregtheiten doch übertrieben seien in Anbetracht der auch in der Vergangenheit immer wieder geschehenen Säkularisationsprozesse in der Gesellschaft und der damit verbundenen Verluste an Kirchen; lehrt uns die Geschichte doch, dass die Wurzeln des christlichen Glaubens tief und widerstandsfähig gegenüber zeitlich begrenzten Ideologien oder

[1] Statistik über Kirchen und Kapellen im Eigentum der verfassten evangelischen Kirche sowie andere Predigtstätten am 31. Dez. 2009. EKD im Febr. 2011.

politischen Strömungen sind. Ungeliebte oder nicht mehr benötigte Kirchen können auch wieder an Wertschätzung gewinnen. Dies zeigt die Entwicklung in ehemals sozialistischen Ländern überdeutlich. Wenn wir also an dem Kulturgut Kirchengebäude interessiert sind und möglichst viele Zeugnisse davon erhalten wollen, dann geht es wohl zuallererst darum, viele davon über schwierige Zeiten hinwegzubringen.

In Kurhessen-Waldeck handelt es sich um rund 1000 Kirchengebäude, die in ihrem Bestand derzeit noch – bis auf wenige Ausnahmen – weitgehend als gesichert gelten können. Doch wie lange noch? Betrachtet man den Durchschnitt der Mitgliederzahl, die ein Kirchengebäude zu unterhalten haben, so liegt dieser in unserer Landeskirche bei etwa 200 bis 300 Mitgliedern.[2] Nur in den neuen Bundesländern ist dieses Verhältnis noch ungünstiger. Die prognostizierten demographischen Veränderungen in der Gesellschaft, zusammen mit den zu erwartenden Wanderungsbewegungen und einer stetigen Abnahme der Mitgliederzahlen, werden in der nahen Zukunft jedoch beschleunigt dazu führen, dass die Last der Gebäudeunterhaltung auf immer weniger Schultern verteilt werden muss. Reduziert auf das finanzielle Potential der Kirchenmitglieder werden danach künftig immer mehr Kirchengebäude in ihrem Bestand gefährdet sein, wenn es nicht gelingt, neben der klassischen Finanzierung aus Kirchensteuermitteln neue Instrumentarien zu entwickeln, um den Bauunterhalt der Kirchen sicherzustellen.

Leerstehende Kirchen als Menetekel einer in einer Art Endzeitstimmung befindlichen christlichen Gesellschaft? – Keineswegs! Nicht nur volle Kirchen, die es ja – Gott sei Dank – auch noch immer gibt, rechtfertigen die Existenz von Kirchengebäuden. Für eine große Anzahl Menschen reicht es zu wissen: Da steht die Kirche und es beten Menschen darin! Das Wissen darum, dass gebetet und Gottesdienst gefeiert wird, ist letztlich entscheidend und dies kann durchaus ein stellvertretendes Beten sein. Die Erfahrungen zeigen, dass man dafür auch bereit ist zu investieren. „Die Kirche am Ort ist wichtig, auch wenn ich nicht ständig dort bin", lautet eine oft geäußerte Feststellung.

So muss es auch nicht weiter überraschen, dass es in Kurhessen-Waldeck derzeit keine leerstehenden oder aufgegebenen Kirchen gibt. Allerdings existiert eine relativ große Anzahl (ca. 500 von 1600) an kleinen bis sehr kleinen Gemeinden (Gemeinden mit weniger als 200 Mitgliedern), in denen oftmals nur sehr wenige Teilnehmer in den Gottesdiensten zu registrieren sind, und zurzeit kann niemand wirklich sagen, wann der Druck auf die Kirchen so

[2] Statistik der EKKW, Stand Juli 2012.

groß wird, dass deren Existenz tatsächlich bedroht ist. Zumindest in den Städten wächst dieser Druck deutlich und es wird nach Nutzungsmöglichkeiten gesucht, die einem der unten beschrieben Modelle entsprechen können. Seit Instandhaltung und Renovierung der Kirchen zunehmend weniger aus Kirchensteuermitteln finanziert werden können, stehen die Verantwortlichen vor der Frage, wie und mit welchen Maßnahmen man auf das Dilemma reagieren soll.

Ein Ansatz zielt darauf ab, den Baubestand der Kirche besser an die aktuellen Rahmenbedingungen anzupassen, um damit die Last der Gebäudeunterhaltung auf ein bedarfsgerechtes und finanzierbareres Maß zu reduzieren. Mit diesem Bestreben ist die Erwartung verbunden, verlorene Spielräume auch bei der Baupflege der Kirchengebäude wiederzugewinnen. Dies setzt voraus, dass die Notwendigkeit zu einer kritischen und umfassenden Analyse des gesamten kirchlichen Baubestandes erkannt wird. Die neuen Organisationsstrukturen baufachlicher Beratung und Finanzierung auf den drei Ebenen von der Kirchengemeinde über den Kirchenkreis bis hin zum Landeskirchenamt bieten dafür gute Voraussetzungen. Die systematische und regelmäßige Zustandserfassung der Gebäude – ihrer Bausubstanz und der Betriebskosten – führt zu weiterführenden Einsichten und einer gesteigerten Bewusstseinsbildung im Hinblick auf die Maßnahmen für den Werterhalt der Immobilien. Alleine die regelmäßige Baubegehung und das umgehende Beheben von kleinen Mängeln tragen wesentlich dazu bei, Sanierungsmaßnahmen einzudämmen. Bauausschüsse, mit fachkundigen Mitgliedern besetzt, können dazu beitragen, dass zeitnahe Lösungen zum Beheben von Schäden gefunden werden, was vor allem im Konkurrenzkampf um die knappen Mittel die Akzeptanz von Entscheidungen steigern hilft. Dabei geht es durchaus nicht immer um Finanzmittel, sondern sehr oft auch um Maßnahmen zur Eigenleistung bzw. Selbsthilfe. Die Verantwortlichen in zunehmend mehr Kirchengemeinden machen die Erfahrung, dass mit dem Erhalt insbesondere der Kirchen ganz praktisch auch Gemeindeaufbau betrieben werden kann.

Eigenleistungen und Selbsthilfe als probates Mittel, fehlende Finanzmittel zu ersetzten, können Chancen und Gefahren zugleich beinhalten. Zunächst liegen hier große Chancen darin, Maßnahmen zum Bauunterhalt in vielen Fällen überhaupt noch durchführen zu können, andererseits können dabei aber auch Fehler gemacht werden. Da zumindest die historischen Kirchengebäude fast durchweg unter Denkmalschutz stehen, ist der Umgang mit den Kirchen nicht ins Belieben der Beteiligten gestellt, sondern hat sich an anerkannten Maßstäben einer denkmalgerechten Instandhaltung zu orientieren. Dies sollte jedoch kein Hindernis für die Selbsthilfe sein, wenn eine geeignete Fachbauleitung organisiert wird und die geplanten Maßnahmen vorher mit den Fachbehörden abgestimmt werden. Unter dieser Voraussetzung steht einem Großteil von Maßnahmen – vor allem an der Vielzahl von Dorfkirchen – kaum etwas im Wege. Gemeinsam Hand anzulegen steigert die Verbundenheit mit dem Kirchengebäude und befördert das Bewusstsein der Zusammengehörigkeit. Es entsteht damit auch ein greifbares Identifikationsobjekt – was nicht zu unterschätzen ist.

Neben der handwerklichen Eigenleistung nimmt vor allem auch die Organisation von Veranstaltungen zum Einwerben von Spendengeldern eine immer bedeutendere Rolle ein. Insbesondere die Erfahrungen im Zusammenhang mit den Aktionen der Fördervereine und Stiftungen zeigen, welches enorme Potential hier liegt. Von Jahr zu Jahr kommen neue Ideen für erfolgreich durchgeführte Vorortaktivitäten hinzu und die Sammlungsergebnisse nehmen einen immer bedeutenderen Anteil bei der Finanzierung von Renovierungsmaßnahmen an Kirchen ein. Bei den Instandsetzungsmaßnahmen im konstruktiven Bereich sind die Erfolge noch weniger groß, ihr Anteil muss weiter gesteigert werden, bei den Renovierungsarbeiten beträgt er in vielen Fällen bereits mehr als 50 % der Gesamtkosten. Damit auch in Zukunft aus diesem Potential geschöpft werden kann, sollten die Aktionen künftig noch mehr als bisher von Einzelaktionen auf eine kontinuierliche Förderpraxis umgestellt werden, was insbesondere mit Blick auf die prognostizierte demographische Entwicklung nahelegt.

Die Landeskirche konnte mit der Stiftung Kirchenerhaltungsfonds seit mehr als zehn Jahren sehr erfolgreich den Erhalt der Kirchen fördern und der Kirchenkreis Melsungen verfolgt mit einer eigenen Stiftung das gleiche Ziel. Alle diese Initiativen sind ein wichtiger und unverzichtbarer Beitrag zum Erhalt unserer Kirchen. Das dort angelegte Prinzip der Spendenverdopplung ist ein Erfolgsmodell. Die Stiftung Kirchenerhaltungsfonds der Landeskirche konnte bislang in ihrer über zehnjährigen Geschichte 211 Projekte fördern und Spenden in Höhe von 5.5 Mio. Euro[3] verdoppeln. Der Katalog der Aktivitäten beim Spendeneinwerben ist äußerst eindrucksvoll und zeigt den Ideenreichtum der Menschen vor Ort. Wünschenswert wäre, neben der auf bestimmte Aktionen gerichteten Spendenbereitschaft auch eine kontinuierliche Erhöhung des Stammkapitals der Stiftungen zu erreichen. Daran fehlt es bislang jedoch noch. Man spendet eben lieber für ein konkretes Projekt als für einen Fonds.

[3] Stand 2011.

So wichtig wie die Mittelbeschaffung zum Erhalt der Kirchen auch ist, es handelt sich hier nicht um das einzige, allerdings um ein zentrales Problem. Niemand wird bestreiten, dass fehlende Finanzmittel beim Unterhalt von Gebäuden auf Dauer zu Problemen der Bausubstanz führen müssen. Zunächst ist aber wichtig, keine Versäumnisse bei der Baupflege eintreten zu lassen. Die Umstellung der kirchlichen Bauverwaltung in der jüngsten Vergangenheit war da nur folgerichtig. Heute steht ein differenziertes Instrumentarium auf allen drei Ebenen kirchlichen Handelns (Gemeinde/Dekanat/Landeskirche) bereit, mit dem die Investitionsentscheidungen koordiniert werden können. Es besteht die Hoffnung, dass die Entscheidungen zum Erhalt oder zur Aufgabe von Gebäuden von einer fundierten Prioritätendiskussion begleitet wird.

Die zur Verfügung gestellten Mittel sind zwar immer noch knapp bemessen, um die Instandhaltung und damit die Standsicherheit der Kirchen zu gewährleisten, doch kommt den Verantwortlichen hier eine breite Bereitschaft – sogar der nichtkirchlichen Bevölkerung – zu Hilfe, die Kirchen eben nicht dem Verfall preisgeben zu wollen. Vielerorts wurden und werden Fördervereine, Förderkreise und Stiftungen gegründet, die den Erhalt der Kirchen zum Ziel haben. Die Stiftung Kirchenerhaltungsfonds der Landeskirche sowie im Kirchenkreis Melsungen die Kirchbaustiftung fördern und belohnen private Spenden aus ihren Zinserträgnissen. Diese neuen Instrumentarien sind heute oft die einzigen Möglichkeiten zur Finanzierung einer Kircheninnenrenovierung.

Die Stiftung belohnt solche Kirchengemeinden, die Mittel für die Pflege der Kirchen sammeln, indem sie das Sammlungsergebnis verdoppelt. Auch wenn die finanziellen Anstrengungen zum Erhalt der Kirchengebäude der Landeskirche damit deutlich erhöht wurden, reicht dies keineswegs aus. Es zeigt sich aber an den Sammlungs- und Spendenergebnissen eine hohe Bereitschaft zum Engagement für die eigene Sache vor Ort.

Die Initiativen, den Erhalt der Kirchen mit Stiftungen, Fördervereinen, Förderkreisen oder Patenschaften in Verbindung zu bringen, hat sich als äußerst hilfreich erwiesen. Die Zahl der Fördervereine steigt ständig. Dem liegt eine fundamentale Erfahrung zugrunde: Immer dann, wenn eine Kirche in Gefahr gerät, aufgegeben zu werden, regen sich die Geister, die vehement deren Bestand einfordern. Diese Kräfte gilt es zu nutzen! Das Bewusstsein, sich auch persönlich für eine Sache vor Ort einsetzten zu müssen und nicht nur auf kirchenamtliche Maßnahmen zu warten, ist in letzter Zeit wieder gestiegen. Dabei macht man schnell die Erfahrung, dass es nicht nur die eingetragenen Christen sind, die man ansprechen kann, sondern dass auch die sogenannten „Kirchenfernen" zur Hilfe oder Selbsthilfe bereit sind.

Wie können die Ansätze zum Erhalt der Kirchen auf der strategischen Ebene konkret aussehen? Hier sind vor allem Nutzungserweiterungen bislang klassisch genutzter Kirchen zu nennen. Neben der traditionellen Nutzung werden multifunktionale oder Ergänzungsnutzungen in Erwägung gezogen, um damit die Nutzungsintensität von Kirchen zu steigern. Die Vor- und Nachteile der verschiedenen Ansätze gilt es sorgfältig gegeneinander abzuwägen.

## TRADITIONELLE KIRCHENRAUMNUTZUNG

Das Festhalten am traditionellen Kirchenraum ist eine der möglichen Optionen, die in unserer Gesellschaft oft als konservativ und damit wenig innovativ gilt. Kirchen auch künftig als „heilige Räume" und damit nur zu gottesdienstlichen Zwecken nutzen zu wollen, scheint eine trotzige, an der Realität vorbeigehende Reaktion einer in sich selbst erstarrten Kirche zu sein. Erfordert nicht die Öffnung der Kirche hin zur Welt mit ihren vielgestaltigen Bedürfnissen gleichsam auch die Öffnung der Kirchen für vielfältige Nutzungsmöglichkeiten? Oder benötigt die Gesellschaft die besonderen, die unverwechselbaren Räume, also eine Nutzung, die nicht beliebig mit anderen Nutzungen kombiniert werden kann, stille Räume demnach, die auch für die ganz persönliche Sammlung und Meditation geeignet sind? – So lauten häufig gestellte Fragen.

In der evangelischen Kirche spricht man im Zusammenhang mit den Kirchen nicht so einfach von „heiligen Räumen". Diese Thematik ist wegen ihrer Bedeutung immer wieder Thema von Kirchbautagen, zuletzt beim Kirchbautag im Jahre 2002 in Leipzig, als es um das „Heilige im Profanen" und das „Profane im Heiligen" ging. Wie wir wissen, ist eine Kirche nach evangelischem Verständnis kein geweihter, heiliger Ort, sondern letztlich von der Wortverkündigung bestimmt. Die Wortverkündigung allein macht sie zum heiligen Ort. Weil dies so ist, weil die Verkündigung des Wortes an jedem beliebigen Ort geschehen kann, wo zwei oder drei Menschen in Gottes Namen versammelt sind, darum ist die Kirche als Raum nicht prinzipiell notwendig. Man braucht also im Grunde keinen besonderen Raum. Die Kirche ist Betsaal, allenfalls Predigtraum. Aber auch die Protestanten wissen den schönen Kirchenraum zu schätzen, die Orgel, das Glockengeläut und die Liturgie. Insbesondere in Zeiten der Inszenierung des Lebens schätzt man auch die besonderen Orte mit einer unverwechselbaren Sprache.

Sollten wir also an den Kirchen unverändert festhalten und notfalls lieber deren Schließung oder gar deren Abriss betreiben? Wird die Schließung einer Kirche als mögliche Option einmal ernsthaft in den Raum gestellt, regen sich die Geister und der Widerstand formiert sich. Das Kirchengebäude als identitätsstiftendes Bauwerk in der Mitte des Dorfes gilt vielen als sichtbarer Ausdruck und historische Vergewisserung. Der Anblick der Kirche im Weichbild des Dorfes erzeugt Heimatgefühle und die Sicherheit, dass uns etwas über Jahrhunderte mit den Generationen vor und nach uns verbindet. Die Kirche gehört also zum Bild des Dorfes wie der Deckel zum Topf. Das Bild unserer Siedlungen prägen seit Urzeiten ganz wesentlich auch der Tempel und die Kirche in ihrer Mitte.

Die Gefährdung einer Kirche in ihrem Bestand mobilisiert also auch Kräfte, deren Existenz nicht mehr für möglich gehalten wurden. In diesem Sinne kann man getrost sein, dass sich die Dorfgemeinschaft zumeist um den Bestand ihrer Kirche sorgen wird. Mit der Aufgabe der Kirche wird auch ein Stück Selbstaufgabe ins Spiel gebracht. Darin liegt die Hoffnung, dass es gelingen kann, unsere Kirchen wieder mehr dem Selbsterhaltungswillen der Ortsbevölkerung zu überantworten. Selbsthilfe und Eigenleistung waren über Jahrhunderte immer wirkungsvolle Mechanismen beim Erhalt der Kirchen.

Die kleine Dorfkirche von Wagenfurt im Kirchenkreis Melsungen ist ein solch typisches Beispiel für eine Fachwerkkirche in der EKKW, die über eine längere Zeit bereits nicht mehr als Gotteshaus diente und zur Scheune geworden war, bis sie dann wieder von der Dorfgemeinschaft als Gotteshaus genutzt wurde. Wichtig war, dass sie erhalten blieb. Die Geschichte ist voll von solchen Beispielen. Manchmal braucht es nur Zeit, die es zu überdauern gilt, um die Wertschätzung gegenüber den Räumen wieder zu steigern.

Auch in traditionell genutzten Kirchenräumen kann es Nutzungserweiterungen geben. So werden in letzter Zeit stille Andachten in Kirchen immer wichtiger. Für diesen Bedarf gilt es, angemessene Formen zu finden. Eines der herausragenden Gestaltungsbeispiele dafür findet sich in der Melsunger Stadtkirche. Hier ist einem stärker werdenden Bedürfnis der Menschen nach dem besonderen Ort für das stille Gebet Rechnung getragen worden, indem eine künstlerisch anspruchsvoll gestaltete Stelle im Kirchenraum eingerichtet wurde, an der ein Licht angezündet werden kann und ein Fürbittenbuch ausliegt. Wichtig ist, dass derartige Orte ihre eigene gestalterische Qualität entfalten. Je anspruchsvoller dies umgesetzt wird, umso dankbarer wird das Angebot angenommen. Das Beispiel in der Melsunger Stadtkirche zeigt dies überdeutlich.

In diesem Zusammenhang sei auch der Hinweis auf die Vielzahl neuer Kapellen gestattet, die seit den letzten Jahren in unserem Lande entstehen. Zumeist handelt es sich dabei um Orte, die Menschen in Ausnahmesituationen des Lebens aufsuchen, so z. B. in Krankenhäusern oder Justizvollzugsanstalten. Hier ist geradezu ein Bauboom zu beobachten. Die Räume werden durchweg intensiv genutzt. Diese Entwicklung zeigt deutlich, dass Menschen die besonderen Orte wünschen und sie aufsuchen, wenn sie angeboten werden. Der Bedarf nach spirituellen Räumen ist ungebrochen, wir müssen ihn nur richtig umsetzen. Insofern sind und bleiben auch die traditionell genutzten und vielleicht durch besondere Gebetsorte ergänzten historischen Kirchen weiterhin nicht nur zu den Gottesdiensten ein gültiges und gerne genutztes Angebot.

## Ergänzungsnutzung und Variabilität

Ein anderer Weg führt heute oft über den Versuch, Kirchen für eine Mehrfachnutzung zu ertüchtigen. Mehrfach- oder multifunktionale Nutzungen von Kirchen haben jedoch Grenzen, wenn auch weiterhin Gottesdienst in ihnen stattfinden soll. Zumeist in großen Stadtkirchen wurden manchmal horizontale oder vertikale Unterteilungen vorgenommen. Horizontale Teilungen stehen oft in einem krassen Gegensatz zur Architektur und sind schon deshalb problematisch. Bei einer Unterteilung des Raumes in Nutzungseinheiten ist die vertikale Abtrennung eines rein sakralen Teiles noch erwägenswert. Um die Würde des gottesdienstlichen Raumes bewahren zu können, sind allerdings auch hier enge Grenzen gesetzt. In der Vergangenheit ist dieser Weg bei größeren Kirchen (z.B. Stadtkirchen) versucht worden. Bei Dorfkirchen, die z.B. als Saalkirchen ohne Seitenschiffe oder Querhäuser errichtet wurden, ist dies jedoch meist nicht ohne Verlust an Raumqualität machbar.

Verschiedentlich wurde versucht, das Gestühl in den Kirchen zu entfernen, um die Variabilität auch von Dorfkirchen zu verbessern. Die Prinzipalstücke (Altar, Kanzel und Taufe) wurden beweglich gestaltet, damit sie beiseitegeräumt werden können. Der so geschaffene multifunktionale Raum sollte einen wesentlichen Teil der Gemeindearbeit ermöglichen. Ziel war, auf separate Gemeinderäume möglichst ganz zu verzichten. Abgesehen von denkmalpflegerischen Bedenken gegenüber solchen Veränderungen sind die Kirchengemeinden mit dieser Form der Gebäudenutzung nur bedingt zufrieden. Es gelingt eben nur mit Einschränkungen, in ein und demselben Kirchenraum ungehemmt Jugendarbeit zu betreiben oder einen Altennachmittag zu veranstalten und am nächsten Tag dort auch den Gottesdienst zu feiern. Allerdings kommt dem Gedanken der Ertüchtigung der Kirchen zur Multifunktionalität eine nicht geringe Bedeutung im Blick auf die Konzentration der kirchlichen Bauten zu. Nimmt man nämlich ernst, dass der Baubestand verringert werden muss, aber die Räume für eine vielfältige Arbeit möglichst erhalten bleiben sollen, dann erhöht sich der Druck auf die für unverzichtbar erachteten Kirchen, wenn alternativ keine anderen Räume genutzt werden können.

Ähnlich wie bei der räumlichen Variabilität ist es auch bei der Frage nach der Ergänzungsnutzung. Erfahrungen mit dem Einbau in oder dem Anbau von Gemeinderäumen an Kirchen liegen bereits seit längerem vor. Nach einer Phase des Umbaus zu großer Dorfkirchen in kleine Gemeindezentren in den 70er und 80er Jahren – erinnert sei hier an die Brensbach-Modelle der Evangelischen Akademie Arnoldshain –, steht heute das Geld dafür kaum noch zur Verfügung. Diesem Modell lag der Versuch zugrunde, aus dem Potential der Kirchenräume mehr herauszuholen als nur Räume für den Gottesdienst zu sein – eine im evangelischen Raum verführerische Perspektive! War man doch in dieser Zeit „beseelt“ von dem Gedanken der multifunktionalen Gemeindezentren. Warum sollte dies also nicht ebenso bei den Kirchen gelingen? Dieser Gedanke hat heute eine neue Dimension erlangt und wird als Weg für die Stärkung der Funktion des Kirchenraumes dann verfolgt, wenn die notwendigen Investitionsmittel hierfür generiert werden können. Seit die Gemeindehäuser zunehmend in ihrem Bestand gefährdet sind, ist das Denken nun wieder verstärkt auf den Einbau von Gemeinderäumen in die Kirchengebäude gerichtet. Grundsätzlich ist die Stärkung der Funktion der Kirchen ein richtiger Gedanke. Im Einzelfall kann jedoch der Wert der historischen Ausstattung entgegenstehen. Beispiele und damit Erfahrungen liegen im Bereich der hessischen Kirchen einige vor. In der Mehrzahl der Fälle ist man ohne den Anbau von Nebenräumen nicht ausgekommen. Wenn die Anzahl von kirchengemeindlichen Räumen dadurch insgesamt verringert werden kann und damit tatsächlich eine Verdichtung der räumlichen Nutzung erfolgt, zählt dieser Weg zu den prüfenswerten Varianten.

Eine Form der Nutzungserweiterung ist die in dem Ort Niederdünzebach an der Werra gefundene Einrichtung einer Radfahrerkirche. Hier wurde eine seit langer Zeit verfallene Kapelle als Raum der Stille in der Mitte des Ortes hergerichtet. Gegenüber einer Gaststätte kann der Kapellenraum, der ein Teil der Dorfkirche ist, selbständig als Andachtsraum genutzt werden. Die neue alte Kapelle wurde im Zuge eines künstlerischen Gestaltungskonzepts ansprechend hergerichtet und wird gut angenommen.

## Kooperative Nutzung

Dieses Modell setzt eine aktive Partnerschaft zwischen der Kirchengemeinde und einem freien Träger, wie zum Beispiel der politischen Gemeinde, voraus. Möchte man eine breite finanzielle Hilfe aller Bürger einer Gemeinde beim Erhalt der Kirche, so wird man diese auch für eine vielfältigere Nutzung stärker öffnen müssen. Bei der Nutzung der Kirche als Kulturzentrum für die gesamte Gemeinde sind die Grenzen zwischen dem, was noch als gottesdienstverträglich angesehen wird, und den Grenzüberschreitungen fließend. Viele Kirchenvorstände tun sich deshalb nicht leicht bei dem Nachdenken über mögliche partnerschaftliche Nutzungen. Nutzungsverträge regeln hier das gedeihliche Zusammenleben der Partner.

Beispiele für derartige Modelle finden sich vor allem in den östlichen Landeskirchen. Ziel ist es, ein gemeinschaftsbildendes, kulturelles Identifikationszentrum für den Ort herzustellen, indem ein Haus der Begegnung für kirchlich-kommunale Zwecke gebaut wird.

In Gegenden mit regionalen Erholungsfunktionen und touristischem Potential bietet sich die Chance für eine neue Nutzung in kooperativer Zusammenarbeit mit Fremdenverkehrsämtern. Die Kirche wäre als touristisch interessantes Gebäude zu einem Koordinierungszentrum für die Erschließung der ländlichen Region zu entwickeln und könnte dann als kulturelles Zentrum für den Kurzzeittourismus dienen. Darüber hinaus wären Funktionen als Treffpunkt für die lokale Bevölkerung und als allgemeines Kommunikations- und Informationszentrum vorstellbar. Eine Reihe von positiven Beispielen hierfür findet sich in der Fachliteratur. Nahezu unproblematisch sind beispielsweise Kunstausstellungen. Auch eine zeitweise Bewirtung von Gästen wäre denkbar. Dieses Konzept bedeutet allerdings die Gewährleistung einer ständigen personellen Präsenz. Damit dies möglich wird, müssten jedoch Nebenräume angebaut werden. Es geht also nicht ohne ein gewisses Maß an Investitionen. Die Tatsache, dass es in einem solchen Falle verschiedene Träger der einzelnen Nutzungen gibt, macht eine Lastenverteilung auch bei der Bauunterhaltung möglich.

Eine wesentliche Voraussetzung für die Realisierbarkeit derartiger Konzepte kann unter anderem auch durch die Übertragung der Besitzrechte an der Kirche mittels vertraglicher Vereinbarungen auf die politische Gemeinde, Stifungen oder die Gründung eines Fördervereins sein. So schmerzlich die Auflassung der Kirche aus Sicht der Kirchengemeinde auch sein mag, die neue Nutzung erhält den Dorfmittelpunkt und damit eine neue Grundlage für eine hoffentlich tragfähige Zukunft. Durch das Nutzungsrecht der Kirchengemeinde können die Gottesdienste auch weiterhin im Mittelpunkt der Gemeinde stattfinden.

Beispiele in den östlichen Landeskirchen zeigen, dass die Dörfer auf diese Weise eine Aufwertung ihrer Mitte erfahren und einen positiven Impuls für die weitere Entwicklung erhalten. Auch in den westlichen Landeskirchen können derartige Modelle neue Wege für den Erhalt der Kirchen in der Ortsmitte bedeuten. Sicher kann nicht in jedem Dorf ein derartiges Konzept greifen, aber oft muss der Boden dafür langfristig bereitet werden. Entscheidend sind der Wille und die Bereitschaft, nach tragfähigen Modellen für die Zukunft zu suchen.

## Umnutzung

Bestehen keine Möglichkeiten das Kirchengebäude zu erhalten, kann auch die Frage einer Umnutzung aufgeworfen werden. Einer Umnutzung oder Aufgabe geht die Entwidmung als Gottesdienstraum voraus. Hier wird ein entscheidender kirchlicher Rechtsakt gesetzt. Da die Umnutzung von Kirchen faktisch gleichzusetzen ist mit deren Aufgabe, kann diese nur die *ultima ratio* sein. Schon bei der Ergänzungsnutzung gilt es, genau hinzuschauen und abzuwägen, was noch als verträglich anzusehen ist. Solange es sich um kulturelle Nutzungen wie Konzerte, Vortragsveranstaltungen oder Kunstausstellungen handelt, bestehen heute kaum noch ernsthafte Bedenken. Anders wird dies jedoch, wenn sich kommerzielle Interessen der Kirchengebäude bemächtigen wollen. Dennoch bleibt beim Abwägen alternativer Lösungen ernsthaft auch ein Umbau, z. B. als Bücherei, in Betracht zu ziehen. Mit reversiblen Einbauten, die jederzeit einen Rückbau ermöglichen, kann so der ursprüngliche Kirchenraum auch wiedergewonnen werden.

Das wohl bekannteste Beispiel für eine weitgehende Umnutzung in Nordhessen ist das der alten Brüderkirche in Kassel. Sie ist zunächst in einen leeren Kirchenraum verwandelt und später mit qualitativ hochwertigen Serviceeinbauten versehen worden. Das Gebäude wurde einer nicht selbständigen kirchlichen Stiftung unterstellt, die den Bauunterhalt des Gebäudes zur Hauptaufgabe hat, aber auch die weitere – auch gottesdienstliche – Nutzung zu koordinieren versucht. Gottesdienste finden also immer noch statt. Die Kirche ist heute allerdings hauptsächlich Raum für mannigfaltige gesellschaftliche Großereignisse und kann angemietet werden. Als besonders erfreulich ist anzusehen, dass es hier gelungen ist, die neue Nutzung weitestgehend ohne Identitätsverluste für die alte Karmeliter-Ordenskirche zu ermöglichen. Ein Stiftungsbeirat begleitet, kontrolliert und koordiniert die Arbeit. Dieses Modell, welches nun schon viele Jahre besteht, ist zu einer Erfolgsgeschichte des Erhalts aufgegebener Kirchen in der Stadt geworden. Ob es auch auf Dorfkirchen übertragbar ist, dafür fehlt bis heute ein konkretes Beispiel.

Ebenfalls in den 1970er Jahren wurde im oberhessischen Raum um Marburg herum bis ins Upland hinein eine Reihe von Dorfkirchen aufgegeben. Dafür wurden neue Kirchen errichtet. Die Instandsetzung der historischen Dorfkirchen schien zu kostspielig. Einige dieser Kirchengemeinden bedauern diesen Schritt heute und wünschen sich ihre alte Kirche zurück, haben sie sich doch nicht selten ein wiederum pflegeintensives Gebäude eingehandelt. Ein immer wieder gerne zitiertes Beispiel aus dieser Zeit ist im Waldecker Land die alte Dorfkirche von Willigen. Aus dieser Kirche wurde zunächst ein Museum und dann schließlich das Restaurant „Don Camillo". Dieses Beispiel zeigt deutlich, wie sensibel eine Umnutzung von Kirchen – ganz besonders in ländlichen Regionen – geschehen muss und was aus einer „schnellen Lösung" von Problemen werden kann, wenn man sie dem Spiel der freien Kräfte des Marktes überlässt.

## Fazit

Das bauliche Erbe der historischen Kirchen besitzt ein Potential, das lange noch nicht erschöpft ist. Zum einen werden die Kirchen auch bei kleiner werdenden Gemeinden weiterhin benötigt und für denen Erhalt finden sich breite Bevölkerungsschichten bereit, einen Beitrag zu leisten. Andererseits lassen sich mit etwas gutem Willen Ergänzungsnutzungen finden, die die Akzeptanz für den Erhalt der Kirchen in der Mitte der Gesellschaft steigern helfen.

Patentrezepte, wie man die Kirchen in ihrem Bestand dauerhaft sichern könnte, gibt es nicht. Der Weg besteht wohl mehr in der individuellen Suche nach den Chancen vor Ort. In einer Vielzahl von Studien oder auf den großen Kirchbautagungen der EKD werden immer wieder neue Modelle diskutiert. Sie alle machen Mut, neue Wege zu gehen, um den Kirchen neues Leben „einzuhauchen".

Kirchengebäude sind emotional aufgeladen und liegen weit mehr Menschen „am Herzen", als bisweilen angenommen wird. Das Engagement für deren Erhalt lässt sich auf breiter gesellschaftlicher Ebene fördern. Bisherige Erfahrungen zeigen, dass es weniger eine Last als mehr eine Chance ist, Kirchen zu erhalten. Gerade in der evangelischen Kirche dürfte der Boden zur erweiterten Nutzung von Kirchen bereitet sein.

Die sich verändernden gesellschaftlichen Rahmenbedingungen werden zwangsläufig dazu führen, dabei auch nach radikaleren Lösungsansätzen zu suchen, als dies bislang der Fall war. Die neuen Ansätze, Kirchen in Kooperation mit anderen, nicht kommerziellen Nutzern gemeinsam zu unterhalten, könnten ein gangbarer Weg für den Erhalt einer möglichst großen Anzahl von Kirchen sein.

# ... AUF DASS WIR KLUG WERDEN

## Die Kirchengemeinde als Lernort für das Altern

*Barbara Heller*

Vor rund 40 Jahren setzte sich die französische Philosophin Simone de Beauvoir mit dem Alter und der Stellung der Alten in den westlichen Gesellschaften auseinander.

Sie kam aufgrund ihrer Recherchen, die die abendländische Kultur- und Geistesgeschichte berücksichtigten, zu einem für sie eindeutigen Urteil: „Die Mythen und Klischees, die das bürgerliche Denken in Umlauf setzt, zielen darauf ab, den Alten als einen *anderen* zu zeigen.“ Der *andere* ist der Mensch, der nicht dem normalen entspricht, sondern abweicht.

Entsprechend düster sind die Schlussfolgerungen, die die Philosophin zieht: „Und tatsächlich muss man das Alter, mehr noch als den Tod, als Gegensatz zum Leben betrachten. Es ist die Parodie des Lebens.“ Dieses Bild hat sich gewandelt. Heute wird das „Golden Age“ beschworen, die ihm Zugerechneten, werden als Zielgruppe eifrig umworben. Der Bischof unserer Landeskirche spricht von der „silbernen Kirche“.

Die jungen Alten sind es, die allerorten als neue Leistungs- und Hoffnungsträger, wie auch als wirtschaftlich interessante Zielgruppe entdeckt werden. Plötzlich gibt es ein Bekenntnis zum Alter, eine Lust an reifen Lebensentwürfen, die Einladung, ein langes Leben auch bewusst auszuschöpfen: „Wichtig ist nur, dass Sie sich rechtzeitig mit dem Alter auseinandersetzen. Lassen Sie es an sich herankommen, es ist nicht so schlimm, wie Sie denken.“

Die Erleichterung und Dankbarkeit für das neu gewonnene dritte Lebensalter führt jedoch dazu, dass das vierte Lebensalter noch drohender und letztlich unerträglicher wirkt als ehemals das Alter insgesamt: „Erst im Vierten (Lebensalter) entsteht das Bild eines mehr und mehr gleichförmigen Verlustgeschehens in praktisch allen Dimensionen des Lebens.“

Obwohl er in einem völlig anderen Kontext arbeitete und forschte, kam Paul Baltes, rund 40 Jahre nach Beauvoir, zu einer ebenfalls pessimistischen

Einschätzung: „Das hohe Alter ist also die große Unsicherheitskomponente der Zukunft, denn es leidet an einer tief sitzenden und nur schwer zu korrigierenden biokulturellen Konstruktionsschwäche. Dort finden gesellschaftlicher Fortschritt und Homo faber ihre Grenzen. Im hohen Alter ist die einst so reichlich fließende Quelle des menschlichen Entwicklungspotentials kaum noch sichtbar, selbst unter idealen Laborbedingungen ... In diesem Lebensabschnitt verliert die positive Verbindung zwischen einem langen und einem guten Leben an Gültigkeit ...".

Zuvor war er nicht müde geworden, die Chancen, Möglichkeiten und Fähigkeiten der jungen Alten zu rühmen. Der renommierte Altersforscher scheint seinen Forschungsgegenstand also nur so lange positiv fassen zu können, wie Leiden und Verfall sich bannen und durch medizinischen Fortschritt und vernünftige Lebensführung zurückdrängen lassen.

Auch andere Beiträge aus der Veröffentlichung des Max-Planck-Instituts zur „Zukunft des Alterns" fragen vor allem danach, wie es sich verhindern lässt, in dem beschriebenen „negativen" Sinn zu altern. Hier bildet sich auf wissenschaftlicher Ebene die gleiche Abwehr ab, wie zuvor beschrieben.

Was bedeuten diese Zuschreibungen für den Blick auf sehr alte Menschen? Was bedeuten sie für die eigene Lebenserwartung und zukünftige Identität?

Sie bedeuten eine Stigmatisierung der Betroffenen. Und in einem zweiten Schritt auch die Stigmatisierung der Bereiche, in denen bevorzugt sehr alte Menschen vorkommen. Das hat auch Auswirkungen auf die, die mit ihnen arbeiten, z.B. die Pflegenden, wie auch die Institutionen der Altenarbeit und Pflege. Die von Generation zu Generation überlieferten negativen Identitätsattributionen formen sowohl die Außenwelt, d.h. die gesellschaftliche Situation alter Menschen, wie auch die „Innenwelt", die Identität der Altwerdenden.

Die Entwicklung neuer, adäquater Altersbilder, die der Stigmatisierung entgegenstehen, erscheint dringend erforderlich. Die Auseinandersetzung mit dem Alter muss neu gesucht werden. Sie hat sich nicht erledigt durch den Zugewinn eines nahezu unbeschwerten frühen Alters.

Ein Blick in die Geistesgeschichte kann den Weg ebnen und den Anschluss an Überlegungen möglich machen, von denen man hofft(e), sie haben sich durch die Errungenschaften unserer Zeit erübrigt. Beispielhaft seien zwei Philosophen genannt und zitiert, die sich mit dem Alter auseinandergesetzt haben: Der römische Staatsmann Cicero, der im 1. Jahrhundert v. Chr. seine Schrift „Über das Alter" verfasste, und der französische Philosoph Michel de Montaigne, der im 16. Jahrhundert die „Essais" verfasste.

Cicero greift die negativen Urteile seiner Zeit über das Alter auf:

„So finde ich denn, wenn ich zusammenfasse, vier Gründe, weshalb das Alter beklagenswert erscheint: einmal, weil es uns von der Ausübung einer Tätigkeit abhalte, zum andern weil es unseren Körper schwäche, drittens weil es uns fast sämtlicher Genüsse beraube und viertens weil es dem Tode nahe sei."

Alle vier Gründe werden von ihm untersucht und diskutiert. Und sein persönliches Urteil fällt durchweg positiv aus. Im Blick auf das Tätigsein und die Kraft lobt er Erfahrung und Geistesgaben: „Große Dinge vollbringt man nicht durch körperliche Kraft, Behändigkeit und Schnelligkeit, sondern durch Planung, Geltung und Entscheidung; daran pflegt man im Alter nicht nur nicht abzunehmen, sondern gar noch zuzunehmen."

Wenn er rät, man solle alles entsprechend den eigenen Kräften tut, so erinnert das durchaus an Baltes' Konzept der selektiven Optimierung mit Kompensation. Anders als Baltes hält er das Verlöschen der Kraft nicht für eine Konstruktionsschwäche, sondern für den natürlichen Lebensverlauf, den er ausdrücklich bejaht. „Einem jeden Abschnitt des Lebens ist seine richtige Zeit gegeben, so dass die Schwäche der Kinder, der Ungestüm der jungen Leute, der Ernst des schon gesetzten Alters und die Reife des Greisenalters etwas ganz Natürliches hat, das man zu seiner Zeit erleben muss."

Ähnlich gelassen beschreibt er vergangene Genüsse und Lüste seiner Jugendjahre und neu entdeckte oder neu geschätzte Genüsse seines Alters, das Gespräch mit den Freunden wie die Freuden des Ackerbaus, „an denen ich unglaubliches Vergnügen finde". Hierin findet er übrigens moderne Nachahmer, wenn W. Saup 1992 eine „ökologische Gerontologie" entwickelt.

Im Blick auf die vierte Frage, die Nähe des Alters zum Tod, zeigt sich Cicero wiederum einverstanden mit dem Gesetz der Natur: „Dem Guten aber ist alles zuzurechnen, was der Natur gemäß ist. Was aber ist so naturgemäß wie das Sterben alter Menschen?"

Cicero bekennt sich persönlich zum Glauben an die Unsterblichkeit der Seele. Er rät aber selbst für den Fall, dass er sich darin irren sollte, zum Gleichmut gegenüber dem Tod, eben wegen seines Vertrauens in die Natur, die auch für das menschliche Leben das rechte Maß kenne. Am Ende seiner Erörterungen findet er keine der eingangs angeführten Klagen gegen das Alter berechtigt und rät: „Das war es, was ich über das Alter zu sagen hatte; mögt ihr zu ihm gelangen, damit ihr das, was ihr von mir gehört habt, durch die Erfahrung der Wirklichkeit gutheißen könnt."

Sicher erinnert einiges, was Cicero vor über 2000 Jahren beschreibt, an die Aktivität eines „jungen Alten". Dennoch ist es bemerkenswert, wie deutlich er im Einklang mit stoischer Tradition bereit ist, sein „natürliches" Schicksal als gegeben anzunehmen und zu bejahen. Und das endet nicht mit dem frühen, noch aktiven Alter. Dazu zählt er sowohl das Schwinden körperlicher Kraft wie auch das Sterben. Nichts ist von heutiger Verzweiflung gegenüber der Unumkehrbarkeit dieses Prozesses spürbar.

Michel de Montaigne folgt Cicero in der Einschätzung des natürlichen Lebenslaufes: „Es gilt, die Gesetze unseres Menschseins gelassen zu ertragen. Uns ist es bestimmt, alt, schwach und krank zu werden, trotz aller Heilkunst."

Er geht streng mit den Zeitgenossen ins Gericht, die sich dagegen auflehnen wollen: „Wehzuklagen, weil einem etwas zustieß, das allen zustoßen kann, ist unangebracht. Seht den Greis dort, wie er Gott bittet, ihm seine volle Kraft und Gesundheit zu erhalten – mit andren Worten: ihm die Jugend zurückzugeben!

*Was fängst vergeblich du zu flehen an? Wie kindisch doch dein Wunsch ist, tumber Mann!* Reine Torheit, in der Tat: Sein Zustand macht den Wunsch unerfüllbar, denn die langen Jahre haben Gicht, Nierensteine und Hartleibigkeit mit sich gebracht, so wie lange Reisen Hitze, Sturm und Regen mit sich bringen ...

Mein guter Alter, es ist aus! Man kann dich nicht wieder auf die Beine bringen; allenfalls wird man dich ein bisschen zusammengipsen, ein bisschen schienen – und so dein Elend um ein paar Stunden verlängern."

Rigoroser als Cicero beschreibt Montaigne die möglichen Leiden und Verluste des Alters. Er ist nicht bereit, wie dieser z. B. dem Schwinden sexueller Lust noch Positives abzugewinnen und die Freuden und Genüsse des Alters höher zu werten und quasi dagegen auszuspielen. Da zeigt er sich als nüchterner Realist und will sich nicht schön reden lassen, was er verliert.

Als Autor, der sich selbst zum Gegenstand hat, beschreibt er akribisch, wie sein Körper, sein Empfinden und Erleben sich im Verlauf der Jahre verändert haben. Seine Krankheiten haben einen festen Platz in seinem Leben. Er beschreibt Symptome und Verläufe, ärztliche Therapien und seine ganz persönlichen Bewältigungsstrategien. Er nimmt die eigenen Erfahrungen ernst und räumt ihnen hohe Priorität ein, ohne sie jemals für andere absolut zu setzen.

Ebenso subjektiv und deshalb authentisch setzt er sich mit dem Altwerden und dem Sterben auseinander: „Gott zeigt sich denjenigen gnädig, denen er das Leben schrittweise entzieht; dies ist der einzige Segen des Altwerdens. Das letzte Stück Sterben wird dadurch umso weniger umfassend und zerstörerisch sein – es tötet nur noch einen halben, ja Viertelmenschen. Gerade ist mir ein Zahn ausgefallen, ohne Nachhilfe, ohne Schmerz: Das natürliche Ende seiner Zeit war erreicht. Wie dieser Teil von mir sind auch manch andere bereits tot, wieder andre halbtot, die zu meinen lebenskräftigsten zählten und in der Blüte meiner Jahre den ersten Rang einnahmen. So schwinde ich dahin und entgleite mir. Wie töricht wäre mein Verstand, wenn er mir einreden wollte, ich würde diesen Sturz in seiner letzten kleinen Spanne genauso schmerzlich wahrnehmen, als erfolgte er aus voller Höhe. Ich hoffe, er wird verständiger sein."

Montaigne wehrt das Alter nicht ab. Er verdrängt nicht, was unangenehm und beschwerlich ist. Er beschönigt die erlittenen Verluste nicht, sondern benennt Schwächen, wo sie auftreten. Und dennoch nimmt er den „natürlichen Verlauf" des Lebens bejahend an. Gerade der letzte Absatz macht deutlich, dass es ihm völlig fernläge, diesem Verlauf vorzugreifen. Er ist bereit, sein Leben zu Ende zu leben und alles, was ihm dabei begegnet und widerfährt, mit der gleichen Aufmerksamkeit und Neugier zu betrachten wie ein fremdes Land bei vergangenen Reisen.

Sicher spielt dabei eine wesentliche Rolle, dass er körperliche Vorgänge ebenso ernst nimmt als Gegenstand seines Philosophierens wie geistige. Er zeigt sich dabei interessiert, offen und unvoreingenommen. Er schreibt über Essen, Trinken, Schlafen, Ausscheiden, über die Vorteile eines geregelten Tageslaufes im Alter und die Notwendigkeit, an bewährten Gewohnheiten festzuhalten. Seine Philosophie muss sich daran bewähren, ob sie dem praktischen Lebensalltag standhält – nicht etwa umgekehrt. Dazu gehört auch das Alter.

## Auf der Suche nach positiven Altersbildern

Um das Altern auch in seiner letzten Phase nicht verdrängen zu müssen, braucht es Bilder und Geschichten, die der Einzelne bejahen kann. Das dürfen nicht die Bilder der „Ausnahme-Alten" sein wie Konrad Adenauer, der noch mit über 90 regierte, oder Johannes Heesters, der noch mit über 100 auf der Bühne stand. Es müssen Bilder und Geschichten von alten Menschen sein, deren Kraft abnimmt, die unter Beeinträchtigungen leiden – und dennoch als Menschen mit eigener Identität und Würde zu sehen sind.

Dazu gehört konstitutiv eine „Korrektur" des modernen Menschen- und Selbstbildes, das unter dem Primat absoluter Autonomie steht und den gesunden Menschen als Norm begreift, den Kranken – wie den Alten – jedoch als den *anderen*. Das fordern der Philosoph Gernot Böhme und die Soziologin Farideh Akashe-Böhme und weisen darauf hin, dass es kaum einen Menschen im Erwachsenenalter gebe, der völlig frei von Krankheit sei.

Als sinnvolles und realistisches Ziel erscheint dann nicht die völlige Freiheit von Krankheit, sondern vielmehr die Fähigkeit, mit Krankheit zu leben.

Hier wären also zwei Voraussetzungen genannt, um Altern, Krankheit und Vergänglichkeit neu zu verstehen. Wie steht es mit Vorbildern für Alter und Pflegebedürftigkeit? Ein eindrucksvolles Altersbild zeichnet Ehregott Andreas Christian Wasianski von seinem früheren Lehrer Immanuel Kant. In seinen letzten Lebensjahren hat er ihn betreut und bis zum Tod begleitet.

Auf beeindruckende Weise beobachtet und versteht er die Symptome einer fortschreitenden Demenz des verehrten Freundes und berichtet von seinem Bemühen, für eine angemessene Betreuung Kants zu sorgen. Vorbild können seine Ausführungen schon darin sein, dass sie einfühlsam und voller Zuneigung und Respekt das Bild des Freundes und Philosophen zeichnen. Es ist ein anrührendes Porträt des alten Kant, keine Fall- oder Krankengeschichte: „Kant war und blieb der determinierte Mann, dessen schwacher Fuß oft, dessen starke Seele nie wankte."

Wasianski bekennt voller Zuneigung: „Mit jedem Tage nahm meine Anhänglichkeit an ihn zu. Welches empfindende Herz fühlt nicht das Ehrenvolle des Berufes, die Stütze eines ehrwürdigen Greises zu sein, der die Bürde des Alters so mutvoll und standhaft trug?"

Und auch über Autonomie und Souveränität lässt sich am Beispiel Kants lernen. Nach Wasianskis Beschreibung wählt Kant angesichts seiner fortschreitenden Beschwerden sehr bewusst den Freund aus, der zunächst finanzielle Angelegenheiten, schließlich aber alle Dinge des Alltags für ihn regeln soll, im Sinne einer weitgehenden Vollmacht. Er notiert voller Respekt vor dem Charakter Kants: „Gab er einmal sein Wort, so war dieses bei seiner unerschütterlichen Festigkeit mehr wert, als Eidschwüre anderer. Und diese Zuverlässigkeit hat es mir oft erleichtert, seinen Wünschen, deren Erfüllung Erkältung, Indigestion oder andere Nachteile für ihn zur Folge gehabt haben würde, eine andere Richtung zu seinem Vorteil zu geben. ... Er hatte mir sein Versprechen gegeben: mir in nützlichen Dingen zu folgen und – er hielt's."

In dieser vertrauensvollen Beziehung ist dafür gesorgt, dass er auch bei Fortschreiten der Krankheit und Verschlechterung des Gesamtzustandes Kants alles Notwendige veranlassen kann. Die Freundschaft Wasianskis geht, wie seine Beschreibung der letzten Jahre Kants zeigt, über dessen Tod hinaus. Denn er möchte nicht, dass nach seinem Tod Gerüchte verbreitet werden, die den großen Mann „verkleinlichen". Sein Buch ist ein letzter Freundschaftsdienst.

Wie ein fernes Echo auf diese Freundschaft klingt Akashe-Böhmes und Böhmes Klage: „Ganz besonders gravierend wird das Defizit persönlicher Verbundenheit bei Kranken, die eigentlich nicht nur der Pflege, sondern der Lebensbegleitung bedürfen, also z. B. bei Alzheimer- und Parkinson-Kranken. Dies gilt vielleicht sogar für alle alten Menschen."

Gefragt sind Respekt, gegenseitige Fürsorge und freundschaftliche, zuverlässige Beziehungen. Sie können Mut machen zum hohen Alter und uns zu Bildern verhelfen, die nicht abschrecken, sondern trösten. Und gleichzeitig könnten diese Beziehungen den Vertrauen stiftenden und konstruktiven Rahmen bilden für die professionelle Altenpflege. Sie müsste dann nicht länger an der unlösbaren Aufgabe scheitern, Altersleiden grundsätzlich zu verhindern, sondern könnte ihre Stärken darin zeigen, Leiden zu lindern und Pflegebedürftige und ihre Angehörigen zu unterstützen.

## Die Gemeinde als Sozialraum und Lernort für das Altern

Wo werden pflegebedürftige alte Menschen zukünftig leben? Wie und von wem werden sie versorgt werden?

Diese Fragen problematisiert Klaus Dörner in seinem Buch „Leben und Sterben wo ich hin gehöre". Klaus Dörner war der große Vorreiter der Psychiatriereform in den 80er Jahren und überträgt diesen Ansatz nun auf die Altenpflege. Sein Slogan könnte verkürzt formuliert werden: „Holt die Alten aus den Heimen". In seinem Buch mischen sich viele sehr zutreffende und kritische Beobachtungen mit einem Reformansatz, der an manchen Stellen zu hinterfragen ist. Dörner geht aus von seiner grundsätzlichen Kritik an der dauerhaften Unterbringung von Menschen in Institutionen. Er bezieht sich dabei wie auch schon bei der Psychiatriereform auf den Soziologen Erwin Goffman der sich mit „totalen" Institutionen befasst hatte. Totale Institutionen werden so definiert, dass für die dort untergebrachten Menschen der Ort von Leben und Arbeit absolut zusammenfällt und sie permanent Gefahr laufen, in allen Lebensbezügen „total" der Institution und ihren Abläufen unterworfen zu werden. Goffman hat sich mit Psychiatrien beschäftigt, mit Gefängnissen, auch mit Konzentrationslagern. Und es lässt sich in der Tat nicht leugnen, dass bestimmte Strukturen und Phänomene sich auf alle Formen von „Anstalten“ übertragen lassen. Dörner geht nun allerdings so weit, dass er polemisch formuliert, Institutionen jeder Art seien geeignet, selbst Maßnahmen wie systematische Euthanasie vorzubereiten und umzusetzen, und seien daher von der Grundanlage bis hin zu den möglichen Folgen menschenverachtend.

Dörner gesteht dem System der sozialen Sicherung in Deutschland zu, dass in der Phase von 1880 bis 1980 die Versorgungsform des Heims durchaus sinnvoll und hilfreich war, lehnt diese aber für die heutige Zeit völlig ab. Er vermerkt für die Zeit seit 1980 einen großen Aufbruch von Bürgerinnen und Bürgern, bestimmte Bereiche ihres Lebens miteinander selbst zu gestalten und dies weder vom Staat zu erwarten noch von eigens dafür geschaffenen Institutionen. Er beschreibt als Modell neben dem privaten und dem öffentlichen Raum den „Nahraum“ als dritten Sozialraum. Gemeint ist damit etwa die Größenordnung eines Stadtteils, Quartiers oder einer Dorfgemeinschaft. Hier, im Kontext der Nachbarschaft im weiteren Sinn, möchte er die Versorgung von pflegebedürftigen Menschen zukünftig angesiedelt sehen. Sein favorisiertes Modell ist eine Wohn- und Pflegegemeinschaft, die von professionellen, vor allem aber von freiwilligen, bürgerschaftlich engagierten Nachbarn versorgt wird.

So kommt zu seinem Modell für das Leben in verschiedenen Räumen das individuelle Modell unterschiedlicher „Zeiten“. Es gibt die Arbeitszeit, die Freizeit und dazu müsse die Zeit der sozialen Arbeit kommen. Dörner beschreibt begeistert unterschiedliche Initiativen und Genossenschaften, die es landauf, landab bereits gibt, von Nachbarschaftsvereinen bis hin zu Pflegegenossenschaften.

Diese sind sicher bemerkenswert und möglicherweise zukunftsweisend. Was in den Ausführungen von Dörner erschreckt, ist sein Totalitätsanspruch. Denn recht diktatorisch erklärt er, es sei für jeden Menschen in jedem Fall wünschenswert, dass er sich sozial engagiere, auch wenn er dies „natürlicherweise“ nicht unbedingt wolle. Letztlich diene es seinem persönlichen Glück und dem Glück anderer und sei darüber hinaus sogar gesundheitsfördernd. Als Gruppen, die für das in großem Umfang notwendige bürgerschaftliche Engagement gebraucht würden, nennt er die große Zahl der Langzeitarbeitslosen und all die Menschen, die im dritten Lebensalter „heute meist bei gnadenloser Gesundheit mindestens 15 Jahre dumm rumsitzen und nicht wissen, wofür sie da sind“.

An diesen Stellen kann einem beim Lesen seines Buches etwas unbehaglich werden, denn wo bleibt der Respekt vor der Autonomie der Einzelnen, seien sie Pflegebedürftige oder potentiell Pflegende, die von Dörner „Helfensbedürftige" genannt werden? Dennoch lohnt es, seine Gedanken zur Kenntnis zu nehmen und sich sowohl mit ihrem kritischen wie auch mit ihrem kreativen Potential auseinander zu setzen.

Das Kuratorium Deutsche Altershilfe (KDA) hat ebenfalls die Entwicklung von Wohnen, Leben und Pflege im Alter beobachtet und bewertet. Es wurden Generationen von Altenheimbauten beschrieben und charakterisiert: vom Anstaltskonzept über eine Orientierung an Krankenhäusern, hin zum Wohnheim, das ein möglichst aktives Leben fördert, hin zum Hausgemeinschaftskonzept. Hier stand als Leitbild ein familienähnliches Zusammenleben im Vordergrund, in dem Geborgenheit und ein möglichst normaler Alltag erlebt werden sollen.

Die fünfte Generation, die heute favorisiert wird, geht über die Grenzen des Altenheims hinaus. Sie sieht die Einrichtung im „Quartier", nimmt also dieselbe Bezugsgröße in den Blick wie Dörner. Neben die Betonung der Normalität des häuslichen Lebens tritt der Bezug zum öffentlichen Leben, an dem Pflegebedürftige teilhaben sollen. Die Leitwerte Privatheit und Individualität, Leben in Gemeinschaft und Teilhabe am öffentlichen Leben bilden mit Sicherheit Grundwerte ab, die einen breiten gesellschaftlichen Konsens finden.

Mit der Einbindung ins Quartier verbindet sich darüber hinaus die Hoffnung auf Hilfe und Unterstützung durch Freunde und Nachbarn und freiwillige Helfer. Dies käme sowohl einem gesellschaftlichen Ideal eines im wahrsten Sinne des Wortes sozialen Lebens entgegen und verspräche eine Entspannung im Blick auf den drohenden Mangel an professioneller Hilfe. Die Art der Hilfen setzt sich aus einer Mischung von verschiedenen ambulanten Dienstleistungen und Freundschaftsdiensten zusammen. Dies klingt wie eine konzeptionelle Aufnahme der Forderungen Dörners. Und in der Tat: Die Vision vom sozialen Leben im Quartier hat einen großen Charme, da sie ein menschenfreundliches Leben ausmalt und dabei auch eine Antwort auf die Kostenfrage zu geben scheint, wenn freiwillige gegenseitige Hilfe an vielen Stellen teure professionelle Dienstleistung ersetzt. Dies könnte auch der Versuch einer Antwort sein auf die immer öfter vergeblich gestellte Frage nach dem Sozialstaat. Insofern hat das Konzept des KDA gute Chancen, politisch und gesellschaftlich anerkannt zu werden.

An dieser Stelle ist ein gewisses Misstrauen angebracht: Menschen mit einem hohen Pflegebedarf haben einen Anspruch auf eine pflegerische Versorgung, die dem „state of the art" entspricht, den die Pflegewissenschaft erreicht hat. Dieser lässt sich nicht durch „guten Willen" ersetzen. Es bleibt der Gesellschaft also neben einer wünschenswerten Belebung des Sozialraums nicht erspart, sich mit der Frage der Kosten und der Verteilungsgerechtigkeit auseinanderzusetzen.

Für Kirchengemeinden stellt sich eine weitere Frage: Wie sehen sie sich im Zusammenhang dieses neu entdeckten und gepriesenen Sozialraums des „Quartiers"? Existiert die Kirchengemeinde „daneben" und stellt sich dann der Aufgabe, bestehende Beziehungen zu identifizieren oder neue Beziehungen aufzunehmen? Oder entdeckt die Kirchengemeinde, dass sie selbst möglicherweise die letzte in diesem Sozialraum verbliebene Größe ist, die über Kommunikations-, Angebots- und Raumstrukturen verfügt?

Wie ein gut integriertes und aktives Altenhilfezentrum letztlich ein „Quartiershaus" ist, wie es aktuell propagiert wird, so könnte auch eine Kirchengemeinde formulieren: „Das Quartier sind wir!" Die Gemeinde wiederum, die sich als „Quartier" begreift, kann Pflegeeinrichtungen davor bewahren, „Anstalt" zu sein. Was die neueren Konzepte der Altenpflege für Menschen mit Demenz auch in Pflegeeinrichtungen herstellen wollen, Alltagsnormalität, hängt entscheidend von alltäglichen, normalen Kontakten und Begegnungen ab. Die Einsamkeit alter Menschen, verursacht durch Verlust des Ehepartners und durch die zum Teil große Entfernung zu Kindern, kann nicht durch Pflegepersonal allein behoben werden.

Wenn die Gemeinde als Gemeinschaft eine Pflegeeinrichtung aufnimmt, sie als ihr „Quartiershaus" betrachtet, ermöglicht sie menschliches Altern auch bei hoher Pflegebedürftigkeit: durch nachbarschaftliche Kontakte, freundschaftliche Fürsorge, Begegnung der Generationen.

Bei einem jetzigen Bevölkerungsanteil von rund 20 % der über 65-Jährigen sind immer mehr Menschen mittelbar oder unmittelbar mit Fragen und Problemen des Alters befasst. Auch die 40- bis 50-Jährigen wünschen sich hier Hilfe und Unterstützung im Blick auf die Generation ihrer Eltern. Die bewusste Öffnung und Hinwendung zum Altern verhindert die Tabuisierung und Verdrängung der Altersleiden und die Stigmatisierung der erwachsenen Kinder, die nicht zuhause pflegen. Diese Aspekte sind kaum zu überschätzen: Während das „junge Alter" inzwischen akzeptiert und von der Werbung sogar hofiert wird, wird das hohe Alter mit seinen Einschränkungen und möglichen Gebrechen gefürchtet. Immer lauter wird nicht nur im Blick auf unheilbare Krebsleiden, sondern auch im Blick auf fortschreitende Gebrechlichkeit sehr alter Menschen gefragt, ob dieses Leben noch wünschenswert sei und letztlich nur ein selbst gewähltes Lebensende noch ein würdiges Sterben garantiere. Gute und gut integrierte Pflegeeinrichtungen können in der Gemeinde Mut machen, das Leben bis zu Ende zu leben. Das Altenheim lehrt, zu *bedenken, dass wir sterben müssen,* kann aber auch zeigen, wie sich mit alters- und krankheitsbedingten Einschränkungen leben lässt. Es kann mit seinen Fachkräften für die Gemeinde zum Kompetenzzentrum für Altersfragen werden.

Auf einen speziellen Nutzen für Theologen hat Albert Klingender hingewiesen. Er war seit 1891 erster Studiendirektor des Predigerseminars in Hofgeismar, erster Pfarrer der Brunnengemeinde in Hofgeismar und gleichzeitig ab 1893 der erste Leiter des Hessischen Siechenhauses (heute: Evangelische Altenhilfe Gesundbrunnen). Er setzte sich für die Einbeziehung des Siechenhauses in die Ausbildung der Pfarramtskandidaten ein mit der Begründung: „Das Siechenhaus ist gewissermaßen eine Aufforderung, alle eigenen theologischen Gedanken auf ihre Brauchbarkeit für das Leben mit seinen Leiden und Nöten zu prüfen."

*Zum Andenken an Rose Heller (1927–2013), die bis ins hohe Alter eine aufmerksame Predigthörerin des Dekans Rudolf Schulze war.*

# Bewahren und Erneuern oder Riskieren?

## Funktion und Aufgabe besonderer Gottesdienste am Beispiel der Notfall-Seelsorge

*Sigurd Sadowski*

Der Pfarrberuf ist ein Kommunikationsberuf, der sich vor allem in den Arbeitsfeldern der Seelsorge und im Gottesdienst erweist.[1] Pfarramtlicher Dienst verstetigt das, was Luther bei der Einweihung der Torgauer Schlosskirche am 5. Oktober 1544 über den Gottesdienst feststellte, nämlich „... nichts anderes ..., denn dass unser lieber Herr selbst mit uns redet durch sein heiliges Wort, und wir wiederum mit ihm reden durch Gebet und Lobgesang ...“[2].

Ein derartiges Gottesdienstverständnis als Kommunikation des Evangeliums basiert auf dem Wort Gottes und einer korrespondierenden menschlichen Antwort. Zugleich bildet es die Basis für den Gottesdienst im Alltag, in den die christliche Seelsorge eingebettet ist.

Notfall-Seelsorge, seit gut 20 Jahren in Deutschland und seit 15 Jahren in Kurhessen-Waldeck institutionalisiert, gehört seit 2003 zum grundpastoralen Dienst jeder Pfarrerin und jedes Pfarrers in Kurhessen-Waldeck.[3] Als „Erste Hilfe für die Seele“[4] ist sie eine Antwort, um durch den Dienst am Nächsten in der Not Gottes-Dienst zu leben, um dem Gebet und Lobgesang auf vielfältige Weise poimenisch Ausdruck zu verleihen. Diesem Bemühen der Notfall-Seelsorge ist u. a. durch die Feier sogenannter besonderer Gottesdienste, z.B. für Einsatzkräfte, liturgisch begegnet worden.

---

1 Vgl. M. Siegk: „Pfarrerinnen und Pfarrer sind heute gute Teamplayer“. Der Melsunger Dekan Rudolf Schulze zu den Veränderungen eines anspruchsvollen Berufs, in: Landeskirchenamt der Evangelischen Kirche von Kurhessen-Waldeck (Hrsg.): blick in die kirche 5/2009 (Themenheft: Die Alleskönner. Was Pfarrerinnen und Pfarrer heute herausfordert), 10.

2 WA 49,588.

3 Dies hält die Entschließung des Rates der Ev. Kirche von Kurhessen-Waldeck zur „Notfallseelsorge in der Ev. Kirche von Kurhessen-Waldeck“ vom 17.02.2003 fest, abgerufen unter: <http://www.notfallseelsorge.de/Infos/ordnung%20ekkw.pdf> am 21.04.2011.

4 Vgl. Evangelisch-Katholische Aktionsgemeinschaft für Verkehrssicherheit/Bruderhilfe Akademie für Verkehrssicherheit (Hrsg.), „Notfallseelsorge“. Eine Handreichung: Grundlegendes – Modelle – Fortbildung (Texte + Materialien für Gottesdienst und Gemeindearbeit zum Thema Straßenverkehr, Sonderheft), Kassel 1997, $^{2}$1999, 21.

Dieser Aufsatz überprüft daher zunächst theologische Überlegungen zur gottesdienstlichen Feier und stellt diesen im Folgenden einige Beobachtungen zu Gottesdiensten in der gesellschaftlichen Öffentlichkeit gegenüber. Dies führt zu der Frage, welche Grundüberlegungen hinter einem liturgischen Handeln unter besonderen poimenischen Bedingungen stehen und welchen Erwartungen dieses Bemühen ausgesetzt ist.

## Das Feiern des Gottesdienstes als missionarischer Dienst der Kirche

Das Feiern des Gottesdienstes nimmt den Auftrag ernst, das Evangelium von Jesus Christus als Kraftquelle im Leben und im Sterben durch Kommunikation zu bezeugen. Es geht bei der Feier des Gottesdienstes darum, das Vertrauen auf eine Kraft zu wecken und zu festigen, die die *communio sanctorum* (verstanden als eine als Gemeinschaft der Heiligen sowie als Gemeinschaft am Heiligen) so darstellt, dass Menschen sich als Teilhaber am Leibe Christi verstehen.

Diese Bezeugung ist nicht auf- oder nachweisbar, nicht im juridischen Sinne zu beweisen. Sie vollzieht sich als Betroffen- und Beteiligt-Sein durch das Hören und Glauben, durch den Kontakt zum Heil. Durch die gemeinsame Feier eines Gottesdienstes erleben Menschen auf einer besonderen Ebene, wie das Evangelium an sein Ziel kommt. Kirche hat diese Zielgerade zu ebnen.

Das Feiern besonderer Gottesdienste im Bereich der Notfall-Seelsorge will diese Erfahrung aufnehmen und die Seelsorge damit vertiefen. Dahinter steht die Überzeugung, dass die Kirche Menschen dann am nächsten kommt, wenn sie ganz bei ihrer Sache ist und bleibt. Wenn sie dazu den richtigen Ton trifft, kann sich Zuwendung in der Seelsorge auf anderer Ebene Raum verschaffen und Liebe abbilden.

Die Kirche lebt damit auch in ihrer seelsorgerlichen Arbeit von der gegenseitigen Bezeugung. Ihr Auftrag ist die Erfüllung der Bezeugung des Evangeliums an alle Menschen. Diesem Auftrag dient sie. Insofern liegt auch ihr (notfall-)seelsorgerlicher Auftrag in der Mission, der umfassenden Bezeugung des Evangeliums an alle Menschen.[5]

[5] Die Kreissynode des Kirchenkreises Melsungen hat am 11. Juni 2005 in ihrem Leitbild festgehalten, dass über den Kirchenkreis viele verschiedene Menschen eingeladen werden, gemeinsam den Glauben an Jesus Christus zu leben. Die Synode hat am 03. März 2012 dieses Papier spezifiziert, indem sie die Mission als besondere Herausforderung für die zukünftige Arbeit herausgehoben hat. Mission wird dabei als Sendung verstanden, die von Gott in Jesus Christus ausgeht und

## Der Gottesdienst als Bewahren und Erneuern ...

Keine andere Thematik hat Martin Luther mit einem solch hohen semantischen Aufwand betrieben wie die Frage, was die Aufgabe der Kirche sei. Seine variantenreichen Ausdrucksformen konzentrieren sich zunehmend auf das Begriffsfeld der *congregatio*, verstanden einerseits als Gemeinde und andererseits als Gemeinschaft. Luthers Freund Melanchthon hat diese Grundgedanken Luthers fokussieret, systematisiert und zu dem bekannten Lehrsatz 7 von der Kirche in der Confessio Augustana (CA) geformt: Kirche ist „congregatio sanctorum, in qua evangelium pure docetur et recte administrantur sacramenta."[6] „Congregatio" meint die Versammlung der Heiligen in der Teilhabe am Heiligen, „pure docetur" ist zu verstehen als Lehre des Evangeliums ohne menschliches Zutun.

Für Luther selbst ist *congregatio* weiter gefasst: Gottes Zuwendung zur Gemeinde ist nicht auf den Predigtvorgang und auf die gottesdienstlichen Lesungen beschränkt, sondern wurzelt im Glauben selbst. Der Glaube wird als der rechte Gottesdienst verstanden. Dieser kann sich nicht auf liturgische Formen beschränken. Er weitet sich aus und bewährt sich im Bezeugen, also im Eintreten für das Evangelium gegenüber dem Nächsten und speziell im beruflichen Leben. In diesem Ringen um den Gottesdienst sind auch pädagogisch-didaktische Überlegungen verortet, die von dem Gedanken getragen sind, die Liebe zum Nächsten zu leben, damit dieser Heil und Glauben erfahren kann. Luthers Grundsatz innerhalb all seiner Reformbemühungen um die Messe lautet daher: „Alles Gottes diensts das grössist und furnempst Stuck ist Gottis wort predigen und leren."[7]

Dieser Grundsatz basiert auf dem Gedanken der Mission als einer umfassenden Bezeugung des Evangeliums an alle Menschen. Es geht um die Versammlung unter Gottes Wort als Aufbau der Gemeinde. Das bedeutet, dass die Gestalt des Gottesdienstes als ein Teil der Geschichte der Kirche gewürdigt wird. Diese ist niemals abgeschlossen, sondern durch ihren Fortgang und ihre Entwicklung ist auch der Gottesdienst stets neu zu bedenken „unter

---

Menschen erreicht. Diese werden selbst von Gott gesandt, „um in einer zunehmend säkularisierten Gesellschaft das Evangelium auf vielfältige Weise zu bezeugen, damit Glaube geweckt und gefördert wird und [damit] Menschen in unseren Gemeinden heimisch werden und bleiben." Dabei liegt „ein besonderes Augenmerk ... auf der Pflege und Ausgestaltung der Gottesdienste ..., die bleibend die theologische Mitte der Gemeindearbeit darstellen."

6 BSLK 61,3-5.

7 WA 19,78.

der Frage, was dem Wort Gottes und der Antwort der Gemeinde angemessen ist. Dabei werden Bewahrung und Erneuerung, Freiheit und Einheit in einer lebendigen Spannung bleiben."[8] Aber diese Spannung muss stets erkennbar bleiben in dem Sinne, dass hier das Unverfügbare des Heiligen erspürbar wird.

Dazu bedarf es in einer vielstimmigen Welt einer Agora (vgl. Apostelgeschichte 17), auf der die Stimme des Hirten vernehmbar wird, auf der die Suche nach Gott im eigenen Leben nachklingt und Gemeinde aufbaut. Dabei wird es aus dem Leben heraus um ein Angenommensein gehen, welches trägt. Das meint mehr als gegenseitige Freundlichkeit und eine Gemeinde, in der man sich wohlfühlt, sondern ein umfassendes Gehen unter der Gnade, das sich nicht am Nichtigen aufhält (Jona 2,9).

## … und Riskieren?

Die Suche nach Wegen der Begleitung in der Vielzahl der Stimmen begleitet die Kirche seit ihren Anfängen. Stets war und ist sie erneut darauf angewiesen, das Risiko des Scheiterns im Vertrauen auf Gottes einenden Geist zu leben.

Eine *congregatio* in diesem Sinne sucht Gottes-Dienst in beiderseitigem Sinne des Wortes, sucht nach gemeinsamen Wegen, den Glauben in den Alltag zu integrieren und zu einer Verständnishilfe für diesen zu entwickeln. Sie nimmt sich der Menschen an und stärkt damit das zentrale Anliegen, Gemeinde aufzubauen und damit Mission zu leben. Sie öffnet sich, um Menschen auch liturgisch dort abzuholen, wo sie leben und wirken.

Die Dienstgemeinschaft der durch ihre vier Kirchenkreise im Schwalm-Eder-Kreis Beauftragten für Notfall-Seelsorge versteht neben ihrer konkreten Arbeit im Fall der Not die gottesdienstliche Gemeinschaft als heilsame Unterbrechung, die die Kontinuität und Verarbeitung des Alltags unterstützt und die Besinnung auf den Grund des Lebens fördert.[9] Ein anderes Wirklichkeitsverständnis stört die alltäglichen Wahrnehmungsmuster, Zuordnungen

---

[8] Chr. Zippert: Zur Theologie des Gottesdienstes, in: Ders. (Hrsg. im Auftrag der Evangelischen Kirche von Kurhessen-Waldeck): Gottesdienst feiern. Begleitbuch zur Agende I, Kassel 2005, 45.

[9] Vgl. D. Rössler: Unterbrechungen des Lebens. Zur Theorie des Festes bei Schleiermacher, in: P. Cornehl/M. Dutzmann/A. Strauch (Hrsg.): In der Schar derer, die da feiern. Feste als Gegenstand praktisch-theologischer Reflexion (FS für Friedrich Wintzer zum 60. Geburtstag), Göttingen 1993, 39.

und Regeln und lässt diese in einem neuen Licht erscheinen.[10] Sie macht das Nicht-Selbstverständliche bewusst und stärkt dieses. „Als Zeugen werden Menschen beansprucht, die mit der entgegenkommenden Liebe Erfahrungen gemacht haben, sie erzählen von ihren Erlebnissen, berichten, was ihnen widerfahren ist."[11] „Gottesdienste im Kleinen und Großen stellen Öffentlichkeit her und führen aus der Einsamkeit hinaus."[12]

Es ist der „relative Gegensatz" (F. D. E. Schleiermacher) zum übrigen Leben sowie das gemeinschaftliche Prinzip, aus denen auch die sogenannten besonderen Gottesdienste als „Fest" hervorgehen. Feste dieser Art sind „Unterbrechungen des übrigen Lebens"[13]. Sie beruhen auf dem Grundsatz, dass im Feiern „eine andere Weise des Daseins"[14] zu Tage tritt. Denn „Gottes Gegenwart im Leben ist nicht nur zeitliches, sie ist ewiges Heil – und sie gilt einem Leben, das verstrickt ist in Bedingungen von Unheil: physisches Leiden, das moralisch Böse, Anmutung von Sinnlosigkeit."[15]

Begleitung und Feier, Klage und Dank versucht Notfall-Seelsorge durch gemeinsame Gottesdienste zu verbinden. Hinter diesem Bestreben steht im Falle der Gottesdienste für die Einsatzkräfte darüber hinaus das Bedürfnis, einerseits die erfahrenen Belastungen vergangener Einsätze zu thematisieren und andererseits den Dank für eine vertrauensvolle Zusammenarbeit während der Einsätze auch vor Gott zum Ausdruck zu bringen. Daneben steht der Wunsch, den meist ehrenamtlichen Dienst zu würdigen, vor allem mit Blick auf die hinter den Aktiven stehenden Familien.

Mit diesem Anliegen korrespondiert nicht selten die Wahl einer Kirche an einem anderen Ort. „Der Akt des Herausgehens ist [hier] ein Akt der Innovation. Er setzt ein aufmerksames Wahrnehmen des Ortes voraus, ein Gespür für sein religiöses Potenzial wie auch ein Sensorium für das, was an ihm gottesdienstlich machbar ist oder auch nicht. Kann der Gottesdienst im Kirchenraum im Prinzip auf Routinen setzen, so erfordert der andere Ort in besonderer Weise gottesdienstliche Arbeit – bis hin in den

---

10 Vgl. I. Karle: Seelsorge in der Moderne. Eine Kritik der psychoanalytisch orientierten Seelsorgelehre. Mit einem Geleitwort von Joachim Scharfenberg, Neukirchen-Vluyn 1996, 215.

11 R. Schmidt-Rost: Massenmedium Evangelium: Das „andere" Programm, Hannover 2011, 84.

12 Th. Zippert: Indikationen für Seelsorge. Versuch einer Grundlegung zu ihren genuinen Themen in Auseinandersetzung mit der Psychotraumatologie, in: PTh 93 (2004), 331.

13 F. D. E. Schleiermacher: Die praktische Theologie nach den Grundsätzen der evangelischen Kirche, hrsg. von J. Frerichs, Berlin 1850, 70.

14 Rössler, a. a. O., 37.

15 Landeskirchenamt Kassel (Hrsg.), Das Amt des Pfarrers und der Pfarrerin in der modernen Gesellschaft. Eine Studie der Evangelischen Kirche von Kurhessen-Waldeck (Didaskalia 53), Kassel 2004, 22.

Vollzug, der nicht Rahmenbedingungen setzen kann, die den Gottesdienst als ein kommunikatives Geschehen stützen: Sie müssen geschaffen werden, so Raumbegrenzungen, Atmosphären, kommunikative Situationen, die bündeln und konzentrieren."[16]

Für Kirche ist Feiern an einem anderen Ort nicht neu. Gerade im Sommer, aber auch zur Weihnachtszeit kennt sie die anderen gottesdienstlichen Orte unter freiem Himmel. Jedoch sind auch diese „besonderen" Gottesdienste eng in den gewohnten Ablauf eingebunden. Das Spezielle ist vielmehr durch die Voraussetzungen, die Beteiligungsformen und das Thema gegeben. Und darum gilt gerade hier: „Riskante Liturgien haben und brauchen ihren *signifikanten Ort.*"[17]

Das Risiko liegt dabei nicht nur in der Wahl eines anderen Ortes und ggf. einer anderen Zeit, sondern ebenso in der erweiterten gesellschaftlichen Öffentlichkeit[18] jenseits der Sonntagsgemeinde, einer Vielzahl von Stimmen, Erfahrungen, Einstellungen und Wahrnehmungen. In diese Multiperspektivität hinein laden biblische Geschichten, Gleichnisse vom Reich Gottes und Bilder des Glaubens dazu ein, das Risiko des Scheiterns im Vertrauen auf Gottes einenden Geist gemeinsam zu tragen und zu leben. „Die Eindeutigkeit in der Vielfalt der Erscheinungsweisen des Evangeliums, wie sie Gottes Güte und Gnade reichlich und täglich in der Fülle der Lebensmöglichkeiten darbietet, wahrzunehmen und zu veranschaulichen, ist Anspruch und Auftrag jeder Praxis des Glaubens."[19] In ihrem Kern ist diese Praxis missionarisch angelegt. Sie zielt auf die „Herrlichkeit und Gnade Gottes"[20] und ist Gottes Aufgabe an seinen Menschen. „Die schönsten Missionen sind die Gottesüberraschungen, die an den ungewöhnlichsten Orten erlebt werden."[21] Das Risiko wird damit durch die Chancen kreativer Kommunikation des Evangeliums absorbiert. Der Gottesdienst insgesamt erfährt eine Aufwertung und Stärkung.

---

16 Vgl. L. Friedrichs: „Auff dem Felde, inn der Kirchen, oder auff dem meer". Gottesdienste an anderen Orten feiern, in: DtPfrBl 111 (2011), 361.

17 K. Fechtner/ Th. Klie (Hrsg.): Riskante Liturgien. Gottesdienste in der gesellschaftlichen Öffentlichkeit, Stuttgart 2011, 16.

18 Ebd., 11 ff.

19 R. Schmidt-Rost: Die Bedeutung der „Kunstregeln" für die Praktische Theologie, in: PThI 12 (1992), 195.

20 Vgl. die 62. These der Ablassthesen Martin Luthers, in: K. Aland (Hrsg.): Luther Deutsch, Bd. 2: Der Reformator. Die Werke Luthers in Auswahl, 76.

21 R. Meister: Art. „Mission" in: M. Meyer-Blanck/J. Gerhardt (Hrsg.): Evangelischer Erwachsenenkatechismus, Rheinbach [4]2012, 49.

Dass heute bei öffentlichen Ereignissen zunehmend Bedarf nach Gottesdiensten besteht,[22] lässt sich durch die gesellschaftlichen Veränderungen verstehen. Eine zunehmend säkulare Gesellschaft benötigt gerade nach Ereignissen mit hoher öffentlicher Betroffenheit Deutungspotentiale, die von staatlicher Seite nicht artikuliert werden können. Es bedarf der Interpretation durch die Religion. Religiöse Sprache orientiert und konfrontiert mit der Gegenwart, so dass der öffentliche Auftrag der Kirchen und die gesellschaftliche Relevanz von Religion bestätigt werden.

Das Feiern von Gottesdienst stellt bleibend die theologische Mitte der Gemeindearbeit dar. Im Falle der Einsatzkräftegottesdienste wird sie in besonderer Weise gemeinsam bedacht und verantwortet. So wird schon in der Vorbereitung, aber erst recht in der Durchführung und auch im gemeinsamen Rückblick nach einer Rückmeldung durch die beteiligte Öffentlichkeit deutlich, dass es auch heute gerade der „fremden Sprache in bekannten Worten" bedarf, also einer Konfrontation der Erfahrungen des Alltags mit den Inhalten des Glaubens. Es bedarf der Agora in einer vielstimmigen Welt. Gottesdienste im öffentlichen Leben sind Ausdruck eines gesellschaftlichen Bedürfnisses nach Orientierung und Ausrichtung. „Sie erweisen ihren Sinn (nur), wenn sie im Horizont des christlichen Glaubens in und für eine Situation Zeichen setzen, mithin Worte finden, die sonst nicht gehört, und Gesten, die anders nicht gezeigt werden können."[23]

Angesichts von Katastrophen, Notfällen, Krankheiten und Schicksalsschlägen sind immer Menschen(gruppen) betroffen und Angehörige einbezogen, im schlimmsten Falle Hinterbliebene hinterlassen. Diese Menschen in Not sind ebenso im Fokus der gottesdienstlichen Notfall-Seelsorge, die sie nicht alleine lassen will, damit ihre Seele Hilfe findet.

Umfassende Seelsorge macht gerade im Falle kollektiver Klage und Feier das Ganze des Lebens zum Thema. „Sie ist da indiziert, wo es um den situativ und seelisch angemessenen *sprachlich-künstlerisch-rituellen Ausdruck* einer belastenden Situation geht, und zwar gemeinsam trauernd und klagend um Hilfe, um Ermutigung, Hoffnung und Segen bittend. Das können wir uns nicht selber geben oder spenden, dazu braucht es eine Gemeinschaft, die sich um eine Mitte versammelt, die weit über das hinausweist und hinausführt, was uns gegenwärtig bedrückt und bedrängt: in die Weite des Himmels oder unter den Schatten seiner Flügel."[24] Demnach umfasst Seelsorge eine

---

22 Vgl. dazu exemplarisch J. Teuffel: Im Angesicht der Katastrophe. Öffentliche Trauer- und Bittgottesdienste. Elemente – Modelle – Materialien, Gütersloh 2012.

23 Fechtner/Klie, a. a. O. (s. Anm. 17), 13.

24 Th. Zippert, a. a. O. (s. Anm. 12), 330.

*„rituell-liturgisch-homiletische Kompetenz“*[25] bzw. geht in sie über. Sie gehört zur Notfall-Seelsorge wie der Piepser oder das Handy.

Gemeinsames Unterstützen braucht es aber nicht nur im Falle der Not. Das Leben als ein wunderbares Geschenk, eine Gabe Gottes, muss regelmäßig dankbar gefeiert, eingeübt und gepflegt werden, um gerade im Falle der Not innere Ressourcen aktivieren zu können, die beleben und erneuern, die den Geist Gottes seine Wirkung entfalten lassen. Darum ist die Soteriologie ein besonderes Thema und Anliegen dieser gemeinsamen Seelsorge.

Der Jubilar hat es mit Blick auf den Gottesdienst und sein Anliegen in einer Predigt über Amos 5,21-24 so ausgedrückt: „Man hat von Gott und Gottesdienst nichts verstanden, wo er nicht die ganze Lebenswirklichkeit bestimmt. Wer Gott in die Nische des Sonntags setzt oder ihn auf den Bereich des Gottesdienstes beschränkt, der zeigt, dass er ihn nicht ernst nimmt. ... Und wenn der Gottesdienst nicht Ausdruck der Gottesbeziehung ist, die auch den Alltag bestimmt, verliert er seine Existenzberechtigung.“[26]

Es stellt eine einzigartige missionarische Chance dar, Menschen im Zusammenhang notfall-seelsorgerlicher Arbeit abzuholen und mit (Volks-) Kirche im Sinne eines begleitenden Angebotes in Verbindung zu bringen. Eine ansprechbare und ansprechende Kirche tritt ihnen gegenüber. Eine Notfall-Seelsorge in diesem Sinne verweist auf eine diakonische Kirche, die an individuellen und sozialen Lebensbewegungen der Menschen teilhat und teilnimmt, die ihnen zur Zeitgenosssin wird. Auf solche Weise wird das Evangelium kommuniziert: Kirche vollzieht sich.[27]

Dieser Auftrag bestätigt aus Sicht der Kirche ihre prinzipielle missionarische Aufgabe. Kirche wird die Kommunikation des Evangeliums immer nur als Bezeugung desselben anzusehen haben. Sie wird darum in Zukunft ihr gottesdienstliches Handeln dadurch profilieren müssen, vertraute und zugleich auch andere Orte (resp. Formen) zu wählen, um Menschen zu erreichen. Dadurch bewahrt und erneuert sie Bewährtes. Sie riskiert zugleich dabei eine erweiterte Öffentlichkeit in einer sich stark verändernden Medienwelt. Aber das ist auch ihre Chance. Ihr Profil wird dadurch erkennbar bleiben, dass sie Menschen mit Gottes Wort in Verbindung bringt, so dass sie sich durch Worte, Gesten, aber auch durch Teilhabe angesprochen und

---

25 Ebd.

26 Schulze, R.: Predigt über Amos 5,21-24, gehalten in der Stadtkirche Melsungen am 19. Februar 2012 (unveröffentlichtes Manuskript).

27 Vgl. K. Fechtner: Späte Zeit der Volkskirche. Praktisch-theologische Erkundungen, Stuttgart 2010, 22-24.

getroffen, ja sogar gestört fühlen. Wenn diese Störung Gottes Weg erkennbar macht, auf dem sie mitgehen und gestalten dürfen, werden sie gestärkt ihre Straße fröhlich ziehen.

# Kunstausstellungs-Exkursionen

## Möglichkeiten kirchlicher Bildungsarbeit zwischen Freizeit und Tagesuniversität

*Heinz-Ulrich Schmidt-Ropertz*

### I.

Ereignisort ist das Museum Fridericianum in Kassel im Juni 2012 zur Zeit der dOCUMENTA 13.[1] Im gesamten Untergeschoss des Ausstellungegebäudes[2] präsentiert der britische Künstler Ryan Gander[3] die ganz in Weiß gehaltenen Räumlichkeiten völlig unausgestattet und leer bis auf zwei Glasvitrinen, deren eine im linken Ausstellungsflügel einerseits den handgeschriebenen Absagebrief eines Künstlers an die dOCUMENTA-Leiterin zur Teilnahme an der Ausstellung sowie in einem kleinen weiß gehaltenen Kabinett einen Klangraum (Soundarbeit) der Künstlerin Ceal Floyer („Til I Get It Right", 2005), die ihre gestalterischen Arbeiten stets mit geringst möglichem Aufwand zu realisieren versucht,[4] umfasst und deren andere im rechten Geschossflügel abstrakte Skulpturen des spanischen Künstlers Julio González zeigen, die bereits bei der zweiten documenta 1959 zu sehen waren.[5] Sie sind dort mit Einwilligung Ganders durch die Ausstellungsmacher plaziert worden und weisen jeweils Bezüge zum Thema der „Abwesenheit" auf. Das Erstaunen vor der Leere, die Möglichkeit, den frei gehaltenen Raum, sonst im linken Flügel einerseits das Domizil des Kasseler Kunstvereins und bei sonstigen Kunstpräsentationen und vor allem anlässlich der verschiedenen Documenta-Ausstellungen von Anbeginn stets Ort des prominenten Auftakts der Schau, jetzt als solchen wahrnehmen zu können, entbarg den Austellungsbesucherinnen und -besu-

---

1 Die Ausstellung fand vom 09.06. bis 16.09.2012 in Kassel statt.

2 Das Museum Fridericianum war das erste in Europa auch für die bürgerliche Öffentlichkeit zugängliche Ausstellungsgebäude.

3 Geb. 1976 in Chester.

4 Beide Arbeiten verstehen sich als „Abwesenheitserfahrungen" von Kunst im Sinne von optisch bzw. haptisch Wahrnehmbarem.

5 Geb. 1876 in Barcelona, gest. 1942 in Arceuil. Die Ausstellungestücke sind dieselben wie 1959 und sind beschrieben worden als „... skelettartiger Kubismus, bei dem Linie, Gleichgewicht und *Abwesenheit* (hervorgeh. d. d. Vf.) nicht weniger bedeusam sind als Masse." So Lars Bang Larsen in dem Art. „Julio Ganzález", in: dOCUMENTA 13, Das Begleitbuch, The Guidebook, Ostfildern 2012, 72, Spalte 1.

chern erst mit der Zeit durch die weitergehende Wahrnehmung, dass der Raum gar nicht leer war, sondern erfüllt von einem geschickt geführten Luftzug, der im ganzen Untergeschoss spürbar war, sein Geheimnis. Keine natürliche Luftbewegung durchwehte den Raum, sondern versteckt installierte Windmaschinen generierten den Luftstrom.

„Hier ist ja nichts!" Diese Bemerkung gehörte in der ersten Ausstellungswoche zu den meist gehörten Kommentaren vieler Besucherinnen und Besucher, bis sich nach und nach die Aufmerksamkeit, gestützt u. a. durch einen erläuternden Artikel in der Hessisch Niedersächsischen Allgemeinen Zeitung und Mund-zu-Mund-Propaganda, auf die „immaterielle", nur dem Fühlen zugängliche, den Sehsinn ausklammernde Dimension der Kunstinstallation richtete. Einerseits Hinweis darauf, dass künstlerische Produktion sich nicht selbstverständlich auf das konzentriert, was mit den Augen wahrgenommen werden kann, erfüllte die Arbeit Ganders ein Desiderat der Ausstellungskonzeption, mit den ausgestellten Werken in erlebbare Erfahrungszusammenhänge treten zu können.[6] Ganders Arbeit eröffnete dabei die Möglichkeit, sich sowohl mit der Qualität der Leere, des offen gehaltenen Raums angesichts der medialen Bilderflut und der Bestimmtheit von Räumen, mit der Dominanz des Optischen und der Eminenz des Architektonischen als auch mit den Konnotationen des Luftstroms zu beschäftigen. Wer sich dem Zugwind überließ, wurde sanft durch den freien Raum „geschoben", erlebte Bewegung und deren erfrischende Wirkung an heißen Tagen und fand sich dazu provoziert, diesen kaum merkbaren künstlerischen Eingriff auch auf ein geistiges Bewegt-Werden hin deuten zu wollen. Entgegen einer Aussage der künstlerischen Leiterin der dOCUMENTA 13, Carolyn Christov-Bakargiev,[7] die sich den religiös motivierten Zugriff auf die Werke der Ausstellung verbat, legt Ganders Werk „I Need Some Meaning I Can Memorise (The Invisible Pull)" geradezu nahe, im Luftstrom nicht nur den Geist der steten Erneuerungsbedürftigkeit von Kunst, den Geist des Performativen und der Notwendigkeit der Ganzheitlichkeit von Wahrnehmung zu erkennen, sondern auch das religiöse, hier insbesondere biblische Potential zu entdecken, das dieses Werk auch transportiert.

[6] So antwortete C. Christov-Bakargiev in einem Interview mit Silke Hohmann auf deren Frage: „Wie findet denn Erfahrung in der Ausstellung statt? Matter matters, auf jeden Fall über Material und Materie. Aber es geht nicht darum, dass man alle Werke anfassen könnte ...", in: monopol, Magazin für Kunst und Leben 6/2012, 60–63, hier 62, Spalte 1.

[7] So in verschiedenen, durch die HNA (Hessisch Niedersächsische Allgemeine Zeitung) publizierten Aussagen.

Wenn im Alten Testament von „Geist Gottes“ die Rede ist, dann überstreicht das hier benutzte hebräische Äquivalent zu „Geist“ – „ruach“[8] den Sinnzusammenhang von „Hauch“, „Wind“, „Sturm“ bis hin zu den Abstrakta „den Körper belebendes Prinzip“, „Lebensodem“, „Seele“ und „Geist“. Im Alten Testament ist vom „Wind“ die Rede, der Gott zuhanden ist;[9] in den Elia-Geschichten wird der Prophet der Gegenwart Gottes teilhaftig in einem „stillen, sanften Sausen“,[10] der Psalmbeter erkennt im „Wind“ die Schöpfermacht Gottes,[11] und das Neue Testament nimmt das Bild des Windes auf, „der bläst, wo er will“,[12] um die Unverfügbarkeit von Gottes Geist sinnfällig zu machen.

Die biblische Aufladung von Ganders Intervention ist unverkennbar und eröffnet ein weites Feld an Assoziationen und Spekulationen, die hier nicht erschöpfend behandelt werden können, weil sein Werk von vornherein darauf angelegt ist, „... unseren Wunsch nach vollständiger Zugänglichkeit, Verständlichkeit oder Performativität ...“ (zu durchkreuzen).[13]

Nicht erst, als im Lauf der dOCUMENTA 13 in Sichtweite des Fridericianum auf dem Turm der katholischen Elisabethkirche weithin sichtbar eine Holzskulptur des Bildhauers Stephan Balkenhol[14] aufgestellt worden war, die einen Mann in weißem Hemd und schwarzer Hose mit weit ausgebreiteten Armen auf einer goldenen Kugel stehend zeigt, und die von auswärtigen Besucherinnen und Besuchern zum Ärgernis der dOCUMENTA-Leiterin für einen Bestandteil ihrer Austellung gehalten wurde, hatten Austellungsbesucherinnen und -besucher in tatsächlichen Werken der dOCUMENTA 13 religiöse bzw. biblische Bezüge ausgemacht,[15] wobei die Werke sich allerdings nicht mehr in ein illustratives Verhältnis zu biblischer Überlieferung, biblischen Motiven oder religiösen Themen begeben.

---

8 Vgl. Art. „ruach“, in: W. Gesenius: Hebräisches und aramäisches Handwörterbuch über das Alte Testament, Berlin/Göttingen/Heidelberg, [17]1962, 748–750.

9 Der göttliche Geist „als die Kraft verstanden, welche von Jahwe her den Menschen überfällt ...“, in: W. Zimmerli, Grundriß der alttestamentlichen Theologie, Stuttgart/Berlin/Köln/Mainz, [2]1975, 72.

10 Siehe 1. Könige 19,12 und 13.

11 Siehe Psalm 104,4.

12 Johannes 3, 8.

13 Art. „RyanGander“, 66, Spalte 2, in: Das Begleitbuch/The Guidebook, Katalog, dOCUMENTA 13, Ostfildern 2012.

14 Die „Balkenhol-Skulptur auf dem Turm der Sankt-Elisabeth-Kirche in Kassel (sorgte, d. Vf.) für Streit. Die Leiterin der documenta 13, Carolyn Christov-Bakargiev, kritisierte die katholische Kirche für die Aufstellung dieses Kunstwerks im Vorfeld der documenta. ‚Es stört erheblich. Die künstlerische Leiterin fühlt sich von dieser Figur bedroht, die mit der documenta (13) nichts zu tun hat‘, ließ documenta-Geschäftsführer Bernd Leifeld verlauten. Die Kirche hielt dessen ungeachtet an der Balkenhol-Ausstellung und Installation fest.“, in: „documenta stört sich an Balkenhol-Skulptur“, Welt-online am 9. Mai 2012.

15 Siehe das Thema „Bildverweigerung“, wie es z.B. in der Arbeit „Limited Art Project (2011–2012)“ des chinesischen künstlers Yan Lei, geb. 1965 in Hebei, zum Ausdruck kommt.

Im Rahmen der thematisch ausgerichteten Austellungstouren, der sogenannten „dTours“, kamen im Zusammenspiel mit und durch Eingriff von Austellungsbesucherinnen, -besuchern und Begleitern (als „Worldly Companions“ bezeichnet) auch religiöse und biblische Bezüge zur Beachtung und zur Sprache. Damit wurde zugleich das pädagogische Grundprinzip der dOCUMENTA 13 erfüllt, das den mündigen Ausstellungsbesucher und die mündige Ausstellungsbesucherin nicht von durch ihren Wissensvorsprung gekennzeichneten Kunstvermittlungsfunkionären „geführt“ wissen wollte, sondern vorsah, dass die Besucherinnnen und Besucher von den „Companions“, den Begleiterinnen und Begleitern, in einen dialogischen Prozess der Verständigung unter respektvoller Beachtung des von den Gästen Eingebrachten und Vorgebrachten eingebunden werden sollten.

## 2.

Exemplarisch an diesem recht ausführlich dargestellten Beispiel – und deshalb als Hinführung auf die Thematik der kirchlichen Kunstexkursion geeignet – ist der darin erbrachte Aufweis, dass nicht nur historische Werke der Bildenden Kunst formal und inhaltlich biblische oder religiöse Themen aufgreifen, sondern dass sich auch die zeitgenössische autonome Spitzenkunst biblische bzw. religiöse Anspielungen erlaubt. Dabei verweigert sie, im Unterschied zu zeitgenössischer religiöser Gebrauchskunst, die sich, indem sie z. B. Abendmahlsgerät, Kirchenfenster oder die sogenannten „Prinzipalstücke“[16] künstlerisch gestaltet, bewusst in Dienst nehmen lässt, jede Instrumentalisierung.[17]

So erscheint es interessant, sich mit künstlerischen Ausdrucksformen überhaupt zu beschäftigen, da solche ästhetischen Interventionen eine „andere“ Perspektive oder externe Hinsichten auf im kirchlich-religiösen Kontext Vertrautes und Gewohntes aufbieten. Diese Möglichkeit trifft sich mit dem zu beobachtenden großen Publikumsinteresse am Besuch von Kunstmuseen und repräsentativen Ausstellungen[18] und der damit verbundenen steigenden Wertschätzung kultureller Bildung. Kenntnisse in Kunstgeschichte und von kunsthistorischen Zusammenhängen werden nachgefragt; wachsende Mobilität macht jedes Ziel nationaler oder internationaler

[16] Das sind Kanzel, Altar und Taufe.

[17] Vgl. die grundlegende Arbeit von H. Schwebel: Autonome Kunst im Raum der Kirche, Hamburg 1968.

[18] Die dOCUMENTA 13 erlebte mit 750.000 Besuchern einen herausragenden Andrang seit Anbeginn der Ausstellungen.

Kunstbemühungen erreichbar und zieht zum Teil Massen von Menschen an, so dass von diesem Phänomen gern in religiöser Terminologie als von „Pilgerfahrten" oder „Wallfahrten" zu Ausstellungsereignissen und davon die Rede ist, „Kunst sei zur Ersatzreligion der Gegenwart"[19] aufgestiegen. Grund genug also, sich mit dieser Entwicklung zu beschäftigen und auseinander zu setzen.

## 3.

Wirklichkeit und Anspruch künstlerischer Werke zu begegnen, ist deshalb nicht nur selbstverständliches schulisches oder universitäres Bildungsziel, sondern bedarf ebenso der kirchlich-gemeindlichen Beachtung. Wo es mittlerweile als eingeführt gilt, z.B. im Rahmen von Sondergottesdiensten in Museen[20] oder besonderen Sonntagsgottesdiensten in Kirchen, sich mit Werken der Kunst predigend auseinanderzusetzen oder wie zu Zeiten der jeweiligen documenta-Ausstellungen für spezielle Gruppen wie Kirchengemeinden, Pfarrkonferenzen, die kirchliche Presse und an biblisch-religiösen Fragestellungen Interessierten Führungen anzubieten, ist es meines Erachtens angezeigt, auf kirchlich-regionaler Ebene[21] dafür ein Angebot bereitzustellen, das Event-Charakter hat[22] und gleichzeitig eine qualifizierte Begegnung mit Werken der Bildenden Kunst ermöglicht. Denn die herrschende Praxis z.B. von Kunstgottesdiensten, die traditionelle wie zeitgenössische Kunstwerke aufnimmt, unterstellt ja damit bereits, dass künstlerische Äußerungen für Glauben und Kirche relevant sein können. In seinem im Jahr 1999 entwickelten „Zukunftspapier" hat der Evangelische Kirchenkreis Melsungen wegweisend deshalb Kunstexkursionen bzw. Bildungsreisen in den Katalog seiner

---

[19] So schreibt Werner Hofmann: „Auf die Kunst, die der Religion gehörte, folgt die Religion der Kunst ...", in: Die Geburt der Moderne aus dem Geist der Religion, in: Ders. (Hrsg.): Ausstellungskatalog „Luther und die Folgen für die Kunst", Hamburg 1984, 51.

[20] Vgl. die Kunstgottesdienste im Hannoveraner Sprengel-Museum (s. H. W. Dannowski/G. Sand: Im Anfang das Bild, Predigten und Denkanstöße zu moderner Kunst, Gütersloh 2006) bzw. die Kunstgespräche in der Neuen Galerie und der Gemäldegalerie Alte Meister im Museum Schloss Wilhelmshöhe in Kassel, wie sie dokumentiert sind in: Über Bilder sprechen, Bildpredigten, Theologische und kunsthistorische Betrachtungen, Kassel 2011. Der Kirchenkreis Melsungen bietet über das Internet mit der „Gottesdienstlandschaft Melsungen" einen Überblick über Kunstgottesdienstangebote im Kirchenkreis.

[21] Das ist in der Evangelischen Kirche von Kurhessen-Waldeck der Kirchenkreis.

[22] Zur Problematik des Begriffs „Event" vgl.: B.-M. Baumunk, Abschied vom Event, in: G. Kilger/DASA (Hrsg.): Szenografie in Ausstellungen und Museen, Essen 2004, 10–17. Baumunk will den von ihm negativ eingeschätzen Begriff lediglich akzeptieren für „Ausstellungen ..., in denen sich ‚etwas ereignet'", so ebd., 10, Spalte 1.

Desiderata aufgenommen.[23] Kunstexkursionen führen Interessierte in einer Gruppe zusammen; sie bedienen dabei den einfachen ästhetischen Genuss ebenso, wie sie die Chance bieten, sich – z. B. anhand von Führungen – vertieft mit Kunstwerken zu beschäftigen und bei dafür geeigneten Werken den künstlerischen Umgang mit biblischen Stoffen, theologischen Fragestellungen und der traditionellen christlichen Ikonographie im Wandel der Zeiten und Kunsttheorien wahrzunehmen und zu verstehen. Im günstigen Fall führt diese Begegnung mit Kunst weitergehend in die Tiefe auch der je eigenen Auseinandersetzung mit Glaube und Religion.

## 4.

Schon das reformatorische Interesse war auf Bildung hin ausgerichtet. Zu Recht kann man deshalb die Evangelische Kirche als „Bildungsinstitution" ansehen, der an der „Kommunikation des Evangeliums" gelegen ist.[24] Jesus selbst bediente sich vorzüglich verbaler Kommunikation,[25] die auf „Lehr- und Lernprozesse" ausgerichtet war, um bestimmte „Verhaltensdispositionen und Einstellungen" durch neue Impulse zu verändern.[26] Neue Impulse für eine Kommunkation des Evangeliums liefert u. a. die „vielfache Rezeption biblischer Texte, Traditionen und Motive in Literatur, Musik, Kunst und Film ...", nicht selten in Form „produktiver Irritation"[27]. Das in den Evangelien Überlieferte bedarf tatsächlich stets der „Transformation in Übertragungsmedien"[28]. Dabei werden biblische Texte, Traditionen und Motive als „offene Kommunikationsvollzüge präsentiert"[29], die im Dialog bzw. durch Interaktion angemessen aufgenommen werden können.

Auf dem Feld der Bildenden Kunst reicht solche „produktive Irritation"[30] von der textgestützten, aber durch die je eigentümliche „künstlerische Handschrift" bearbeiteten und vermittelten Bibelillustration bis hin zu Werken der sich als autonom verstehenden zeitgenössischen Kunst, die sich kirchlich bzw. theologisch nicht vereinnahmen lassen will, die die „historische

[23] Zukunftspapier des Evangelischen Kirchenkreises Melsungen, 1999.

[24] Vgl. die leitenden Ausführungen dazu in: Chr. Grethlein: Praktische Theologie, Berlin/Boston, 2012, 3. Kapitel: Kommunikation des Evangeliums – begriffliche und hermeneutische Klärungen, 143 ff.

[25] Durch das Erzählen von Gleichnissen und Parabeln, ebd., 163.

[26] Chr. Grethlein, ebd., 164.

[27] Ebd., 277.

[28] Ebd., 276.

[29] Ebd., 277.

[30] S. o.

Distanz“[31] von Bibeltexten, Traditionen, Symbolen und Motiven bereits ästhetisch durchgearbeitet, überformt oder verfremdet hat und damit als gestalterische Metamorphose verstanden werden kann.

Traditionell finden solche Lehr- und Lernprozesse in der Schule und in der Universität sowie im Raum der Kirche statt. Sie können aber auch verlagert werden und in Museen und Ausstellungsräumen inszeniert werden und damit unter den Teilnehmenden eine „Situationsgemeinde“ konstituieren, die Ziel gemeindepädagogischer Betätigung ist. Hierbei kommt das spezifische Potential des Lernorts „Situationsgemeinde“ zum Tragen, wie es sich z. B. bei einer Kunstexkursion ergibt. Für einen bestimmten Zeitraum wird der Museums- oder Ausstellungsraum zu einem „kirchlichen Ort“[32], der seine vorübergehende Qualität aus dem gemeinsamen Interesse der die Situationsgemeinde begründenden Teilnehmerinnen und Teilnehmer bezieht. Sie qualifizieren den Lehr- und Lernort, da „Kommunikation des Evangeliums“[33] an jedem Ort und „in jedem Medium“[34] möglich ist.

## 5.

Werner Hofmann, der langjährige Leiter der Hamburger Kunsthalle, notierte 1984 anlässlich der beispielhaften Ausstellung „Luther und die Folgen für die Kunst“ weitsichtig und programmatisch:

„Die Angst vor den Bildern ist so groß wie das Verlangen nach ihnen. Längst sind wir alle zu Analphabeten geworden, die sich aus der Bilderflut der Medien ihr Weltbild zusammenlesen. Das Bild hat sich durchgesetzt: als Waffe, als Lüge, Beunruhigung oder Trost spielt es den emotionalen Druck aus, der das Denken überwältigt.“[35]

Werke der Bildenden Kunst üben demnach einen ganz besonderen Reiz aus. Die „face to face“- Erfahrung vermag dazu zu führen, dass die Betrachtenden „verwirrt oder fasziniert“[36] sind. Kunstwerke gehen aber weder in der wissenschaftlichen (Form- und Inhalts-)Analyse auf noch lassen sie sich ausschließlich als reines „Gestaltungsereignis“ verstehen. Sie sind „zugleich

[31] Chr. Grethlein, ebd., 277.

[32] Chr. Grethlein, ebd., 408, bezieht sich auf U. Pohl-Patalong, Pastoraltheologie, 186–193, in: Chr. Grethlein/H. Schwier (Hrsg.): Praktische Theologie. Eine Theorie- und Problemgeschichte (APrTh 33), Leipzig 2007, die damit „kirchlich genutzte Räume“ meint, „in denen bisher kirchliche Arbeit geleistet wird“, 228.

[33] S. o.

[34] Chr. Grethlein, 431.

[35] W. Hofmann, a. a. O. (s. Anm. 19), 70.

[36] Ebd., 71.

mehr oder weniger, als diese Definition ihnen zugesteht: Sie sind offen und fragwürdig."[37]

Die Offenheit und Fragwürdigkeit erstreckt sich damit legitimerweise auch auf biblische und religiöse Zusammenhänge.

Die kirchliche Kunstexkursion ist dieser grundsätzlichen Fragwürdigkeit (von Werken Bildender Kunst) verdankt und eröffnet dazu einen Begegnungsrahmen, der sich (historisch) auf der einen Seite an die Pilgerzüge mit dem Moment des Aufbruchs ins Offene (Exodus), der Investition aller Sinne und der Erfahrung, dass der Weg das Ziel ist, anlehnt und erlebnisorientiert „face to face" zu Erfahrungen mit unterschiedlichen Werken Bildender Kunst führt, die ohne sie so sonst nicht möglich gewesen wären. Sie nimmt die kirchliche Bildungstradition auf, indem auf die Künstler und das Werk bezogene Informationsangebote sowie kulturhistorische und biblisch-religiöse Bezüge und Kontexte vorgehalten werden, die bei Bedarf, oder wo es sinnvoll erscheint, in die dialogische Grundstruktur des Vermittlungsprozesses eingespielt werden können.

Die Kunstexkursion ist als missionarischer Impuls zu verstehen, der sich nicht zentral auf die kerngemeindliche Integration bezieht, sondern sich zunächst an den „temporären Begleiter" wendet, der sich unter der Voraussetzung dieses bestimmten Begegnungsrahmens zugesellt, dadurch für sich Fühlung und Distanz zugleich austarieren kann und sich doch im Wirkbereich der „Schwerkraft" des Zentrums „Kommunikation des Evangeliums" weiß.

Auf der anderen Seite ist die Kunstexkursion der universitären Praxis der „Feldforschung" verwandt, die Lehr- und Lernprozesse am Objekt oder dessen Standort inszeniert. Sie ist im weitesten Sinne eine kulturelle Erkundung, deren Studienobjekte sich in Museen und Ausstellungsräumen befinden. Sie nimmt Erfahrungen der Museums- und Ausstellungspädagogik auf, die im Rahmen von Führungen, Vortragstätigkeit und dialogisch strukturierten Vermittlungsangeboten die Betrachtenden angesichts der Kunstwerke in einen Prozess der Auseinandersetzung „verstrickt" und zu einer Begegnung damit führt.

„Der Besuch einer Gemeindegruppe in einem Museum oder in einer Galerie ist ... wünschenswert", bemerkt Chr. Schwindt[38] zu Recht. Geht es

---

37 Ebd.

38 In seinem Aufsatz „Bild/Kunst/Kirche. Nachdenken über Bilder der Kunst aus Sicht eines engagierten Christen", in: D. Hillingshäuser/J. Georg (Hrsg.): Kunst-Stücke, Frankfurt a.M. 2001, 77–95, hier: 86.

dabei doch auch um „Wahrnehmungsschulung“ und „Bearbeitung von Gegenwart“.[39] Kunstwerke nehmen auf ihre Weise teil am Begreifen, Erkennen und Verstehen von Wirklichkeit, sie sind „in einem bestimmten Sinne ins Bild gesetzte Theorien über die Wirklichkeit“[40]. Das gilt insbesondere für Kunstwerke seit der klassischen Moderne, die als „bedeutungsoffene Kunstwerke ... eine Fülle möglicher Lesarten (opera aperta)“[41] enthalten. Diese offene Struktur ist Ergebnis der Entwicklung der Kunst selbst: „Vor rund hundert Jahren entdeckte die Kunst in der Ungegenständlichkeit die Autonomie der Bilder.“[42]

Seitdem steht jedes Kunstwerk für sich selbst. Es ist, was es zeigt, und es ist nur sich selbst verpflichtet. Das, was sich im ästhetischen Prozess (Schwindt spricht von „Kunstgenuss“[43]) ereignet, ist ein „Mehr“, dass die Möglichkeit beinhaltet, „dass auch ein autonomes Kunstbild religiöse Dignität entfalten kann.“[44]

## 6.

Diese Ausführungen schließen – wie sie bereits begonnen haben – mit der Betrachtung eines Kunstwerks der klassischen Moderne, wohl eines der bedeutsamsten Kunstwerke des letzten Jahrhunderts.

Es ist das Bild „Guernica“ des spanischen Malers Pablo Picasso, 1937 entstanden unter dem Eindruck des verheerenden Bombardements und der fast vollständigen Zerstörung der baskischen Stadt Guernica im Norden der iberischen Halbinsel.[45]

Das dreigliedrige, überdimensionierte Werk[46] erinnert in seiner Aufteilung an die gotischen Flügelaltäre, deren traditionelle Motivik zentrale Themen der Heilsgeschichte wie im Mittelteil vornehmlich die Kreuzigung Christi und auf den Seitenflügeln Szenen aus dem Leben Jesu wie z. B. die Geburt oder die Auferstehung vorsah. Picasso behandelt seine Figurationen zeichnerisch-expressiv, setzt nur sparsam schwarz-grau-weiße Färbungen

[39] Ebd., 83.
[40] Ebd.
[41] Ebd., 84.
[42] So M. Zink: Was Kirche von Kunst erwarten kann, in: D. Hillingshäuser/J. Georg (Hrsg.): Kunst-Stücke. Frankfurt a. M. 2001, 27.
[43] Ebd., S. 85 f.
[44] Ebd., S. 86.
[45] Aus urheberrechtlichen Gründen ist eine Abbildung im Rahmen dieses Aufsatzs nicht möglich. Das Bild ist jedoch allgemein bekannt.
[46] Es ist in Öl auf Leinwand ausgeführt und hat die Maße von 351 auf 782 cm.

ein und gestaltet mit den Mitteln der malerischen „Disssoziation und Figuration" und auch der Deformation[47], die schon formal auf die Zerrissenheit, die Widersprüchlichkeit, Mehrdeutigkeit und das Gewaltsame des Dargestellten verweisen.

Die Legende dieses Ereignisbildes bezieht sich auf die Innen- und Außenperspektive eines Hauses, die ineinander verschränkt sind. Der rechte Flügel zeigt eine unter Feuer mit hochgereckten Armen Herabstürzende, während weit ausschreitend ebenfalls von rechts eine weibliche Figuration auf den Bildmittelteil zustrebt. In seiner ausführlichen Analyse „Picassos Guernica"[48] geht der Kunsthistoriker Max Imdahl auf die symbolischen Bezüge innerhalb des Bildes ein. Eine vor Schmerz aufschreiende Frau mit ihrem toten Kind im Arm auf der linken Tafel wird von einem den Betrachtenden frontal anstarrenden Stier hinterfangen, während auf dem Mittelteil ein zu Tode getroffenes Pferd über einer zerborstenen Kriegerstatuette zusammenbricht, dem ein Speer durch den Leib getrieben ist und dessen Flanke eine offene Wunde zeigt. Im oberen Segment des Mittelteils drängt von links die sogenannte „Lichtträgerin" ins Bild. Die Szenerie wird mittig oben von einer an ein Auge erinnernden Lampe „erhellt". Max Imdahl hat überzeugend die offensichtlichen Bezüge des Bildes und seiner Figurationen zu kriegshistorischen Ereignissen aus der Zeit des 2. Weltkriegs und die insbesondere auf Spanien bezogene spezifische Symbolik von Stier und Pferd weitgehend ausgelotet. Für Imdahl ist „Guernica" nicht in erster Linie Ausdruck der in dem baskischen Ort geschehenen Katastrophe, sondern bildgewordener Ausdruck einer „Verabsolutierung und Totalisierung: Verabsolutierung des Schreckens durch die unausweichliche und unmittelbar erregende Anschaulichkeit ..."[49]. „Guernica" macht „die Unfaßlichkeit dieser Untat (des Bombardements, d. Vf.) in ihrer Unfaßlichkeit faßbar."[50] Völlig ausgeklammert bleiben bei Imdahl dabei die überdeutlichen Bezüge auf die christliche Ikonographie: die Frau/Maria, die Mutter Jesu, die ihr Kind auf dem Schoß trägt und später dessen Leichnam auf ihren Knien bergen wird und als „Pietá"-Motiv kunsthistorisch einzuordnen ist;[51] die Herabstürzende auf der rechten Tafel, die sozusagen im Erleiden der katastrophalen Gegebenheiten in der Darstellung die Gegenbewegung zum Auferstandenen zeigt, sowie das Pferd, das mit Speer

47 „Das Dargestellte entspricht nicht mehr der empirischen ... erfahrungsgemäßen Sichtbarkeit ...", M. Imdahl, ebd., 25. Es bezieht Mehransichtigkeit, Dehnungen, Streckungen und Stauchungen der Figurationen mit ein.

48 M. Imdahl, Picassos Guernica, Frankfurt a. M. 1985.

49 M. Imdahl, ebd., 90 f.

50 Ebd., 96.

51 Besonders bekannt ist die berühmte „Pietá" des Michelangelo im Petersdom.

und klaffender (Seiten-)Wunde kreatürlicher Platzhalter des Gekreuzigten ist. Die „Deckenlampe“ spielt auf das Motiv des „Auges Gottes“ an, und die „Lichtträgerin“ und die „Hereinstrebende“ nehmen die Engelsmotivik auf, also das Motiv jener Boten Gottes, die Heils-, aber auch Unheilsankündigungen überbringen können.

In der Wahl seiner Motivik greift Picasso, der mit „Guernica“ ausdrücklich weder ein Dokument des Grauens noch ein christliches Genrestück schaffen wollte, an entscheidender Stelle auf zentrale christliche Themen zurück, die er gestalterisch durcharbeitet (Dreigliedrigkeit, Deformation und Dissoziation, Irritation), inhaltlich gegen den Strich bürstet (Stürzende/Auferstehung – Pferd/Jesus) und keinerlei christliche Botschaft damit verbindet, doch durch den Rückgriff auf christliche Symbolik „hochgreift“ und sakrale Elemente bemüht, um gegenüber der Ungeheuerlichkeit des Geschehenen neben seinen gestalterischen Neufindungen mit dem Bezug auf traditionelle christliche Symbolik über einen eingeführten und starken Zeichencode zu verfügen, der die Absolutheit und schreckliche Unvergleichlichkeit der Unheilstat in Guernica im Ausdruck weiter verstärkt und sie auf irritierende Weise in die Nähe der Einzigartigkeit des Leidens und Sterbens Jesu Christi rückt. Picassos „Guernica“ bannt, weil dessen ausdrücksfähig, damit den Schrecken, der sonst ins Uferlose, Absolute strebt, und bleibt sogar hoffnungsvoll, weil aus der Hand der Soldatenstatuette, die den Schwertknauf hält, gleichzeitig eine kleine Blume aufsprießt. „Viele Bilder der Kunst stiften so offene Denk- und Assoziationräume ..., „die jede und jeder selbst bearbeiten muss durch Vertiefung der Gedanken beim Sehen.“[52]

[52] S. Chr. Schwindt, a.a.O. (s. Anm. 38), 84.

# Missionarisch einladende Gemeinde auf dem Lande

*Michael Schümers*

## Klärung

Mission ist wieder im Blick. Nachdem sie lange Zeit einem verschämten Kind gleich in der Ecke gestanden hat,[1] ist sie in den letzten Jahren wieder näher zur Mitte des kirchlichen Geschehens getreten. Und mag auch der Begriff „Mission" bis heute umstritten und mit negativen Konnotationen verbunden sein, so ist doch das Anliegen zunehmend akzeptiert. Es geht darum, der Sendung Jesu Christi (Matthäus 28,18 ff.) folgend Glauben als wesentliche Dimension des Lebens zu verstehen, zum Glauben zu ermutigen und anzuleiten und darin Gemeinde zu bauen.

Nun gibt es aktuelle Herausforderungen, die dieses Unterfangen erschweren und in diesem Artikel zuerst bedacht sein sollen. Dann geht es um eine grundlegende Reaktion und Ermutigung und nach diesen eher theoretischen Teilen im dritten um praktische Beispiele im Blick auf Arbeitsformen und Strukturen, die missionarische Arbeit befördern und begünstigen können.

Abschließend werden Perspektiven angedeutet, die verheißungsvoll für die Zukunft der Kirche zu sein scheinen. Bei alledem ist beispielhaft das bis Januar 2011 selbständige Kirchspiel Landefeld im Blick.

## 1. Herausforderungen

Zum Kirchspiel Landefeld (543 Gemeindeglieder) gehören die vier kleinen Dörfer Metzebach, Landefeld, Nausis und Herlefeld, die im November 2012 zwischen 133 und 213 Einwohner hatten. Jedes Dorf hat seine Kirche (gebaut zwischen 1789 und 1955), die das Dorfbild prägt. Das Leben in den Orten des Landetals ist in unterschiedlicher Weise durch Vereine bestimmt, wobei neben der Kirchengemeinde nur die Feuerwehr überall, wenn auch mit zum

---

[1] Dieses Bild gebrauchte Barbara Rudolph bei der EKD Synode 1999.

Teil sehr kleinen Einsatzabteilungen vertreten ist. Weiterhin sind die Naturverbundenheit und die Grundorientierung in Richtung Spangenberg (Arbeitsplätze, Kindergärten und Schule, Einkauf, Freizeit) prägend, auch wenn eine gewisse Distanz „zu denen in der Stadt" hartnäckig erhalten bleibt.[2] Deutlich ist aber auch, dass die Dörfer unter Überalterung und sinkenden Bevölkerungszahlen (2000–2010: -12,7 %) leiden.[3] Diese Entwicklung trifft die evangelische Kirchengemeinde noch einmal stärker (-14,16 %)[4], wodurch sie vor ganz besondere Herausforderungen gestellt ist:

- Das Netz der Gemeindepfarrstellen kann nicht mehr so engmaschig bleiben wie früher.[5]
- Gottesdienste müssen in Bezug auf Ort und Ablauf so gestaltet werden, dass sie sich auch mit kleiner Gemeinde gut feiern lassen.[6] Das gilt, auch wenn der durchschnittliche Gottesdienstbesuch der letzten 10 Jahre im Verhältnis zur Gemeindegröße konstant geblieben ist. Aber neben „großen", d.h. gut besuchten oft mit besonderem Charakter versehenen Gottesdiensten häufen sich auch die Gottesdienste, in denen die Teilnehmerzahl einstellig ist. Das zeigt, dass für viele jüngere Gemeindeglieder der sonntägliche Besuch des Gottesdienstes nicht wesentlich zum christlichen Glauben dazugehört. Als Sonderaktivität muss er immer neu seine Berechtigung im Gegenüber zu anderen möglichen Wochenendveranstaltungen erweisen.
- Mitarbeiter zu finden/aufzubauen für die Leitung und Gestaltung des Gemeindelebens wird zunehmend schwieriger, weil auch der Kreis der aktiven/aktivierbaren Personen schrumpft.
- Es gilt, mit dem Gefühl der Verunsicherung und einer im Blick auf die Zukunft leicht resignativen Grundstimmung umzugehen, die die Menschen

---

2 Kirchlich gesehen ist das als Kirchspielgottesdienst stattfindende Erntedankfest mit 140–160 Teilnehmern der größte Gottesdienst an der Lande.

3 Von 2000 bis 2010 sank die Bevölkerungszahl in den Landedörfern von 788 auf 688. Im gleichen Zeitraum nahm die Bevölkerungszahl in der Gesamtkommune Spangenberg „nur" um 7,3 % ab.

4 Menschen, die in unsere Region zuziehen, sind meist keine evangelischen Gemeindeglieder. Zudem gehen deutschlandweit die Taufzahlen – gerade bei alleinerziehenden Elternteilen – stark zurück, was ebenfalls für eine nachhaltige Verringerung der Gemeindegliederzahlen sorgt.

5 Eine Folge davon ist die Zusammenlegung der Kirchengemeinden Landefeld und Spangenberg, bei der zum Februar 2011 eine halbe Pfarrstelle eingespart wurde.

6 Im Durchschnitt der letzten Jahre hat der Gottesdienstbesuch absolut nur wenig abgenommen. Aber neben „großen" Gottesdiensten (d.h. gut besuchten Gottesdiensten, oft mit besonderem Charakter) häufen sich die Gottesdienste, in denen die Teilnehmerzahl einstellig ist. Dies liegt u.a. daran, dass für viele jüngere Gemeindeglieder der sonntägliche Besuch des Gottesdienstes nicht essentiell zum christlichen Glauben dazugehört. Als Sonderaktivität muss er jedesmal neu seine Berechtigung im Gegenüber zu anderen möglichen Wochenendveranstaltungen erweisen.

angesichts der Entwicklung in Dorf und Region, aber in den Kirchengemeinden vor Ort immer wieder zu erfassen droht.

Theologisch herausfordernd ist diese Situation auch deshalb, weil das Grundverständnis von Glaube und Kirche ja doch anders geprägt ist: „Kirche muss doch wachsen, Gemeinden müssen aufgebaut und erneuert werden.“[7] Und sei es auch als ein „Wachsen gegen den Trend“[8], selbst wenn die zahlenmäßige Entwicklung der Gemeinden dem widerspricht.

Wie aber ist diese kognitive Dissonanz zwischen Wachsenwollen und Kleinerwerden aufzulösen?

## 2. Reaktion und Ermutigung

Nun gibt es zwei irreführende Reaktionsweisen, um die Spannung zwischen objektivem Kleinerwerden und dem Wachsenwollen auszugleichen. Entweder verbleibt die Wahrnehmung lieber ungenau bei gefühlten Werten oder sie wird geschönt und an die Realität angepasst oder man gibt die Hoffnung auf Wachstum auf, was in Verbindung mit düster daherkommenden Zukunftsprognosen nicht selten mit resignativen Tendenzen verbunden ist.

Statt dieser Extreme scheint mir ein *theologisch* verantworteter Umgang mit der Situation entscheidend. Dazu gehört das Vertrauen auf die Verheißungen Gottes, der die Gemeinde baut; Mut machen kann, die Situation der Kirche *genau* wahrzunehmen. Im globalen Maßstab zeigt sich dann, dass die christlichen Kirchen weltweit zum Teil sogar wachsen und dass Religion und Moderne keineswegs unvereinbar sind. Demgegenüber ist dann auch die besondere Entwicklung in Deutschland und Westeuropa mit der abnehmenden Kirchlichkeit zu analysieren und als geistliche Herausforderung zu verstehen, vor die uns Gott als Herr seiner Kirche stellt.[9]

Ja, ein klarer Blick auf Zahlen, Analysen und Prognosen (in all' ihrer Vorläufigkeit) kann dann auch befreiend wirken gegenüber einer numinosen Zukunftsängstlichkeit, die lähmen könnte oder gar verkrampft allein um den Selbsterhalt der bisherigen Strukturen bemüht ist.

Wie kann dann aber gelingen, was der ehemalige Bischof der Kirchenprovinz Sachsen, Axel Noack, als „Fröhlich kleiner werden“[10] umschreibt?

---

7 A. Noack: Fröhlich kleiner werden, in: Brennpunkt Gemeinde, 4/2012, 122.

8 So die Zielperspektive im EKD Impulspapier „Kirche der Freiheit“ von 2006.

9 *„Christen, die das Kreuz Christi vor Augen haben, sehen nicht weg, wenn die Zeiten härter werden und die Lage schwieriger wird.“* A. Noack, a. a. O., 123.

10 A. Noack, ehemaliger Bischof der Kirchenprovinz Sachsen, ebd., 123. Dass es auch wachsende Gemeinden und Regionen mit zunehmenden Gemeindegliederzahlen gibt (vgl. W. Härle, Wachsen

Grundlegend ist dabei für Noack ein Doppeltes: Es geht darum, die gegenwärtige Entwicklung der Kirche anzunehmen und als geistliche Zumutung *und* Herausforderung zu verstehen. Und es gilt, die nötigen Reaktionen strukturell und theologisch durchdacht nicht einfach als Abbruch, sondern als Umbau und eine Neuausrichtung der Kirche zu sehen.

Dazu gehören u. a. folgende Aspekte:

a) Das bewusste oder unbewusste Leitbild zu reflektieren, das die eigene Vorstellung von Kirche prägt und an dem sich die Gemeinde orientiert. Denn die immer noch weit verbreitete Vorstellung aus dem 19. Jahrhundert als einer obrigkeitlich verfassten Kirche, zu der *alle* gehören, passt nicht mehr. Das Bild der Fülle ist im Blick auf die Entwicklung der Zahlen frustrierend, weil fortwährend der Eindruck des Schrumpfens bleibt, dass das Kirchenvolk immer *weniger* und die Gemeinden immer *kleiner* werden. Hilfreich könnten dagegen andere (biblische) Leitbilder von Gemeinde sein, in denen etwas Kleines als wirkungsvoll und kräftig dargestellt ist, wie etwa das Salz der Erde oder das Licht der Welt.

b) Es braucht eine Kultur des Tun und Lassens. Bei knapper werdenden Ressourcen (finanziell, personell) müssen neben Prioritäten der Gemeindearbeit auch Posterioritäten formuliert und Arbeitsbereiche ausgemacht werden, die nicht fortgeführt werden.

   Dabei ist es eine geistliche Aufgabe, zu vermitteln, dass die in solchen Bereichen bis dato geleistete Arbeit nicht wertlos ist, auch wenn sie nicht fortgeführt werden kann. Stattdessen braucht es eine wertschätzende Wahrnehmung, die ist für das bisher Mögliche und Gelungene dankt und – möglichst unter Einbezug der betroffenen Mitarbeiter – Wege sucht, neue, zur aktuellen Situation passende (Arbeits-)Formen des Gemeindelebens zu entwickeln.

c) Dies braucht als dritten Aspekt eine bewusste Festlegung der Prioritäten der Gemeindearbeit. Denn diese Prioritäten entscheiden im Kern über die Frage: *„Welche Kirche wollen wir in Zukunft sein?“*[11] Dabei ist der Versuchung zu wehren, sich allein auf Ebene der Strukturen und Zahlen dieser Frage zu nähern. Stattdessen ist das Wesen der Kirche zuerst theologisch zu bestimmen, um dann für die entsprechenden Inhalte und Ziele die passende Form und Struktur entwickeln zu können.

---

gegen den Trend, 2008), widerspricht nicht der grundsätzlichen Entwicklung.

11 Vgl. die Einbringung des Zwischenberichts des Zukunftsausschusses auf der Herbstsynode der EKKW am 16.11.2012.

Angesichts der kleiner werdenden Zahlen geht es also nicht um reine Anpassung, die nur reagiert, oder um Gegensteuern, das durch großen Einsatz den Prozess des Schrumpfens verlangsamt. Sondern es wird um eine Konzentration auf das Wesentliche und Identitätsbildende der Kirche gehen, das zugleich Innovationspotential für die Zukunft beinhaltet.[12] Und dies ist nach genuin protestantischem Verständnis (vgl. CA VII) die Verkündigung des Evangeliums von der Rechtfertigung des Sünders in Wort und Sakrament, die missionarische Dimension der Kirche: „Bei den anderen, denen sie das Evangelium weitersagt, ist sie [die Kirche] zutiefst bei sich selbst", bei ihrem eigentlichen Auftrag.[13]

In der Konkretion dessen, was Kirche und Gemeinde missionarisch macht, gilt es damit vom Evangelium her konsequent den Weg zu den Menschen zu suchen und neue Wege gemeindlicher Arbeit auszuprobieren, die Menschen im Glauben bestärkt und über den treuen Gemeindekern hinaus ausstrahlt.[14]

Dass dies gerade auch in kleinen Dorfgemeinden möglich ist, zeigt die Erfahrung mit mancherlei Formen einladend missionarischer Arbeit im Kirchspiel Landefeld. Dazu seien im Folgenden einige herausragende Beispiele genannt, die als Anregung dienen sollen, um im eigenen Kontext mit den Menschen vor Ort passende Formen missionarischen Gemeindelebens zu entwickeln.

## 3. Beispiele/Arbeitsformen

### a) Kulinarischer Sonntagstreff

*Beschreibung*: Alle zwei Wochen treffen sich Gemeindeglieder (derzeit: 6–13 Personen) im Gemeindehaus, um gemeinsam zu Abend zu essen. Dabei stellen die Teilnehmer das Buffet gemeinsam zusammen, kochen Tee, decken den Tisch gemeinsam. Nach dem Essen bleibt eine Stunde des Erzählens und Singens. Gerahmt wird das Treffen geistlich durch Tischlied, Gebet und Segen.

---

12 Vgl. dazu Th. Schlegel: Kleine Kirche groß: Vom Wachsenwollen und Kleinerwerden, in: Brennpunkt Gemeinde, 4/2012, 127. Schlegels Begriff des „Intelligenten Schrumpfens" scheint mir aber nicht glücklich gewählt.

13 Vgl. I. U. Dalferth: Die Mitte ist außen, in: Chr. Landmesser u. a. (Hrsg.): Jesus Christus als die Mitte der Schrift, Studien zur Hermeneutik des Evangeliums, 1997,173–198.

14 Vgl. die stark von Ehrenamtlichen getragenen „Fresh expressions of Church" in der Anglikanischen Kirche. Sie geht davon aus, dass nicht Kirche Mission macht, sondern dass Mission die Gestalt der Kirche formen muss (*mission shaped church*).

*Missionarische Aspekte*: Neben den sozialen Implikationen (Essen/persönliches Gespräch verbindet entgegen möglicher Vereinsamung) und der Wertschätzung für mitgebrachte kulinarische Köstlichkeiten kommt regelhaft Weltliches und Geistliches zusammen, Alltagsthemen aus dem *persönlichen* Gespräch werden in Liedern, Gebet, Segen geistlich aufgefangen. Dabei ist dieses niedrigschwellige Angebot über die Jahre ein Ort geworden, um immer wieder Aspekte der Gemeindearbeit gemeinsam weiterdenken zu können und erste Rückmeldungen zu neuen Gedanken und Ideen zu bekommen. Das hat den perspektivischen Blick der Teilnehmer für die gesamte Gemeindearbeit gefördert und auch den „geistlichen Grundwasserspiegel" dieses Kreises angehoben.

### b) Gottesdienste mit vielen in freier Natur

*Beschreibung:* An bestimmten exponierten Orten haben sich Gottesdiensttraditionen etablieren lassen, die Menschen in besonderer Weise einladen und berühren.

So wurde ein Heldenhain zum Gedenken an die in den Weltkriegen Gefallenen als Baumkirche wiederentdeckt und als Gottesdienstort weitergestaltet. Dabei erfreut er sich besonderer Beliebtheit gerade bei Traupaaren, die einem Gottesdienst in der Kirche eher reserviert gegenüberstehen.

An der Grenze zwischen drei Kirchenkreisen wurde ein Gedenkort für die heidnische Zylindermännchensage zum Ort eines alljährlichen Gemeinschaftsgottesdienstes mit über 300 Personen. Dabei kommt eine besondere Verbundenheit von menschlichem Geschöpf und Schöpfung zum Tragen, die auch zur Bereicherung der gemeindlichen Spiritualität und des Gemeindelebens beitragen kann. So lassen Gottesdienste im Grünen etwa beim Kreuzweg von Dorfkirche zu Dorfkirche oder bei der Waldweihnacht ganz andere sinnlich erlebbare Formen gelebten Glaubens zu, die herausfordern, die berühren und guttun.

Hilfreich ist bei solchen Gottesdiensten oft die Zusammenarbeit mit anderen Vereinen, die in Bereichen der Logistik und der Gestaltung wichtige Aufgaben übernehmen können, und solche praktische Aufgaben zumeist gern übernehmen und auch als Wertschätzung der eigenen Kompetenzen verstanden wissen.

*Missionarische Aspekte:* Bei derlei Gottesdiensten ist sichtbar, dass Menschen teilnehmen, die beim normalen Sonntagsgottesdienst nicht vertreten sind.

Sie spricht die Verbindung von Glaube und Natur an, sie genießen die Freiheit, Nähe und Distanz zum Gottesdienstgeschehen selbst bestimmen zu können und sich dabei nicht auf fremdes Terrain begeben zu müssen. Dabei sind sie offen für sämtliche Themen des Lebens und Glaubens, was deutlich gegen eine Selbstbeschränkung auf Schöpfungsthemen spricht, die sich bei diesen Gottesdiensten nahelegen könnte. Weiterhin wird das Gottesdienstgeschehen durch den geselligen Ausklang erweitert und bereichert, weil dabei das Gegenüber von Gemeinde und Gottesdienstakteuren wohltuend aufgelockert wird und Glaube/Glaubende nahbar und ansprechbar sind.

### c) AGIL – besondere Gottesdienste mit Lokalkolorit

*Beschreibung*: Zweimal jährlich wird ein AGIL (Anderer Gottesdienst im Landetal) gefeiert, in dem relevante Themen des Lebens und Glaubens kreativ in den Blick gerückt und aus christlicher Sicht beleuchtet werden. Dabei gibt es vielfältige Mitwirkungsmöglichkeiten (Musik, Theater, Dekoration, Technik, Gastronomie, Kinderprogramm, Moderation), die ganz unterschiedliche Menschen im Rahmen solch eines Gottesdienstprojektes (drei Monate Dauer) zusammenführten. Die inhaltliche Auseinandersetzung mit dem Thema wirkt bereichernd auf die Mitarbeiter, die dann die Gottesdienstgestaltung gemeinsam verantworten.

*Missionarische Aspekte*: Die Form der Gottesdienste sonntags um 14.00 Uhr mit gemeinsamen Start und Abschluss, parallelem Kinderprogramm während Predigt und Gebet, und geselligem Ausklang ist für das Landetal maßgeschneidert. Dies macht deutlich, dass sich die Ausgestaltung des Gemeindelebens individuell an den Bedürfnissen der Menschen orientiert. Die Gottesdienstgestaltung spricht das Lebensgefühl vieler Menschen an und erreicht mit ca. 90–130 Personen verteilt auf alle Generationen Volkskirche im besten Sinne. Dabei sind wiederum etliche Personenkreise, die in den normalen Gottesdiensten nicht vertreten sind.

### d) Chöre – klein aber fein

*Beschreibung*: Die demographische Entwicklung stellt die musikalische Arbeit der Gemeinden vor große Herausforderungen. Aber dennoch gibt es vielfältige Möglichkeiten auch mit kleiner Besetzung gute Gesangs- oder Posaunenchorarbeit zu pflegen. Dazu braucht es eine gute Ausbildung der Chorleiter und ein Repertoire, das den Musizierenden Freude macht und anspruchsvoll ist, ohne sie zu überfordern. Dabei kann gerade die kleine Zahl von Aktiven zu einer besonderen Qualität der Chormusik führen, weil jede Stimme gehört wird und wichtig ist. Das aber strahlt aus und verdeutlicht, dass auch in kleinen Gemeinden mit überschaubarer Gemeindegliederzahl ein großes Potential steckt, das entdeckt und gefördert das Gemeindeleben auf vielfältige Art bereichern kann.

*Missionarische Aspekte*: Durch einen geistlichen Abschluss der Proben und die Mitwirkung in vielen Gottesdiensten begegnen die Musizierenden dem Glauben „auf Schritt und Tritt" und setzen sich damit auseinander. Weiterhin kann die Chorarbeit gerade auch Menschen in jungen Erwachsenenjahren einen persönlichen Zugang zum Glauben und zu aktiver Mitgestaltung des Gemeindelebens bieten, der ihnen sonst vielleicht fern bliebe.[15]

### e) Kurse zum Glauben

*Beschreibung*: „Die Leute wollen Anregungen im Glauben, aber sie wollen nicht gesagt bekommen, wie sie zu glauben haben." Dieser Kommentar einer Nachbarin benennt wichtige Aspekte, die auch bei Glaubenskursen[16] bedacht werden müssen: Es braucht klare Impulse und Anregungen, aber auch Freiraum zu Gespräch, Reflektion und ergebnisoffener Reaktion auf das Angebot des Glaubens. Dabei gibt es vielfältige Glaubenskursformate, die aktuell im Rahmen der EKD-Aktion „Erwachsen glauben" (www.kurse-zum-glauben.de) in besonderer Weise beworben und multipliziert werden. Dies ist Reaktion darauf, dass die früher übliche Tradierung christlichen Glaubens innerhalb der Familie tendenziell abbricht und nun die Kirche und Gemeinde selbst Glaube gezielt für Erwachsene zum Thema macht. Dabei sind ein einladendes Ambiente, die bewusste, persönliche Einladung und die zeitliche Begrenzung der Kurse wesentliche Aspekte ihrer Attraktivität.[17]

---

[15] Für manches Chormitglied gilt: „Dazugehören kommt vor dem Glauben" – Belonging before believing. M. Herbst (Hrsg.): Emmaus: Auf dem Weg des Glaubens, Handbuch, 2002.

[16] Gemeint ist damit eine zeitlich begrenzte Reihe von Kursveranstaltungen, in denen der Glaube selbst so zum Thema wird, dass er die Teilnehmenden einlädt zum persönlichen Glauben oder sie darin bestärkt.

[17] So hat sich auch dank intensiver Förderung die Zahl der Kursdurchführungen in der EKKW in den letzten zwei Jahren mehr als verdoppelt.

*Missonarische Aspekte*: Glaubenskurse wenden sich je nach Kursangebot an sehr unterschiedliche Teilnehmerkreise[18] und können in ungezwungener Weise Hintergründe und wesentliche Aspekte des Glaubens zur Sprache bringen. Sie bieten die Möglichkeit, Glaubenserfahrungen zu machen und exemplarisch Gemeinde und Glauben kennen zu lernen. Dabei zeigt sich, dass nicht nur Kursteilnehmende, sondern besonders auch Mitarbeiter im Glauben und in ihrer Sprachfähigkeit in Glaubensdingen wachsen. Immer wieder kommt es in diesem Rahmen dann auch zu numerischem Gemeindewachstum, wenn sich Menschen taufen lassen oder der Gemeinde beitreten. Die Durchführung eines Glaubenskurses kann anregende Auswirkungen auf den Gemeindealltag haben, wenn Teilnehmer andere Gemeindeveranstaltungen und den Gottesdienst besuchen und dort ihre intensiven Kurserfahrungen (Glaubensgespräche, modernes Liedgut, gewachsene Gemeinschaft) einbringen.

### f) Weinstöcke – Schwellensituationen verbinden mit Gemeinde

*Beschreibung*: Seit Pfingsten 2006 gibt es in jeder Kirche des Landetals geschreinerte Weinstöcke, mit der Aufschrift „Ich bin der Weinstock, ihr seid die Reben“ (Johannes 15,5). An vier Weinreben wird seitdem anlässlich von Taufe, Konfirmation, Eheschließung/Ehejubiläen und Beerdigung der zum Ort gehörenden Gemeindeglieder erinnert. Anders als bei weit verbreiteten Taufbäumen u.a. ist somit der gesamte Lebensbogen im Blick, der in seiner Gänze mit Gemeinde und Gott verbunden ist. Die Karten werden bislang einige Wochen nach der Kasualfeier meist im Rahmen eines Gottesdienstes mit Nennung des Anlasses, Lied und Fürbitte für die erinnerte Person/das erinnerte Paar von den Gemeindegliedern bzw. Angehörigen aufgehängt.

Ist ein Weinstockfeld gefüllt, so werden die älteren Karten abgenommen und in besonderen Fotoalben in der Nähe der Weinstöcke aufbewahrt.

*Missionarischer Aspekt*: Durch die spätere Anbringung der Bildkarten wird der Bezug der abgebildeten Personen und ihrer engsten Angehörigen zur Gemeinde und zum Pfarrer über den Kasualtermin hinaus verlängert.[19] Es

[18] Als dörflich strukturiertes Kirchspiel Kirchengemeinde Landefeld haben wir gute Erfahrungen mit den Kursen „Christ werden – Christ bleiben² [heute: Spur 8], Emmaus – auf dem Weg des Glaubens und Stufen des Lebens – Ein Platz an der Sonne gemacht.

[19] Dieser Verlängerung der Kasualie nach hinten entspricht die Durchführung von zwei vorbereitenden Gesprächen vor Taufe und Trauung. Das erste grundlegende Gespräch findet ca. 4–6 Wochen vor dem Kasualtermin statt. Dazu gehört bei Taufeltern und Brautleuten, die nicht der Kirche

ergeben sich oft noch einmal gute Gelegenheiten zu Gesprächen, die seelsorgerische, aber auch zu Glauben und Gemeindebezug einladende Aspekte beinhalten können. Zudem werden der Gottesdienst und der Gemeindebezug aufgewertet, weil ein weiterer Gottesdienst gemeinsam gefeiert wird und die Bezogenheit der Personen zu „ihrer" Gemeinde nun auch optisch im Blickfeld der Gottesdienstgemeinde bleibt.[20]

Der Verlängerung der Kasualie über den eigentlichen Gottesdienst hinaus entspricht *vorher* die Durchführung vorbereitender Gespräche vor Taufe und Trauung. Das erste grundlegende Gespräch findet ca. zwei bis vier Wochen vor dem Kasualtermin statt.[21] Dazu gehört bei Taufeltern und Brautleuten, die nicht der Kirche angehören, auch die Frage nach ihrem aktuellen Bezug zur Gemeinde. Die Thematisierung des Gemeindebezugs als wichtigem Element der Glaubensbiographie sorgt für intensive Gespräche und regt immer wieder auch dazu an, dass Menschen ihren eigenen Glaubensweg reflektieren und zuweilen (wieder) in die Kirche eintreten.

### g) Mut zu größeren Einheiten, ohne den Ortsbezug zu verlieren

*Beschreibung*: Das Kirchspiel Landefeld ist seit Januar 2012 mit Spangenberg, Elbersdorf und Schnellrode Teil der Gesamtgemeinde Spangenberg geworden. Der Schritt zur dieser Fusion ist freiwillig aus der Überlegung heraus erfolgt, dass er angesichts der verringerten Pfarrstellenzahl hilft, um Arbeitsstrukturen und -aufwand für die Pfarrstelleninhaber zu vereinfachen. In den vorausliegenden eineinhalb Jahren waren gute Erfahrungen mit intensiverer Zusammenarbeit und entlastender Ergänzung gerade im Bereich der Gottesdienst- und der Jugendarbeit gemacht worden. Und es gelang einen Vereinigungsvertrag[22] zu formulieren, der den örtlichen Kirchenbezirken ein größtmögliches Maß an Eigenständigkeit und Verantwortung belässt, ohne dass es zu einer Zunahme der Sitzungstermine und sonstiger Arbeitsbelastungen der Kirchenvorsteher kommt.

---

angehören, die umsichtig gestellte Frage nach einem möglichen Kircheneintritt, bzw. einer Glaubenskursteilnahme mit abschließender Taufe. Die Ernsthaftigkeit der Frage nach der persönlichen Glaubensbiograpie.

20 Immer wieder gehen Gemeindeglieder nach dem Gottesdienst zu diesen Weinstöcken, um die Bildkarten von ihnen nahestehenden Personen dort zu suchen bzw. der Personen zu gedenken.

21 Das zweite Gespräch (evtl. telefonisch) dient vornehmlich zu genauen Gottesdienstabsprachen bzgl. möglicher Mitwirkung bei Lesung, Liedauswahl und besonderen Elementen der Kasualgottesdienste.

22 Vgl. den Auszug des Einigungsvertrags im Anhang.

*Missionarischer Aspekte:* Zur Vorbereitung der Gemeindefusion gehörten verschiedene Arbeitskreise und zwei Kirchenvorstandsfreizeiten, auf denen wir intensiv nach dem weiteren Weg der Gemeinde, nach Schwerpunkten und Posterioritäten bzgl. der Arbeit der Pfarrer und der Gemeinde angesichts des verringerten Stellenkontingentes gefragt haben.

Dies gemeinsam und in wachsendem gegenseitigen Vertrauen zu tun, wehrte dem Gefühl der Resignation und der Überforderung angesichts der schwierigen demographischen Lage. Stattdessen wurden viele Bereiche der Gemeindearbeit neu in den Blick genommen und auch auf ihre gemeindeaufbauenden und einladend missionarischen Aspekte hin bedacht. Dabei konnten viele Potentiale der Gemeinde ausgemacht und die Strukturen der Arbeit so gestaltet werden, dass nicht das Gefühl des Abbruchs, sondern der Konzentration auf den Gemeindeaufbau mit entsprechenden neuen Akzentsetzungen überwog.[23] Dass dies auch für das Gemeindeleben vor Ort so wahrgenommen wurde, gelang maßgeblich durch den Entscheid für die pfarramtliche Präsenz in der Fläche[24] und die gegenseitig wertschätzende Zusammenarbeit (inklusive gabenorientierter Arbeitsteilung) der Pfarrstelleninhaber, die als Bereicherung wahrgenommen wird und zudem ein wachsendes Gemeinschaftsgefühl auch für die Gesamtgemeinde fördert.

## 4. Perspektiven

Angesichts der weiteren demographischen und finanziellen Veränderungen für den Bereich der EKKW werden die Herausforderungen an Gemeinden, Kirchenvorstände und Pfarrstelleninhaber zunehmen.[25] Dabei wird es geboten sein, verstärkt in Regionen zusammenzuarbeiten, um sich arbeitsteilig auch über Gemeindegrenzen hinweg zu ergänzen und zu entlasten.[26] Weil die Gemeinden in Zukunft von weniger Pfarrstelleninhabern betreut werden müssen, wird deren Konzentration auf geistlich-theologische Arbeits-

---

[23] Dazu gehören etwa regelhafte Durchführungen von Glaubenskursen, ein gemeinsam verantwortetes, innovatives (und inzwischen mit dem „Goldenen Senfkorn" prämiertes) Konfirmandenkonzept (vgl. Anlage) oder auch eine jährlich stattfindende Klausur der Pfarrstelleninhaber, um die Zusammenarbeit zu pflegen und die weitere Gemeindearbeit gemeinsam zu reflektieren.

[24] Nach einstimmigem Entscheid aller Kirchenvorsteher wurde das 2. Spangenberger Pfarrhaus verkauft und das im Landetal gelegene Landefelder Pfarrhaus (5 km vom Spangenberger Stadtzentrum entfernt) als Pfarramt Spangenberg 2 weitergeführt.

[25] Siehe dazu die entsprechende Aufgabenstellung des Zukunftsausschusses der EKKW. Vgl. Anm. 11.

[26] Naheliegend sind gemeinsam verantwortete Konfirmanden- und Jugendarbeit, regional orientierte Glaubenskurs- und Freizeitarbeit u. v. a.

bereiche forciert werden. Ergänzend dazu werden neben- und ehrenamtliche Mitarbeitende für das Gemeindeleben eine größere Rolle spielen. Dies kann geistlich durchaus fruchtbar verbunden sein mit einem Paradigmenwechsel weg von der betreuenden hin zu einer mehr befähigenden Kirche, die das Priestertum aller Gläubigen neu ernst nehmen muss. Dazu muss ergänzend auch eine nachhaltige Wiederentdeckung der glaubensweckenden und -fördernden Dimension der Gemeindearbeit – auch auf Ebene der Region des Kirchenkreises[27] – gehören. Denn nur so kann die Kirche angesichts des fortwährenden Abbruchs der christlichen Tradition in Westeuropa im Konzert der zunehmenden Weltanschauungsvielfalt ihrer eigenen Mission entspachen, der ihr mit dem Taufevangelium „Gehet hin in alle Welt und machet zu Jüngern alle Völker" (Matthäus 28,18) aufgegeben ist.

[27] Vgl. dazu etwa das Impulspapier „Mission" des Kirchenkreises Melsungen im Anhang.

# Anhang

## Vereinigungsvereinbarung

Die Kirchengemeinden Spangenberg, Elbersdorf, Landefeld, Herlefeld und Schnellrode sind durch Beschluss des Landeskirchenamtes gemäß Artikel 9 Absatz 3 der Grundordnung mit Wirkung vom 01.01.2012 zur neuen Kirchengemeinde „Spangenberg“ vereinigt worden. Anlässlich dieser Vereinigung treffen die oben benannten Kirchengemeinden folgende Vereinbarung:

§ 1

(1) Bis zur nächsten Kirchenvorstandswahl bilden die bisherigen Kirchenvorstandsmitglieder der Kirchengemeinden Spangenberg, Elbersdorf, Landefeld, Herlefeld und Schnellrode den Kirchenvorstand der neuen Kirchengemeinde Spangenberg und Landefeld. Für während dieser Zeit aus dem Kirchenvorstand ausscheidende gewählte und berufene Mitglieder rücken jeweils Ersatzmitglieder aus den bisher selbständigen Kirchengemeinden Spangenberg, Elbersdorf, Schnellrode, Landefeld und Herlefeld gemäß Artikel 24 der Grundordnung nach.
Für die Wahl des Vorsitzenden im Kirchenvorstand nach Satz 1 gilt § 3 der Geschäftsordnung für die Kirchenvorstände entsprechend.

(2) Der Kirchenvorstand der neuen Kirchengemeinde Spangenberg und Landefeld soll nach der nächsten Kirchenvorstandswahl aus 30 gewählten (und 3 berufenen) Mitgliedern bestehen. Ein entsprechender Antrag ist rechtzeitig vor der Wahl beim Kirchenkreisvorstand zu stellen.

(3) In den Gebieten der bisherigen selbständigen Kirchengemeinden Spangenberg, Elbersdorf, Herlefeld und Schnellrode werden jeweils selbständige Stimmbezirke gemäß § 1 Absatz 3 des Kirchengesetzes über die Wahl und Berufung zum Kirchenvorstand gebildet. Im Gebiet der bisher selbständigen Kirchengemeinde Landefeld werden gemäß den Ortsteilen Nausis, Landefeld und Metzebach drei Stimmbezirke gebildet. Im Stimmbezirk Spangenberg sind 9 Kirchenvorstandsmitglieder, in den Stimmbezirken Elbersdorf und Herlefeld jeweils 5 Kirchenvorstandsmitglieder,

Nausis, Landefeld, Metzebach jeweils 3 Kirchenvorstandsmitglieder sowie im Stimmbezirk Schnellrode 2 Kirchenvorsteher zu wählen.

(4) Die gewählten Kirchenvorstandsmitglieder sollen gemeinsam mit den Pfarrern gemäß Artikel 14 Absatz 2 Satz 2 der Grundordnung aus den Stimmbezirken Spangenberg, Elbersdorf und Herlefeld je 1 Mitglied berufen.

§ 2

(1) Die gewählten und berufenen Kirchenvorstandsmitglieder jedes Stimmbezirks bilden jeweils einen Ausschuss, dem gemäß Artikel 30 Absatz 2 der Grundordnung folgende Angelegenheiten aus dem Bereich ihrer ehemals selbständigen Kirchengemeinden zur selbständigen Entscheidung übertragen werden:
- Bauangelegenheiten an den Gebäuden im Gebiet des Stimmbezirks
- Verwendung von Kollekten, Klingelbeutel, Spenden (u.a. auch Freiwilliger Gemeindebeitrag) und Rücklagen
- Verkauf, Vermietung und Verpachtung von Gebäuden und Ländereien im Gebiet des Stimmbezirks
- Personalangelegenheiten, die sich auf das Gebiet eines jeweiligen Stimmbezirks beziehen
- Friedhofsangelegenheiten
- sonstige Angelegenheiten, die sich ausschließlich auf das Gebiet eines Stimmbezirks beziehen

(2) Dem Kirchenvorstandsausschuss Spangenberg wird die Dienstaufsicht über die Ev. Kindertagesstätte sowie den Jugenddiakon zur selbständigen Entscheidung übertragen.

(3) Zur Vorbereitung und Überwachung des Haushaltsplans wird ein Finanzausschuss gebildet, dem die Pfarrer sowie mindestens je ein Mitglied aus dem Gebiet einer vorher selbständigen Kirchengemeinde angehören müssen.

§ 3

(1) Eigentum und Vermögen der bisherigen selbständigen Kirchengemeinden Spangenberg, Elbersdorf, Landefeld, Herlefeld und Schnellrode ge-

hen auf die neue Kirchengemeinde Spangenberg und Landefeld über. Ein entsprechendes Verzeichnis ist als Anlage beigefügt.

(2) Bisherige Zweckbindungen des Vermögens (z. B. Rücklagen) bleiben bestehen. Das gilt auch für künftige Erträge dieses Vermögens (Zinsen, Pacht, Miete usw.). Über die Verwendung von Vermögenserträgen, für die keine Zweckbindung besteht, bestimmt der jeweilige Kirchenvorstandsausschuss des Stimmbezirks.

§ 4

Änderungen dieser Vereinbarung bedürfen der Zustimmung aller Ausschüsse nach § 2.

§ 5

Diese Vereinbarung tritt am 01.01.2012 in Kraft.

**Impulspapier für die Kreissynode Melsungen am 03.03.2012**

Die Kreissynode des Kirchenkreises Melsungen sieht das Thema „Mission" als besondere Herausforderung für die zukünftige Arbeit an.

Dabei versteht sie „Mission" als Sendung, die von Gott in Jesus Christus ausgeht und uns erreicht. Wir werden selbst von Gott gesandt, um in einer zunehmend säkularisierten Gesellschaft das Evangelium auf vielfältige Weise zu bezeugen, damit Glaube geweckt und gefördert wird und Menschen in unseren Gemeinden heimisch werden und bleiben.

1) Mission ist primär Aufgabe der Kirchengemeinde. Sie muss aber auch in ihrer regionalen Dimension auf Ebene des Kirchenkreises bedacht werden. Diese regionale Bezugsgröße soll helfen, angesichts der abnehmenden Bevölkerungs- und Gemeindegliederzahlen Kräfte zu konzentrieren und dennoch durch vielfältige Arbeitsformen unterschiedliche Personenkreise anzusprechen.

   Statt eines „Vollprogramms" in jeder Gemeinde sollen Gemeinden in Regionen nach Möglichkeit kooperieren, sich ergänzen und je ein eigenes Profil entwickeln. Dabei soll auf Gemeindeebene der Pfarrer / die Pfarrerin die konstante Bezugsperson bleiben und das Engagement Ehrenamtlicher weiter entwickelt und gefördert werden.

2) Gelingende Kooperationen erfordert dabei, dass Gemeinden aufeinander zugehen und dass sie bereit sind zur Veränderung, zum Abgeben und Übernehmen einzelner Arbeitsbereiche. Dazu braucht es eine gemeinsame theologische Basis und ein wachsendes Vertrauen.

3) Ein besonderes Augenmerk soll auf der Pflege und Ausgestaltung der Gottesdienste liegen, die bleibend die theologische Mitte der Gemeindearbeit darstellen. Neben den sonntäglichen Gottesdiensten nach Agende 1 bieten besondere Gottesdienste (Kasualien, Themengottesdienste in moderner Form, Taizé-Andachten, Gottesdienste an besonderen Orten usw.) gute Möglichkeiten, weitere Personenkreise zu erreichen. In jedem Fall ist die gründliche, liebevolle Vorbereitung und Durchführung, aber auch die Beteiligung vieler ein entscheidendes Moment für ihre Attraktivität.

4) Weitere Bereiche für die missionarische Arbeit auf Gemeinde- bzw. regionaler Ebene sind
   a. die Mitarbeiter-Gewinnung und Begleitung
   b. die Arbeit in den Kindertagesstätten, die Durchführung qualifizierter Kinder,- Konfirmanden- und Jugendarbeit sowie damit verknüpfter Elternarbeit als wesentliche Bausteine der Gemeindeentwicklung;
   c. die Pflege der kirchenmusikalischen Arbeit, um auch auf diesem Bereich Menschen zu erreichen und am Gemeindeleben zu beteiligen;
   d. Glaubenskurse, -seminare, Haus- und Bibelkreise, die zu einem Regelangebot kirchlicher Arbeit in den Regionen des Kirchenkreises werden sollen.
   e. Besuchsdienste
   f. Schaffung von Kommunikationsräumen für verschiedene Altersgruppen (Frauenkreise, Seniorenkreise, Kirchenkaffee ...)

5) Der Kirchenkreis fördert und begleitet Gemeinden und Regionen in ihrer missionarischen Arbeit. Dazu kann die finanzielle Unterstützung besonderer Projekte mit Ausstrahlung auf den Kirchenkreis gehören. Auch die Durchführung missionarischer Großprojekte auf Ebene des Kirchenkreises (z. B. Nachfolgeaktion zur Melsunger Landbibel) soll bedacht werden.

6) Im Abstand von 3 Jahren findet ein Austausch zum Thema Mission auf Ebene der Gemeinden, der Regionen und des Kirchenkreises statt, der vom Kirchenkreisvorstand geplant wird.

# Öffentlichkeitsarbeit als Bestandteil kirchlicher Arbeit

*Alexander Warnemann*

## 1. Beobachtungen

*„Gehet hin und machet zu Jüngern alle Völker“* (Matthäus 28,19 f.). Der Missionsbefehl ist ein direkter Auftrag zur Öffentlichkeitsarbeit (im Folgenden: ÖA): Das Evangelium sucht die breite Öffentlichkeit und ist darauf angewiesen, will es keine esoterische Weisheit für einen elitären Kreis bleiben[1] – auch wenn es sich zu Beginn zunächst auf einen kleinen Kreis beschränkte. Insofern ist ÖA ureigenes Praxiselement und bleibende Aufgabe der christlichen Verkündigung bzw. Mission.

So verfassen die Apostel öffentliche Briefe in griechischer Sprache, und so wendet sich Paulus mit Bedacht öffentlich auf dem Areopag an seine Zeitgenossen (Apostelgeschichte 17,16 ff.), um für das Evangelium in einer für sie verständlichen Sprache zu werben. Martin Luther unternimmt mit dem Thesenanschlag und der Verbrennung der päpstlichen Bulle zahlreiche öffentlichkeitswirksame Aktionen; er nutzt ein für die Mehrheit verständliches und „ansprechendes“ Deutsch und schafft es mit Hilfe des Buchdrucks bzw. der damals modernen Medien Buch und Flugschrift, dem Anliegen seiner Reformbewegung unwiderruflich überall Verankerung zu verschaffen. Und nach wie vor gelingt es der katholischen Kirche aufgrund ihrer Verfasstheit, durch die Nutzung medialer Präsenz eine besondere Ausstrahlungskraft zu generieren.[2]

Stärker als in früheren Zeiten setzt sich in der Gegenwart die Erkenntnis durch, dass die „... Wahrnehmung der Welt primär durch Medien vermittelt wird“[3] – und nicht vorrangig durch eigene, unmittelbare Erfahrung und

---

[1] Auch dem Alten Testament ist dieser Gedanke nicht fremd, man denke an die zahlreichen öffentlichen und öffentlichkeitswirksamen Zeichenhandlungen der Propheten.

[2] „Weit virtuoser als alle übrigen Kirchen weiß sie [sc. die katholische Kirche] sich medial zu präsentieren. ... Mit ihrem päpstlichen Starprinzip hat die katholische Kirche alle Grundregeln moderner Öffentlichkeitsarbeit perfekt umgesetzt, besser gesagt: Sie hat sie selbst erfunden“, so J. H. Claussen in: Ders.: „Zurück zur Religion: Warum wir vom Christentum nicht loskommen“, München 1986, 60 f.

[3] Claussen, a. a. O., 59.

Anschauung. Medien kommt dabei nicht nur eine wirklichkeitsabbildende, sondern vor allem eine wirklichkeitsgestaltende[4] Funktion zu. In letzter Konsequenz bedeutet dies: Wer in diesem wirklichkeitsgestaltenden Zusammenhang nicht präsent ist, d. h. wer „in den Medien nicht vorkommt, der ... verschwindet aus dem Gesichtsfeld der Gesellschaft. Den gibt es eigentlich gar nicht mehr“[5]. Dies gilt auch für gemeindliche und kirchliche Arbeit: Sie wird nicht wahrgenommen, wenn sie nicht auch öffentlich – unter Nutzung aktueller Medien[6] und Ausdrucksformen – geschieht, zumal ihre hergebrachte Bindungskraft und Relevanz im öffentlichen und privaten Bereich nachlässt.

Diese Entwicklung hat dazu geführt, dass sich Kirchen und Gemeinden in den letzten Jahren verstärkt auf allen Ebenen mit Fragen der praktischen ÖA auseinandersetzen, etwa hinsichtlich der eigenen Präsenz im Web, der Qualität der eigenen Publikationen oder des eigenen Auftritts in der Öffentlichkeit. Die Notwendigkeit einer ausgearbeiteten Theologie der ÖA ist erst in den letzten Jahren erkannt worden.[7]

## 2. Theologische Überlegungen zur ÖA

Kommunikation ist wesentliches Merkmal von Kirche und Glauben (Matthäus 18,20). Nach dem Zeugnis der Schrift ist Gott nicht für sich geblieben, sondern steht mit seiner gesamten Schöpfung in ständiger, befreiender Kommunikation.[8] Klassisch formuliert dies CA VII[9] als „Kommunikation im Wort und im Handlungsvollzug“[10]. Entsprechend gilt für den Menschen als Eben-

---

[4] „The medium, or process, of our time – electric technology is reshaping and restructuring patterns of social interdependence and every aspect of our personal life“, M. McLuhan/Qu. Fiore: „The Medium is the Massage. An inventory of effects“, New York 1967.

[5] Claussen, a. a. O., 59 f.

[6] Der Begriff „Medien“ wird an dieser Stelle bewusst weit gefasst. Er umfasst u. a. vorhandene technische Verbreitungsmittel, Systeme, Kommunikationsmittel etc. Vgl. B. Scheufele: „Massenkommunikation – massenmediale Kommunikation“, in: „Öffentlichkeitsarbeit für Nonprofit-Organisationen“, hrsg. vom Gemeinschaftswerk der Evangelischen Publizistik, Wiesbaden 2004, 172–174.

[7] „Zwischen dem Ausbau der Öffentlichkeitsarbeit und der Reflexion über dieses kirchliche Praxisfeld in der Theologie ist es zu einem Mißverhältnis gekommen. Öffentlichkeitsarbeit ist – wenn überhaupt – ein Randthema der Praktischen Theologie. ... Ein Verständnis von Öffentlichkeitsarbeit, das sich an einer kommunikativen Gemeindepraxis, an den Vermittlungsaufgaben der Kirche und an ihrer Kommunikationsfähigkeit orientiert, ist erst in groben Zügen erkennbar.“, H. Tremel: Art.: „Öffentlichkeitsarbeit“, in: TRE 25, 28.

[8] Vgl. K. Marti: „Die gesellige Gottheit. Ein Diskurs“, Stuttgart 1989, 8.

[9] Vgl. Die Bekenntnisschriften der evangelisch-lutherischen Kirche, 11. Auflage, Göttingen 1992, 61.

[10] H. Gattwinkel: „Neun Thesen und drei Exkurse zu einer Theologie der Öffentlichkeitsarbeit : Zwischen Urkundenorientierung und Kundenorientierung“, in: Öffentlichkeitsarbeit für Nonprofit-Organisationen (s. Anm. 6), 488.

bild dieses Schöpfers, dass auch er in ständigen kommunikativen Zusammenhängen steht; er ist ein auf Kommunikation angelegtes Wesen.

Christliche Theologie reflektiert Glauben und dessen Äußerungen „... in seinen Urkunden und seiner Gegenwart, in seiner praktischen Gestaltwerdung im persönlichen Leben und in seiner institutionellen Organisation als Kirchen“[11]. Sie stellt eine „institutionelle Dauerreflexion“ mit einer Vielzahl scheinbar widersprüchlicher Funktionen dar. Theologie ermutigt und vergewissert unter Hinweis auf die Zusage Gottes und die Geschichte des Christentums, sie verunsichert jedoch auch, indem sie gegenwärtige Entwicklungen in Glauben und Kirche analysiert, kritisiert und ggf. Alternativen entwickelt[12]. ÖA *im Rahmen von Kirche und Gemeinde steht im Dienst des Evangeliums, d. h. unterliegt der theologischen Betrachtung im beschriebenen Sinne.*

Eine so verstandene Theologie der ÖA könnte sich einer Vielzahl von Themen widmen. In Anlehnung an Gattwinkel[13] seien hier nur genannt etwa die Fragen nach der Füllung des Begriffs „Öffentlichkeit“ in der Theologie; nach der Selbstverortung von Kirche als Gegenüber oder Teil der Öffentlichkeit; nach der Art und der Gestaltung von kommunikativen Prozessen inner- und außerhalb von Kirche und Gemeinde; nach der Integration außertheologischer Einsichten und Methoden (z.B.: interne/externe Kommunikation, Kunden- bzw. Dialoggruppenorientierung, Werbung etc.) sowie nach den Chancen, die eine bewusst kirchlich verstandenen ÖA für andere Bereiche kirchlichen oder gemeindlichen Handelns bereithält. Eine so verstandene und gestaltete ÖA könnte damit zu Standortbestimmung von Kirche und Gemeinden in ihrer gegenwärtigen Situation beitragen und helfen, neue Wege zu erschließen.

## 3. Umsetzung

### 3.1 Allgemein

Kirchliche Öffentlichkeitsarbeit steht aufgrund der Konkurrenzsituation am Meinungsmarkt unter einem zunehmenden Professionalisierungsdruck. Das ist einerseits zu begrüßen, liegen doch auf diesem Feld noch zahlreiche ungenutzte Möglichkeiten brach.

---

11 Gattwinkel, a.a.O., 487.

12 Pointiert formuliert Hans Graß: Diese Bereitschaft zur Kritik ist ein Ruhmestitel der protestantischen Theologie, in: „Theologie und Kritik. Gesammelte Aufsätze und Vorträge“, Göttingen 1969, 58.

13 Gattwinkel, a.a.O., 494.

Andererseits stellt dies vor bestimmte Probleme. Hier sind – auch wenn vor Ort jeweils deutliche Unterschiede zu konstatieren sind – zunächst die begrenzten Mittel in Kirche und Gemeinde sowie die damit in Verbindung stehenden laufenden und geplanten Umstrukturierungsprozesse zu nennen. Sodann steht kirchliche ÖA oftmals vor dem Problem, dass sie – häufig mit dem Makel zusätzlicher Mehrarbeit belastet – von Mitarbeitenden wahrgenommen wird, die häufig in einem völlig anderen Arbeitsbereich angesiedelt und hier durchaus ausgelastet sind. Für Kirche und Gemeinde kann daraus jedoch keineswegs folgen, dass ÖA ein ggf. zu vernachlässigendes Luxus- oder gar „Modearbeitsfeld" darstellt, deren Qualität lediglich vom jeweils zur Verfügung stehenden Budget abhängt.

Vielfach benannt ist Watzlawicks Feststellung, man könne nicht nicht kommunizieren.[14] Grundsätzlich gilt für jede Organisation, unabhängig von ihrer Verortung, Struktur, Geschichte und Zielsetzung, dass sie immer eine Wirkung in die sie umgebende Öffentlichkeit erzeugt bzw. umgekehrt von anderen Organisationen beeinflusst wird. Wird ÖA mit Lange/Obmann verstanden als „Management von Kommunikationsprozessen für Organisationen mit deren externen und internen Bezugsgruppen, um den wirtschaftlichen, politischen und sozialen Handlungsspielraum im Prozeß der öffentlichen Meinungsbildung zu schaffen und zu sichern"[15], gilt, übertragen auf Kirche und Gemeinde, dass sie nicht vor der Frage steht, *ob*[16], sondern *wie* Kommunikationsprozesse verantwortungsbewusst, reflektiert und konzeptionell gestaltet werden können. Dabei ist in aller Allgemeinheit u.a. zu beachten:

- Kirchliche und gemeindliche Kommunikation richtet sich an eine Vielzahl interner und externer Dialoggruppen mit stark differenzierenden Erwartungshaltungen, etwa Ehrenamtliche, Gottesdienstbesucher, Kirchenferne und -ablehnende etc.
- Im Rahmen einer Organisation findet Kommunikation auf unterschiedlichen Organisationsebenen statt; auch hier gilt es, speziellen Eigeninteressen und Gegebenheiten, die sich etwa schon zwischen einzelnen Gemeinden oder im Verhältnis einer Gemeinde zum Gesamt einer Landeskirche äußern können, zu beachten.
- Aktive Beobachtung der relevanten internen und externen Zielgruppen

14 Vgl. P. Watzlawick u.a.: „Menschliche Kommunikation: Formen, Störungen, Paradoxien", Bern u.a. 1969, 50–53.

15 „Fachlexikon Öffentlichkeitsarbeit: Vom Abonnement. Zeitung bis Zusatznutzen", hrsg. von Petr Lange [u.a.], Frankfurt a.M. 1997, 93.

16 Pointiert formuliert Claussen: „Daß ihr Schicksal von der Medienpräsenz abhängt, haben die Kirchen inzwischen erkannt, besser gesagt: Die evangelische Kirche hat es endlich eingesehen. Die katholische Kirche hat es immer schon gewußt", a.a.O. (s. Anm. 2), 60.

ist Aufgabe jeder ÖA. Die daraus gewonnenen Ergebnisse müssen Konsequenzen für die „Praxis und die Theorie kirchlichen Lebens und kirchlicher Struktur“[17] haben (Monitoring).

- Versteht sich kirchliche/gemeindliche ÖA als elementarer Bestandteil der christlichen Verkündigung und Mission, hat sie sich und ihre Arbeit immer wieder neu selbst kritisch zu hinterfragen.
- Es müssen in jeden Haushalt Mittel für das Gesamt der ÖA bereitgehalten werden.
- Aufgrund ihres hohen Anteils an „Freiwilligen und ihrer Selbstorganisation zwischen Geistbewegung und kirchenrechtlicher Verfaßtheit“[18] sind kirchliche/gemeindliche ÖA-Konzeptionen immer fragmentarischen Charakters.

## 3.2 In der Gemeinde

Die besondere Herausforderung gemeindlicher ÖA besteht in ihrer Schnittstellenfunktion zwischen kirchlichem und säkularem Raum. Besonderes Augenmerk sollte zukünftig verstärkt auf den sogenannten Kirchenfernen bzw. Nichtmitgliedern ruhen. ÖA bleibt – und wird es in Zukunft noch mehr werden – dauerhafte Aufgabe jeder Kirchenvorstandsarbeit.

Dazu gehört zunächst eine regelmäßige und klare Vereinbarung über Zielsetzungen, Strukturen und Ergebnisse. Effektiv ist – je nach Ressourcen – die Einrichtung eines Öffentlichkeitsausschusses aus Mitgliedern des Kirchenvorstands und ggf. weiteren Gemeindegliedern/Fachleuten mit der Aufgabe, die öffentlichen Maßnahmen und Aktionen zu koordinieren und auszuwerten. Weiter umfasst gemeindliche ÖA die aktive und vertrauensvolle Zusammenarbeit mit den kirchlichen und außerkirchlichen Medien, z.B. Lokalzeitungen, Lokalfernsehen und -radio, Anzeigenblätter, Stadtmagazine sowie die Kirchenzeitungen. Auf Entwicklungen und Veranstaltungen (vor allem deren Erfolg!) kann aktiv in Form von Pressemitteilungen oder Pressegesprächen hingewiesen werden; auch Redaktionsbesuche schaffen eine gute Basis.

---

17 Gattwinkel, a.a.O. (s. Anm. 10), 489.

18 Ebd.

Die Auswertung und Archivierung der Artikel ist sinnvoll; ebenso ein verlässlicher Ansprechpartner für die Redaktionen. Der ÖA stehen im gemeindlichen Rahmen verschiedene Instrumente zur Verfügung. Zu nennen ist z. B. der *Gemeindebrief* als der persönliche Brief der Gemeinde an alle Gemeindemitglieder – nicht nur an die Kerngemeinde. Auch der gepflegte *Schaukasten* an herausgehobener Stelle bietet Informationen über den Kirchenvorstadt, Ansprechpartner, Veranstaltungen etc. – gerade für Passanten bzw. Kirchenferne. Zu besonderen Veranstaltungen gehört *Werbung*, die in Erinnerung bleibt. Hier bestehen viele Möglichkeiten (Banner, Flyer, Flaggen usw.); wichtig ist die unmittelbare Verständlichkeit. Die beste ÖA ist natürlich die Gemeinde selbst, wenn es ihr gelingt, sich als offene und einladende Gemeinde zu präsentieren, vor allem in Hinsicht auf fernerstehende Zielgruppen. Hierzu gehören z. B. Begrüßungsschreiben an Neumitglieder; persönlicher Ansprechpartner; Infotafel an der (offenen) Kirche etc. Ein hoher Wiedererkennungsgrad ist dabei hilfreich (Logo, Corporate Design etc.). Die eigene, gepflegte und barrierefreie *Homepage* ist die bebilderte Visitenkarte im globalen Netz; hier stehen Service und Lokalbezug im Mittelpunkt.

Das Thema *Fundraising* und ÖA wird in den nächsten Jahren für Gemeinden an Bedeutung gewinnen; Unterstützung wird vor allem bekannten und seriösen Organisationen gewährt.

ÖA ist im Besonderen *Zielgruppenarbeit*. Ihre Maßnahmen, Gestaltung und Erfolg hängen von der konkreten Bestimmung dieser Gruppen im Vorfeld ab. Soll eine Botschaft verstanden werden, muss ÖA vom Empfänger her denken: Für wen könnte das Angebot bedeutsam sein, wer hat einen Nutzen davon, wen möchten wir erreichen? Welche Alters- und Berufsgruppen bzw. Milieus werden angesprochen?

## 4. Zusammenfassung

1. ÖA ist theologisch gebotener Bestandteil des Missionsauftrages von Kirche und Gemeinde und kein verzichtbarer Luxus.
2. Kirche und Gemeinde sind Organisationen in Konkurrenz. Sie befinden sich auf einem Markt unterschiedlicher Meinungen und Geltungsansprüche, auf dem sie mit anderen Organisationen um die knappen Güter Aufmerksamkeit, Zeit und Spenden in Konkurrenz treten. Entsprechend ist professionelle, theologisch reflektierte ÖA notwendiger denn je, um eine realistische Selbsteinschätzung und damit eine vertretbare Positionierung zu erreichen.

3. Können Kirche und Gemeinde nicht kommunizieren, warum gerade sie für Menschen wichtig sein sollen, gehen sie auf diesem Markt unter. Dies gilt auch angesichts einer scheinbar in zahlreichen Gemeinden noch anzutreffenden „intakten" volkskirchlichen Situation.
4. ÖA kann für Kirche und Gemeinde als geglückt gelten, wenn sie binnen- und außenperspektivisch als „authentisch und glaubwürdig bezogen auf ihre Ziele und deren Umsetzung wahrgenommen wird"[19].
5. Kirche und Gemeinde genießen in der Regel, wie nahezu alle Non-Profit-Organisationen, in der Öffentlichkeit einen hohen Vertrauens- bzw. Glaubwürdigkeitsvorschuss im Gegensatz etwa zu Profit-Organisationen.
6. ÖA in Kirche und Gemeinde muss sowohl Ehrenamtliche und Mitglieder als auch Fernerstehende in Kommunikationsprozesse aktiv einbinden. „Das erfordert ein hohes Maß an kommunikativer Kompetenz, da diese Kommunikationsprozesse weitestgehend dialogorientiert und transparent angelegt sein müssen."[20]

[19] „Öffentlichkeitsarbeit in Non-Profit-Organisationen", a.a.O. (s. Anm. 6), V. „Erfolg" wird hier nicht ausschließlich in Absatzzahlen gemessen.

[20] Ebd.

# Theoretische Grundperspektiven

# Rettungsschirm für unsere Werte

## Welchen Beitrag die evangelische Kirche zur Zukunft Europas leisten kann

*Ludwig Georg Braun*

Europa hieß einst in der griechischen Mythologie die Tochter des phönizischen Königs. Der Ruf ihrer Schönheit drang bis zu Göttervater Zeus. Um sich ihr zu nähern, verwandelte sich Zeus in einen Stier und entführte sie, auf seinem Rücken sitzend, auf die Insel Kreta. Die antike Königstochter Europa, die zur mythischen Namensgeberin unseres Kontinents wurde, erlag der Verführung des griechischen Gottes.

Gegenwärtig ist häufig von der Krise des Euro, der Europäischen Union, sogar verkürzt von der Krise Europas zu hören und zu lesen. Viele Menschen sind angesichts immer neuer „Rettungsschirme“ und manchmal allzu technokratisch abgewickelten Krisenmanagements der handelnden Personen verunsichert oder resignieren. Sie fragen sich womöglich, ob ihr Dasein und ihre Schaffenskraft einzig rationalen und wissenschaftlichen Plausibilitäten ausgesetzt sind, ob das Europa, in dem sie und wir leben, heute ganz „den Märkten“, der Finanzindustrie oder dem Gebot zum täglichen Konsum erlegen ist, so wie einst die antike Namensgeberin der Laune des griechischen Gottes.

Nicht erst seit den Verwerfungen in der Finanzwelt mehren sich die Stimmen, dass der gesellschaftliche Zusammenhalt in den Euro-Ländern schwindet. Tendenzen zu radikalen und meist allzu einfachen Erklärungen für die Probleme einer komplexer werdenden Welt nehmen zu, ebenso der Hang, sich auf die „eigene kleine Welt“ zu beschränken und sich der aktiven Teilnahme an der Gemeinschaft zu entziehen. Ohne Hilfsbereitschaft, Verständnis füreinander und gemeinschaftliches Handeln aber wird staatliches und Gemeinwohl überfordert. Zunehmend zweifeln Menschen an den Verantwortlichen in der Politik und im Finanzwesen, sogar an unserem Gesellschaftssystem und heute konkret am Projekt Europa. Sie fragen sich, was in den letzten Jahrzehnten erreicht wurde und wofür es sich heute noch einzutreten lohnt. Freiheit und Frieden, die uns die europäische Einigung gebracht haben, werden als selbstverständlich und Europa ohne seine Fundamente der christlichen Werte gesehen. Das drückt sich auch in der schwindenden Zahl der Mitglieder der großen christlichen Religionsgemeinschaften aus. Dabei hat das christliche Bekenntnis nichts an Aktualität und Notwendigkeit eingebüßt. Die evangelische Kirche kann heute einen bedeutenden Beitrag leisten, wie den derzeitigen Herausforderungen entgegenzutreten ist. Wer ein Leben im Glauben führt, weiß, wie wichtig ideelle Werte für den inneren Kompass sind. Über Jahrhunderte haben wir in Europa, mit großem Anteil der evangelischen Christen, aus unserem Glauben abendländisch-christliche Werte geformt, die es zu verteidigen lohnt, weil sie die Voraussetzungen für ein friedliches gemeinsames Europa schaffen können. Wir evangelische Christen sollten uns angesichts der heutigen Situation verstärkt engagieren, diese Werte wieder in den Vordergrund zu rücken, sie vorzuleben, zu den Menschen zu tragen und so aktiv an der Zukunft Europas mitzuwirken.

## I. Der lange Weg zu selbstbestimmtem Glauben und Leben

Ein Blick in die Geschichte zeigt, dass die kulturelle, ethnische und religiöse Vielfalt seit jeher der Reichtum des Kontinents, aber ebenso die Ursache zahlloser Auseinandersetzungen war. Denn immer wieder gab es Versuche, Bestrebungen nach Freiheit und Emanzipation zu unterdrücken und Europa einem leitenden Prinzip zu unterwerfen. Unter Kaiser Konstantin breitete sich das Christentum im gesamten Römischen Reich aus. Daraus leiteten später sowohl die Kaiser des mittelalterlichen Sacrum Imperium als auch die Päpste ihren Vormachtsanspruch ab. Dies führte zu ständigen Auseinandersetzungen zwischen weltlicher und kirchlicher Herrschaft. Zugleich wurden Abweichungen und Eigenheiten als Bedrohung der universalen Herrschaft wahrgenommen.

Weltliche und Kirchenfürsten betrieben ihr Vormachtstreben unter dem Vorwand – oftmals auch mit der Überzeugung –, damit die abendländische Menschheit unter einem Dach zu vereinen und Frieden „nach des Monarchen Gusto“ zu schaffen. Doch was dem Besseren dienen sollte, schuf oft zusätzliche Leiden, missachtete das christliche Werk und die von ihm ausgehende Friedens- und Freiheitsbotschaft. Wie im Falle der Vertreibung von Juden und Muslimen nach der Reconquista hatte der Kampf um Einheit und Einheitlichkeit nicht nur für die Betroffenen – darunter viele gut ausgebildete Handwerker, Ärzte oder Kaufleute – schwerwiegende Folgen.

Für Spanien bedeutete dies auf lange Sicht einen immensen geistigen, kulturellen und wirtschaftlichen Verlust, ähnlich wie ihn Deutschland in der jüngeren Geschichte nach 1933 durch die Judenverfolgung zu verantworten hat.

Auch innerhalb der christlichen Religionsgemeinschaft vollzogen sich dynamische Entwicklungen. Sie fanden in den unterschiedlichen Formen, wie Menschen ihren Glauben praktizierten, Ausdruck – so beispielsweise in zahlreichen Ordensgründungen – und stellten mitunter die päpstliche Autorität in Frage. Meist verbanden sich damit Bemühungen um Reformen der Kirche und die Rückbesinnung auf die zentralen Glaubensinhalte der Bibel. Auch Martin Luthers Wirken kann in diesem Licht betrachtet werden. Wie im Falle anderer bedeutender zeitgenössischer Reformatoren war es nicht sein Ziel, die Kirche zu spalten, sondern sie innerlich zu erneuern. Ihm ging es darum, die persönliche Gotteserkenntnis des Menschen, seine unmittelbare Beziehung zu Gott zu betonen und gravierende Missstände wie Ablasshandel, Reliquienkult, Ämterkauf, Besitzanhäufung und Prunksucht unter höchstem kirchlichen Segen anzuprangern. Die Missstände hatten andere vor Luther beschrieben und kritisiert, doch bemerkenswert an ihm war die Konsequenz, seine Überzeugung auch gegen größte Widerstände, wie 1521 auf dem Wormser Reichstag, beizubehalten. Erst einem solchen Standvermögen ist es zu verdanken, dass aus der Glaubensüberzeugung einzelner Menschen eine breite Bewegung werden konnte, welche die Grundlage für das evangelische Christentum im heutigen Europa schuf.

Das besondere Verdienst der Reformation liegt darin, die Anerkennung des Individuums, das selbst seinen Glauben frei bestimmen kann, formuliert zu haben. Die Wirkung, die sich hierdurch langfristig auf die Entfaltung der freien, selbstbestimmten Persönlichkeit ergab, kann gar nicht hoch genug eingestuft werden. Der Gläubige rückte in den Mittelpunkt. Ihm wurde Mitsprache zuteil, die religiöse Praxis in der Gemeinde – im Verständnis der damaligen Zeit revolutionär – mitzugestalten. Die Kirche trat also in Dialog mit ihren Mitgliedern. Die Reformation gewann in wenigen Jahren in ganz Europa Anhänger, was auch der technologischen Neuerung des Buchdrucks auf dem Gebiet der Wissens- und Nachrichtenvermittlung zu verdanken war. Diese Entwicklung steht exemplarisch dafür, dass menschlicher Fortschritt auch das Bewusstsein des Menschen verändern kann.

Mit der Ausbreitung des reformatorischen Geistes vergrößerte sich zunächst der Gegensatz zwischen Katholiken und Anhängern des neuen Glaubens. Im 16. und 17. Jahrhundert schien er so unüberbrückbar, dass die Verfolgung oder kriegerische Unterwerfung der Andersgläubigen um des „wahren“ Glaubens willen bedauerlicherweise zu einem markanten Zeichen dieser Epoche wurden. Die Religionskriege, vor allem der Dreißigjährige Krieg, brachten unfassbares Leid und Verwüstung über den Kontinent. Am Ende stand die Einsicht der Gegner, den Glauben des anderen tolerieren zu müssen, auch wenn zunächst nur die Religionsfreiheit des Landesherren erreicht war – gemäß der Maxime „cuius regio, eius religio“. Mit dem Westfälischen Frieden (1648) war ein wichtiger Schritt in Richtung einer „Kultur der Anerkennung“ und damit in der Entwicklung der Werte getan, wie sie prägend für unsere christlich-abendländische Kultur sind.[1]

Wie im Edikt von Potsdam (1685) zum Ausdruck kommt, hielt langsam auch das Bewusstsein der Vorzüge gelebter Glaubenstoleranz Einzug. Während die Abwanderung von Glaubensflüchtlingen wie den französischen Hugenotten oder Salzburger Exulanten die einen Regionen verarmen ließ, befruchtete ihre Aufnahme die anderen. Gerade diese nun offensichtlicher werdende Vielfalt an religiösen Praktiken und Bräuchen belebte dort, wo man sie zuließ, Kultur, Wirtschaft und Geistesleben und legte die Konturen frei für das besondere Charakteristikum und die besondere Stärke Europas. Heute kann uns dies im Umgang mit den Beschäftigungsproblemen in den Mittelmeerstaaten Beispiel sein für eine entsprechende Willkommenskultur.

Im Zeitalter der Aufklärung wurde die errungene Freiheit des Einzelnen im Glauben weiterentwickelt zur Idee, dass jeder Mensch zu vernunftgeleitetem und selbstbestimmtem Handeln fähig ist. Dies mündete in der Festlegung unveräußerlicher individueller Rechte in der amerikanischen Verfassung: „Leben, Freiheit und das Streben nach Glück“. Manche, wie der Soziologe Max Weber im 20. Jahrhundert, meinten später daraus den ökonomischen Vorsprung protestantischer Regionen vor katholischen herleiten zu können – eine allerdings umstrittene These.[2]

Der damals offenkundige Widerspruch zwischen der Hoffnung auf ein auskömmliches, selbstbestimmtes Leben für die Mehrheit und der Verschwendungssucht absolutistischer Höfe führte schließlich zur Französischen Revolution unter dem Leitspruch „Freiheit, Gleichheit, Brüderlichkeit“ und zur Erklärung der Menschen- und Bürgerrechte (1789): „Freiheit, Eigentum, Sicherheit und Widerstand gegen Unterdrückung“. Nicht zuletzt lassen sie sich im Kern bereits auf die biblische Schöpfungsgeschichte zurückführen, wonach der Mensch als Abbild Gottes geschaffen wurde. Im

---

1 W. Huber: Europa als Wertegemeinschaft. Zu den christlichen Grundlagen des Kontinents, in: Die politische Meinung (Konrad-Adenauer-Stiftung), Nr. 386 (Januar 2002), 69.

2 M. Weber: Die protestantische Ethik und der Geist des Kapitalismus, Tübingen 1934.

Laufe der christlich-abendländischen Geschichte reifte der Gedanke, dass jeder Mensch – von Gott gewollt – eine Würde habe und daher mehr als nur unmündiger Diener von geistlicher und weltlicher Herrschaft sei. So ist über die Jahrhunderte ein europäisch geprägtes Wertegerüst und ein entsprechender Maßstab des Handelns entstanden.

Die Französische Revolution entfaltete jedoch auch eine zerstörerische Dynamik. Ausgehend von der Reformation hatten sich Kirche und Staat zunehmend entkoppelt, was im weiteren Verlauf zu einer latenten Säkularisierung der Gesellschaft führte. Die Revolution machte nun auf einen Schlag Priester und Gläubige zu Verfolgten im Namen der vermeintlichen Befreiung der Menschen von Abhängigkeiten. In dem Maße, da die Kirche an Macht verlor, konzentrierte sie sich fortan bei den Nationalstaaten. Begleiterscheinungen waren der zunehmende Nationalismus und die Bedrohung des Einzelnen oder ethnischer Minderheiten, die sich nicht in solche Denkmuster einzufügen schienen.

Vor allem von der 1789 formulierten Idee der Gleichheit ging eine immense Attraktivität aus, weil sie jedem das Recht auf Chancengleichheit und Gleichheit vor dem Gesetz einräumte, anstatt von Geburt und Herkunft niedriger gestellt zu sein. Auch heute müssen wir uns daran erinnern. So besteht aktuell unsere Aufgabe darin, Europa wieder zur Hoffnungsperspektive der Jugend zu machen und eine faire Chance auf Arbeit und Zukunft zu bieten. De facto bleibt diese heute vielen angesichts der erschreckend hohen Jugendarbeitslosigkeit in den südlichen Ländern verwehrt.

Häufig ist das Motiv der Gleichheit aller Menschen jedoch – wie im Falle des Marx'schen Kommunismus – missbraucht worden, um persönliche Entfaltung und Befähigung, Vielfalt und Glaubensfreiheit einzuebnen. Das Individuum und seine Freiheiten wurden zugunsten der „Gemeinschaft der Arbeiterklasse“ oder, in der faschistischen Ideologie, der „Volksgemeinschaft“ zurückgesetzt. Diese dem Volk oder der Klasse verschriebenen Verblendungen führten zur Spaltung Europas, zu Terror gegen Millionen von Menschen bis hin zu gewaltigsten Kriegszerstörungen und -verbrechen. Einmal mehr zeigt sich beim Weg zum Totalitarismus im 20. Jahrhundert der Einfluss der Kommunikationsmittel. Die damals aufkommenden Massenmedien wie Rundfunk und Film verhießen wie einst der Buchdruck eine beschleunigte und vereinfachte Verbreitung nicht nur von Botschaften und Wissen. Auch die Möglichkeiten der Manipulation stiegen, was besonders diktatorische Regime zu nutzen wussten. Erst die Weltkriege, die Europa an den Rand des Abgrunds brachten, führten zu einem Umdenken – zur Besinnung auch auf christliche Werte, um der Friedenssehnsucht dauerhaft

Ausdruck zu verleihen. In der Folge konnten sich in der zweiten Hälfte des Jahrhunderts schließlich Demokratie und Bürgerrechte auf dem gesamten Kontinent – in zwei großen Etappen, 1945 und 1989/90 – durchsetzen.

## 2. Herausforderungen im heutigen Europa

Die politische Verfasstheit des heutigen Europas kann uns zu Recht glücklich stimmen. Grenzzäune sind gefallen. Die Bürger Europas haben in weiten Teilen die Rechte und Chancen, an einem demokratischen Willensbildungsprozess mitzuwirken, ihre Religion frei auszuüben und sich frei niederzulassen. Noch nie konnten so viele junge Menschen studieren wie heute. Die Gefahr eines Krieges mit den Nachbarländern scheint in kaum mehr sichtbare Ferne gerückt. Warum herrscht dennoch ein so negatives Bild dieser europäischen Gegenwart? Warum empfinden viele die aktuelle Situation als ungerecht und bedrohlich?

Die Menschen in Deutschland blicken zu Recht mit Stolz auf die Jahrzehnte nach 1945 zurück, weil ihnen ein Wirtschaftswunder gelang. Auf Trümmern errichteten sie ein neues und besseres Leben. Nach 1989/90 bestand dann auch für die Mitbürger jenseits des „eisernen Vorhangs" endlich die Möglichkeit, ihr Leben nach eigenen Vorstellungen in die Hand zu nehmen und nicht zuletzt ihren Glauben frei praktizieren zu können. Heute sind viele, trotz des Erreichten, dennoch desillusioniert. Die Gesellschaft, so mag es ihnen erscheinen, genüge heute rein wirtschaftlichen Zwängen, während die Würde des Menschen und Werte wie Nächstenliebe zu kurz kommen. Der Konsument ersetzt als Ideal den mündigen, engagierten Bürger oder den in der Gemeinde engagierten Gläubigen. Durch das daraus abgeleitete Anspruchsdenken wird in jüngster Zeit auch immer mehr in Frage gestellt, ob Urheber materiellen oder geistigen Eigentums überhaupt vor der willkürlichen Verbreitung und Verwertung ihrer Leistung zu schützen sind.

Wir verfügen heute auch über ungeahnte Möglichkeiten des Informationsaustausches. Sie lassen uns einerseits enger zusammenrücken. Wer hätte beispielsweise vor 60 Jahren in Europa von der Menschenrechtslage in Myanmar (Burma) erfahren und sich aus diesem Grund für mutige Aktivisten wie für Aung San Suu Kyi eingesetzt? Andererseits hat diese „Medienrevolution" die Welt auch in ihrer ganzen Komplexität schwerer verständlich gemacht. Wie kann es uns gelingen, dass sich mit den heutigen Möglichkeiten nicht nur Massen mithilfe schlichter Slogans mobilisieren lassen, sondern auch

Werte, die wir für wichtig halten? Dies würde auch unsere Diskussionskultur bereichern.

Die globale Finanz- und Schuldenkrise 2007/08 führte zur bitteren Ernüchterung, dass die Spekulation und Gier nach Rendite einiger weniger Institutionen ganze Gesellschaften an den Rand des Abgrundes bringen können. Zu Recht brandmarkte kürzlich Kardinal Reinhard Marx solch verantwortungsloses Profitstreben mit der Aussage: „Man muss Managern oder Bankern klarmachen: Es wird nicht reichen, wenn sie in den Himmel kommen und sagen: ‚Ich war nie vorbestraft, ich habe also hier Zutritt.'"[3] Finanztransaktionssysteme, die bei Kauf und Verkauf von Wertpapieren rein mathematischen Gesetzmäßigkeiten folgen und losgelöst sind von menschlichem Einfluss und Vernunft, entscheiden mit ihren Handlungen über Wohl und Wehe ganzer Volkswirtschaften. Zu allem Überfluss muss die Politik durch die Verschuldung der Gemeinschaft „Rettungsschirme" in nie gekannter Größenordnung als Folge dieses Verhaltens aufspannen, um den Zusammenbruch des Finanzsystems abzuwenden. Haben wir hier zugelassen, dass ökonomisch ausgerichtetes Handeln von uns voll und ganz Besitz ergreift?

Diese Lage bestimmt auch die gegenwärtige Europapolitik. Skeptiker warnen vor dem Untergang der Gemeinschaftswährung, ja der gesamten Europäischen Union. Der Bevölkerung werden vermeintlich alternativlose Sparanstrengungen verordnet, ohne sie wirklich mit Argumenten zu überzeugen. Längst nicht mehr nur bei Stammtischen werden polemische Debatten über die am höchsten verschuldeten „Krisenländer" geführt, die unseren Wohlstand bedrohen würden. Doch dieser gründet sich nicht nur in unserem Fleiß und der vergleichsweise effizienten Staatsverwaltung, sondern ebenso in der Lebensart unserer Nachbarn. Manche wünschen, dass Deutschland aus einer Position der vermeintlichen Stärke heraus seine Machtinteressen durchsetze. Mit Ressentiments wie vom „südländischem Schlendrian", der Reformunwilligkeit oder der Unfähigkeit mancher Ost- oder Südeuropäer, strenger gegen Korruption vorzugehen, treiben sie einen Keil in mühsam aufgebaute gutnachbarschaftliche Beziehungen. Verständlicherweise nehmen viele der Kritisierten die Art der Einmischung einiger Politiker und Ökonomen als Bevormundung wahr.

Die europäische Idee, das Ideal eines geeinten, friedlichen Kontinents, verliert an Strahlkraft, weil wir es uns in unseren jeweiligen örtlichen Befindlichkeiten zu bequem gemacht haben. Währenddessen zeichnet sich in vielen Ländern eine Rückkehr des nationalen Denkens ab. Darunter haben

---

[3] Kardinal Reinhard Marx im Handelsblatt, 18. Mai 2012.

wieder vermehrt jene zu leiden, die als „Fremde“ ausgemacht werden, seien es religiöse Gruppen oder ethnische Minderheiten. Für Flüchtlinge und Asylsuchende sind die Grenzen nach Europa nahezu unüberwindlich, doch ihre Aussicht, einmal angekommen hier bleiben zu können, ist noch geringer. Sinti und Roma werden in manchen Regionen des Kontinents mit offener Duldung der Behörden angefeindet und verfolgt. Manche zeichnen ein Bild vom Islam, als seien dessen Anhänger allesamt fanatisch, rückständig und bedrohten unser Abendland. Was ist aus der einmaligen Chance geworden, ein besseres Europa zu schaffen? Gewiss sind die unterschiedlichen Kulturen und damit verbundene gesellschaftliche, religiöse und wirtschaftliche Prägungen nicht zu leugnen. Auf dem Weg zu einem besseren Verständnis sind auch Rückschritte unvermeidlich, und zweifellos ist viel Geduld gefragt, um alte Klischees und Feindbilder zu tilgen. Doch wie Martin Luther nicht abließ, beharrlich seine Thesen zu vertreten, sollten auch wir uns heute nicht von tagespolitischen Beliebigkeiten abhalten lassen, am gemeinsamen Haus Europa zu bauen.

Zur heutigen Entwicklung in Europa zählt auch, dass die großen christlichen Religionsgemeinschaften einen dramatischen Rückgang erleben. In den neuen Bundesländern und bei den östlichen Nachbarn haben die Jahrzehnte kommunistischer Herrschaft die Bevölkerung in hohem Maße von kirchlichen Gemeinschaften entfremdet. Mit dem Ende des Ostblocks hat sich dieser Trend überraschenderweise nicht umgekehrt, obwohl die Kirchen einen wichtigen Beitrag bei der Wende 1989/90 geleistet haben. Man denke nur an die starke Beteiligung der evangelischen Kirche in der DDR beim Fall der Mauer oder den Widerstand der katholischen Kirche in Polen gegen die kommunistischen Machthaber. Sie waren es, die den Teilnehmern von Kundgebungen in ungewissen Zeiten Raum boten und moralischen Schutz gewährten. Bedauerlicherweise haben sie die Chance vertan, der gegenseitigen Begegnung Nachdruck zu verleihen, indem sie neue Mitglieder hinzugewinnen.

Wir beobachten indessen bei unseren östlichen Nachbarn wie überall in Europa, dass sich Menschen auf der Suche nach einfachen Antworten auf die drängendsten Probleme der Gegenwart extremistischen Strömungen zuwenden. Diese Suche ist auch immer Ausdruck einer tiefen Unzufriedenheit mit der Lebenssituation, ja Verzweiflung, aus der nur eine radikale Lösung Abhilfe zu versprechen scheint. So profitieren Rechts- wie Linksradikale oder religiöse Fundamentalisten von wirtschaftlicher Perspektivlosigkeit und dem Vertrauensverlust in traditionelle Autoritäten. Was können wir diesen Verfechtern schlichter und ausgrenzender Antworten entgegenhalten?

Unsere Gesellschaft muss nicht nur einem Teil der Bevölkerung, sondern jedem Einzelnen eine Zukunft bieten können. Wir sollten diese Phänomene nicht als „Modeerscheinungen“ begreifen, die nur von kurzer Dauer und geringer Tragweite sind. Eine so fortgeschritten säkulare Welt wie die unsere bleibt anfällig, wenn ideelle, religiöse, menschliche Werte darin als verzichtbar gelten.

Für andere steht der Wunsch nach perfekter Erfüllung des menschlich Machbaren im Mittelpunkt. Die medizinischen Fortschritte des 20. und 21. Jahrhunderts lassen die Vision greifbar werden, Krankheiten oder Behinderungen bei ungeborenem Leben ausschließen zu können. Dies führte in der Präimplantationsdiagnostik bereits dazu, dass daraus juristisch einklagbare Rechte auf Schadensersatz erwuchsen, wenn beispielsweise nach Behandlungen zur künstlichen Befruchtung Kinder mit Behinderungen geboren wurden. Doch können wir Leben auf Haftungskategorien reduzieren und „perfekte Gesundheit“ zur bestimmenden Norm erheben? Brauchen wir nicht vielmehr Verständnis, Akzeptanz und gleiche Chancen für diejenigen, die benachteiligt sind? Vertreter der großen christlichen Glaubensgemeinschaften haben in der öffentlichen Debatte der vergangenen Jahre über die ethischen Grenzbereiche des medizinischen Eingriffs zwar mitgewirkt, sei es in Fragen der Gentechnik, des Schutzes von ungeborenem Leben oder der Sterbehilfe. Oftmals erscheinen Stellungnahmen aber noch nicht ausdrucksstark genug als klares Leitbild für künftiges Handeln.

Gegenüber dieser fortschreitenden „Verrechtlichung“ unseres Handelns wie der weiteren beschriebenen Herausforderungen sollten wir uns, in Anlehnung an den derzeit so populären Begriff, stark machen für einen Rettungsschirm, jedoch nicht für Banken oder Staaten, sondern für die Werte, die unserer europäisch-christlichen Tradition entstammen.

## 3. Christliche Werte als Grundlage für eine künftige europäische Gesellschaft

Von welchen Werten ist hier die Rede? Ganz ursprünglich stehen uns die Zehn Gebote des Alten Testaments vor Augen. Sie sind nach wie vor Garant und Grundlage für unser Zusammenleben, wenn wir beispielsweise heute aus dem Ersten Gebot („Du sollst keine anderen Götter haben neben mir“) ableiten, keine Ersatzgötter wie Macht oder Geld anzubeten. Seien wir uns bewusst, dass Machtanreicherung, nur um der Beherrschung anderer willen, unchristlich ist. Das Fünfte Gebot („Du sollst nicht töten“) wiederum gibt uns die Richtung in medizinethischen Fragen vor. Jedes Leben ist lebenswert, auch wenn, wie uns die biblische Geschichte von Hiob lehrt, Lebens- und Sterbephasen mit unsäglichem Leid verbunden sein können, die uns ein Außenstehender gerne ersparen würde. Das Leben als Christ ist eben nicht „easy going", sondern Vertrauen auf die nie endende Liebe Gottes. Aus dem Wirken Jesu Christi ergeben sich fundamental christliche Gebote, die uns im Neuen Testament begegnen: Mitmenschlichkeit, Nächstenliebe, Barmherzigkeit, Gerechtigkeit, Ehrlichkeit (Reinheit des Herzens), Sanftheit und Friedfertigkeit. Daraus erwächst ein klarer Handlungsrahmen, der auch unsere heutige, nicht mehr rein christliche Gesellschaft nur positiv beeinflussen kann und eine europäische Wertegemeinschaft begründet.

Wir können diese Werte auch so umschreiben, dass sie den Menschen angesichts der gegenwärtigen Situation greifbar erscheinen, z.B. als Handlungsmaxime der Toleranz in einer multikulturellen Gesellschaft unterschiedlicher Ethnien, Glaubensrichtungen und Lebensphilosophien. Gerade mit Blick auf Europa sind gegenseitiger Respekt und Weitsicht unabdingbar, wollen wir den Weg der europäischen Einigung als Gewinn und essentielle Voraussetzung für die langfristige Friedens- und Freiheitssicherung begehen. Wir sollten uns daher unserer europäischen Gemeinsamkeiten bewusst werden und dennoch die Unterschiede sowohl zwischen als auch in den verschiedenen Regionen des Kontinents zulassen. Wenn wir uns auf unsere Eigenart in Abgrenzung zu anderen Ländern berufen, sollten wir nicht vergessen, dass auch innerhalb Deutschlands vielfältige Brauchtümer und Mentalitäten zwischen Nordsee und Zugspitze zu finden sind. Sind wir nicht stolz auf diese Vielfalt? Die größte Herausforderung in Bezug auf das europäische Projekt ist es im Moment, solche befruchtenden Eigenheiten anzuerkennen und uns nicht gegenseitig zu bevormunden. Geben wir Freiräume! Geben wir jedem Einzelnen wie auch einzelnen Staaten die Voraussetzungen, dass sie selbstbestimmt eine Perspektive haben – gemeinsam mit uns und nicht, indem wir sie im Stich lassen! Gerade als protestantische Christen wissen wir um unsere Herkunft, um den errungenen Wert, seinen Glauben frei ausüben zu können, ohne verfolgt zu werden. Seien wir uns deshalb der Chance gegenseitiger Akzeptanz bewusst und leben wir sie vor, ebenso wie wir prinzipiell für die Werte, die uns wichtig sind, offen eintreten sollten.

Die Freiheit im Glauben verpflichtet uns, Verantwortung zu übernehmen. Zum Ausdruck kommt dies, wenn wir klar zu ethischen Fragen Position beziehen, um den Menschen Orientierung zu geben. Auch andere Themen wie die Globalisierung, die gentechnische Veränderung von Erbgut oder die ungleichen Machtverhältnisse zwischen Großunternehmen und Einzelpersonen, die nur durch Sammelklagen überhaupt die Möglichkeit haben, zu ihrem Recht zu kommen, verlangen danach, dass sich die evangelische Kirche einmischt und einbringt. Hier ist ausgewogenes und bewusst selbstbegrenzendes Handeln gefragt. Das naturgegebene Streben des Homo sapiens, in unbekanntes Terrain vorzustoßen, seien es fremde Kontinente, das Weltall oder in der Gegenwart die Gentechnik und die Finanzmathematik, bedarf eines Gegengewichts. So müssen wir die Entpersonalisierung des täglichen Wirtschaftens wieder in die Schranken weisen, wie sie vor dem Siegeszug der Maßlosigkeit bestanden. Um aus Fortschritts- und Perfektionierungsdrang keinen Zwang entstehen zu lassen, sind die Selbstbestimmtheit des Individuums und die Schöpfung in ihrer Vielfalt zu wahren. Es ist auch richtig, als evangelischer Christ für die Wahrung des Persönlichkeits- und Eigentumsschutzes einzutreten, nicht um der Bereicherung Einzelner willen, sondern um den Respekt vor der Leistung des Anderen aufrechtzuerhalten.

Die evangelische Kirche tut gut daran, all dies im Dialog anzustreben. Alle Religionen sollten den Anspruch aufgeben, im Besitz der alleinigen Wahrheit zu sein und jeweils ihren Einfluss monopolisieren zu wollen. Vergegenwärtigen wir uns, dass uns auch die von Gott geschenkte Natur vielfältig begegnet.

Dialogbereitbereitschaft und aufeinander Zugehen muss uns auch Leitprinzip sein, um unsere Kirche in die Zukunft zu führen. Wir schaffen dafür die Voraussetzungen, wenn wir uns selber näher kommen und als Einheit verstehen. Gemeint ist damit, administrative Gräben zu überwinden und ökonomische Notwendigkeiten anzunehmen. Dies gilt auch für die Zusammenlegung von Verwaltungseinheiten oder Einrichtungen wie Wohlfahrtsverbänden und Krankenhäusern unter einheitliche Strukturen, wenn dadurch eine angemessene Wirtschaftlichkeit und Dienstleistungsfähigkeit erreicht wird. Darüber hinaus wäre es ein großer und mutiger Schritt, die institutionelle Europäisierung der evangelischen Kirche in den EU-Ländern anzugehen. Die Kirche würde gestärkt daraus hervorgehen.

Ebenso wenig sollten wir nachlassen, die Ökumene zwischen den Religionsgemeinschaften zu forcieren, gemeinsame Gottesdienste zu pflegen und zu fördern. Den Vätern der Reformation stand nicht vor Augen, die Kirche spalten zu wollen, sondern sie zu erneuern. Es kann uns daher nur ermutigen, weiterhin das Ziel der Einheit aller Christen zu verfolgen. Allein auf dem europäischen Kontinent würde dies bedeuten, mehr als eine halbe Milliarde Gläubige unter einem Dach zu vereinen. Dabei kann uns der Wahlspruch der Europäischen Union „in Vielfalt geeint“ Wegweiser sein. Unser Ziel sollte letztlich sein, dass die großen Kirchen insgesamt zu einer Einheit verschmelzen, so dass sie mit einer Stimme gegenüber Gesellschaft, Staat und Europäischer Union auftreten.

Wir sollten es auch wagen, Fortschritte in der Ökumene in Zukunft viel stärker mit wichtigen gesellschaftlichen Fragen zu verknüpfen, um diese mitzugestalten. So könnten wir evangelische Christen mit unseren katholischen Brüdern und Schwestern eine gemeinsame Bildungsinitiative starten. Erinnern wir uns an den visionären Geist Johann Heinrich Pestalozzis oder Friedrich Fröbels, die einst weitsichtig die umfangreiche und ganzheitliche Bildung des Volkes vor Augen hatten. In diesem Sinne können wir nun zukunftsgerichtet die Voraussetzungen schaffen, dass junge Menschen überall auf dem Kontinent ihre Ziele verwirklichen und einander begegnen. Dadurch ließen sich mentale Grenzen überwinden, so dass der Gedanke eines friedlichen gemeinsamen Europas endlich über kurzsichtige Nationalismen obsiegt. Um der Bildung finanziell den Stellenwert einzuräumen, der ihr zukommt, muss man bereit sein, nötigenfalls auch an anderer Stelle, beispielsweise bei den milliardenschweren EU-Subventionen für die Landwirtschaft, einzusparen. Dies wäre es wert, wenn wir der europäischen Idee somit neue Impulse verleihen können.

Unsere Kirche muss sich heute als Teil und Akteur einer demokratisch-pluralistischen Gesellschaft begreifen. Freiheit, Gleichheit und Brüderlichkeit sind unumstößliche Grundpfeiler des heutigen Europas und die Demokratie ist seine alles verbindende politische Kraft. Denn wo es keine demokratische Struktur, keine Dialogfähigkeit gibt, wird auf lange Sicht auch die Entwicklung der Gemeinschaft, unser Zusammenleben, darunter leiden. Das bringt auch Konsequenzen für die Kirchenstruktur mit sich. Vorzustellen ist hier eine Zukunft, in der sich die Menschen bewusst aus freier Entscheidung, und nicht mehr *ex negativo* durch Nicht-Austritt, zum Glauben und zur Kirche bekennen. Dieser Prozess hin zur Selbstbestimmtheit wäre richtig und er birgt mehr Chancen als Risiken. Gerade die evangelische Kirche bringt hierfür sehr gute Voraussetzungen mit. Bereits jetzt sind demokratische Grundstrukturen, die Mitsprache der Gemeindemitglieder und die gleichgestellte Teilhabe von Frauen und Männern in Seelsorge und Gemeindeleben Realität. Der nächste Schritt führt hin zu einer Umgestaltung der Einnahmenstruktur der Landeskirchen, so bequem und sicher die derzeitige auch ist. Die Einführung von personifizierten Kirchgeldern ist nur ein erster Schritt auf diesem Weg.

Unsere Kirche darf nicht aufhören, sich weiterzuentwickeln. Sich der eigenen Geschichte zu versichern, gibt Kraft. Dies darf jedoch nicht dazu führen, die Offenheit für Neues zu verlieren. Es schließt auch mit ein, neue wissenschaftliche Erkenntnisse und Vernunftprinzipien nicht dogmatisch abzulehnen. Wenn die evangelische Kirche nicht mehr an der Weiterentwicklung der Welt teilnimmt, läuft sie Gefahr, zum Rückzugsort von Spiritualisten, Sektierern und fundamentalistischen Eiferern zu werden. Hingegen müssen wir dafür sorgen, dass unsere Kirche Anziehungskraft entfaltet, indem wir nicht aufhören, um die Menschen zu werben, unser Christentum vor Ort zu leben und im Lande zu missionieren, und indem wir aktualitätsbezogene und interessante Gottesdienste gestalten. Die Christen in anderen Teilen der Welt, beispielsweise in den USA oder in Südkorea, machen uns vor, wie Menschen zu Tausenden mit Begeisterung an der sonntäglichen Messe teilnehmen. Gelingt uns dies, so retten wir unsere christlichen Werte, die Europas Seele bilden.

*Ich danke Herrn Dr. Wolfgang Koller, Leiter des Unternehmensarchivs der B. Braun Melsungen AG, für seine Unterstützung bei der Entstehung dieses Beitrags.*

# Das Evangelium kommunalisieren!

## Was Glauben und Kirche stärkt

*Jochen Cornelius-Bundschuh*

Die evangelische Kirche ist geprägt durch die Menschen, die Landschaft und die Kultur, in der sie ihre jeweilige Gestalt gewinnt. Auch wenn die Bibel aus dem Melsunger Land kein anderes Evangelium enthält; die Frömmigkeit Nordhessens unterscheidet sich schon von der Kirchlichkeit in Oberhessen. So spezifisch die Traditionen sind, die sich vor Ort entwickelt haben, so vielfältig und unterschiedlich sind auch die Aufbrüche in einzelnen Regionen. Evangelische Volkskirche ist beheimatet; das gibt ihr eine hohe Stabilität, reibt sich aber mit allen Versuchen, *die* Zukunft der Kirche großflächig zu planen.

Die Mitglieder, die vor Ort und in der Region ihre Heimat in der Kirche gefunden haben (oder suchen), fühlen sich verbunden – manchmal eng, häufig auch von ferne: „Das ist unsere Kirche, auch wenn wir nur zu besonderen Anlässen dort Gottesdienst feiern." Doch die Mobilität steigt und fordert die örtliche Kirche heraus. Wie gewinnt das Evangelium für Menschen Relevanz, die aus anderen oder ohne kirchliche Traditionen kommen? Was macht die Volkskirche vor Ort mit ihrer Bindung an Traditionen und Kultur einer Region für neue Mitglieder interessant?

Evangelische Volkskirche findet eine stabile und nachhaltige Form in Konstellationen, in denen Glaube und jeweilige Lebenswelt in eine produktive Spannung geraten, sich aneinander reiben und sich gemeinsam weiterentwickeln, ohne dass Glaube und Kirche bestimmten Wünschen und Machtinteressen dienstbar sind oder die Traditionen und Strukturen religiös überhöhen. Ich bezeichne die damit verbundene Aufgabe für die Kirche mit der Überschrift: *Das Evangelium kommunalisieren.*

Mit der Frage nach der Gestalt der Kirche in der jeweiligen Lebenswelt ist keineswegs nur die klassische, vermeintlich überschaubare Parochie im Blick. Das Evangelium wird auch an anderen Orten und in anderen Zeitrhythmen lebensweltlich relevant: in Schule und Klinik, zu hohen Festen und wichtigen Ereignissen, in Regionen. In diesen Zusammenhängen bewährt sich der Glaube: in den politischen und wirtschaftlichen Realitäten, in Kindertagesstätten, Schulen und Heimen, in Gemeinden und Betrieben; im Gespräch mit kommunal oder regional Verantwortlichen, in der Begegnung mit denen, die am Rand stehen, im gemeinsamen Handeln: „Suchet der Stadt Bestes!"

Ich erläutere im Folgenden zunächst mein Verständnis einer Kommunalisierung des Evangeliums (1). Anschließend hebe ich drei Entwicklungen der kirchlichen Praxis hervor, in denen Glaube und Kirche in den letzten 30 Jahren unter veränderten gesellschaftlichen Bedingungen eine tragfähige und nachhaltige Gestalt gewinnen, die Mitglieder stärkt und neue gewinnt (2): der sorgfältige Umgang mit besonderen Zeiten (2.1), die Orientierung am Sozialraum und die Konzentration auf den Kirchenraum (2.2) und die Förderung einer verpflichteten Gemeinschaft (2.3). Im letzten Teil benenne ich Aufgaben, die die Organisation Kirche bewältigen muss, um ihre Zukunftsfähigkeit in diesem Umfeld zu sichern (3).

## 1. Was heisst: Kommunalisierung des Evangeliums?

*Das Evangelium folgt der Bewegung Gottes in die Welt.* Es ereignet sich in der Krippe im Stall von Bethlehem; es geht in Strukturen und soziale Prozesse ein und macht sich ihnen doch nicht gleich. Es verändert die Welt durch das Wort und die Sakramente: Wo arme und reiche Menschen an eine Tafel geladen werden; wo sich Kinder illegaler Flüchtlinge in Kindertagesstätten bilden; wo Menschen mit ihren unterschiedlichen Lebensstilen in einer Gemeinde zusammenfinden; wo Krankheit, Alter und Tod nicht aus der Öffentlichkeit gedrängt werden; wo behinderte Menschen andere bereichern, erhält die Welt einen neuen Glanz. Menschen wird das Evangelium plausibel, sie werden in ihrem Glauben gestärkt. Die Kommunalisierung des Evangeliums gewinnt Gestalt und Kraft, indem die Kirche in die Bewegung der Inkarnation gerät.

Das Stichwort *Kommunalisierung* konzentriert die Überlegungen auf eine mittlere Ebene. Natürlich lebt Kirche auch in und auf anderen Ebenen: in der Familie oder in den Medien z. B. Mit Kommunalisierung kommt ein spezifisches Feld in den Blick, das für kirchliches Handeln von besonderer Bedeutung ist. Es geht über den unmittelbaren Nahbereich, über Verwandtschaften und Freundschaften hinaus; es achtet auf soziale Prozesse zwischen Menschen, die in erreichbarer Nähe leben und sich doch fremd sind – aufgrund ihres Lebensstils, ihres sozialen Status, ihrer kulturellen Konzepte. Andererseits liegt der Fokus nicht auf anonymen Großgruppen, auf Netzwerken im Internet oder auf einer institutionellen Ebene wie der der EKD. Bei Kommunalisierung geht es um die mittlere Ebene, in der Rituale, Strukturen und die entsprechende mediale Präsenz wichtig sind, aber eben auch konkrete Begegnungen.

Der Genitiv *des Evangeliums* thematisiert eine grundlegende Bestimmung der Aufgabe. Es geht nicht darum, dass eine bestimmte soziale Größe religiös überhöht wird: das deutsche Volk, die Gemeinschaft der Einheimischen, ein bestimmter Frömmigkeitstypus. Vielmehr stellen sich Fragen wie: Wie wendet sich der dreieinige Gott der jeweiligen sozialen Größe zu? Was hat Jesus in ihr zu sagen und für sie getan? Was hat der Heilige Geist mit ihr vor? Dass das Evangelium die Kommunalisierung regiert, ist eine theologische Forderung, die die verschiedenen Ebenen der Kirchenleitung zu konsequenter Arbeit an der kritischen Unterscheidung nötigt: Die deutsche evangelische Kirche wird dies nach ihren Erfahrungen im Umgang mit dem deutsch-nationalen Protestantismus des 1. Weltkriegs und der Kirche im Nationalsozialismus nicht vergessen.

*Kommunalisierung des Evangeliums* heißt schließlich: Kirche schaut weniger auf sich selbst, auf die Pflege interner Beziehungen und die Abgrenzung nach außen; sie konzentriert sich vielmehr auf die Kontaktflächen zur Welt und gestaltet sie. Sie nimmt die vorfindlichen Strukturen und sozialen Prozesse wahr. Sie sucht nach Wegen, in ihnen die Botschaft des Evangeliums zur Sprache zu bringen: in Differenz und Zustimmung.

Sie steht damit in einer grundlegenden Spannung zu dem gesellschaftlichen Trend zur marktförmigen Segmentierung und zur Aufsplitterung in immer spezifischere Systemlogiken und immer kleinere Milieus. Was verbindet qualifiziertes kirchliches Handeln in der Schule, die sich immer stärker zu einer eigenen Lebenswelt ausgestaltet, mit der Gemeinde oder der Jugendarbeit? Ähnlich lässt sich für die Seelsorge in der Klinik fragen, aber auch für die Konfirmandenarbeit: Wie werden wir dem gerecht, dass sich fast alle evangelischen Jugendlichen konfirmieren lassen? Wie gehen wir damit um, dass sich in der Konfirmandenarbeit Jugendliche in der Kirche und unter dem Evangelium begegnen, die in der Schule, im Sportverein, in der Kultur, in ihrer Frömmigkeit, aber natürlich vor allem beim Einkauf in viele Milieus separiert sind?

Gegen alle Aufsplitterung richtet sich die Kommunalisierung des Evangeliums an der Inklusionsvorstellung des Taufbekenntnisses aus dem dritten Kapitel des Briefes an die Galater aus: „Hier ist nicht Jude noch Grieche, hier ist nicht Sklave noch Freier, hier ist nicht Mann noch Frau; den ihr seid allesamt eins in Christus Jesus.“ (Vers 28).[1]

## 2. Tendenzen nachhaltiger Entwicklung in der Volkskirche

In den letzten 40 Jahren präsentiert sich die evangelische Kirche konsequent als Reformprojekt, als ‚ecclesia semper reformanda‘. Sie dokumentiert in Studien, wie sich die Erwartungen und Perspektiven ihrer Mitglieder verändern; sie analysiert die zukünftige demographische und finanzielle Entwicklung; sie setzt sich auf allen Ebenen mit ihren Stärken und Schwächen auseinander; sie kritisiert die eigene Milieubindung und fordert einen Mentalitätswandel; sie publiziert Beispiele gelungener Aufbrüche; sie entwickelt gemeinsam mit Beratungsfirmen Zukunftsperspektiven. Insgesamt dominiert eine selbstkritische Perspektive, die innerkirchlich und öffentlich als typisch protestantisch geschätzt wird, die aber zuweilen die Wahrnehmung der eigenen Möglichkeiten und der eigenen Kraft einschränkt.

Im gleichen Zeitraum lassen sich Entwicklungen der kirchlichen Arbeit nachzeichnen, die nach meinem Eindruck die Volkskirche und ihre Verwurzelung in der Gesellschaft nachhaltig stärken, wenn es gelingt, sie theologisch reflektiert zu gestalten. Sie korrespondieren – bewusst oder unbewusst, undistanziert oder kritisch – mit gesellschaftlichen Trends und mit Wandlungen von Mentalitäten, die sich den drei Dimensionen Zeit, Raum und Sozialität zuordnen lassen. Sie stärken die Bindung von Mitgliedern und eröffnen Beziehungen zu neuen Mitgliedern.

---

1 Einen historisch interessanten Einblick in eine kommunal geprägte Kirchlichkeit bietet D. Mayes: Communal Christianity. The life and loss of a peasant vision in early modern Germany, Boston 2004. In seiner Studie wendet er das Konzept der ‚Kommunalisierung‘ auf die Auseinandersetzungen um die konfessionelle Entwicklung in Oberhessen zwischen 1548 und 1730 an. Er zeigt, wie sich die Situation in der Stadt Marburg in dieser Zeit grundlegend von der Lage im ländlichen Umfeld unterscheidet. Die ländliche Vision christlicher Religion entwickelt sich entlang kommunaler Prinzipien; dogmatische Auseinandersetzungen und Festlegungen bleiben im Hintergrund und gewinnen erst im Laufe des 18., zuweilen sogar erst im 19. Jahrhundert an Bedeutung. Die spannende Studie zeigt, dass das kommunale Konzept von Christentum sich nicht an einer Religion der Gegensätze („not in terms of Lutheran-Calvinist, nor establishment-sectarianism, nor true religion – false religion“ [37]) orientiert, sondern sich auf „unopposed terms of Christianity“ (37) gründet, also auf ein integratives, konsensorientiertes Konzept: Die Gemeinden kümmern sich um ‚ihre‘ Kirche; sie erwarteten, dass ihre Kinder ‚christlich‘ getauft wurden; sie suchen keinen lutherischen oder calvinistischen Pfarrer, sondern ‚unseren‘ Pfarrer. In der Volksfrömmigkeit treten die konfessionellen Gegensätze um der Sicherung der Lebensbedingungen und des guten Zusammenlebens zurück; die Gemeindeglieder lassen sich nicht auseinanderdividieren.

Drei Entwicklungen nehme ich im Folgenden ausführlicher in den Blick:

1. einen Trend zum Event,
2. eine Orientierung am Sozialraum und
3. ein Bemühen um verpflichtete Gemeinschaft.

## 2.1 Der Trend zum Event

Ein Event inszeniert innere Prozesse Einzelner oder Gruppen im Rahmen sozialer Ereignisse. Werte und Verbindlichkeiten, vor allem solche, die an Grenzen führen und eigene Möglichkeiten überschreiten, werden dargestellt, dadurch ästhetisch greifbar und auf verschiedenen sozialen Ebenen kommunizierbar. Die eigene Biographie, die immer auch anders hätte verlaufen können, die spezifische Situation von kleinen oder großen Gruppen, gesellschaftliche Ereignisse oder kontingente kulturelle Identitäten gewinnen durch diese Darstellung Plausibilität.

Soziologen sehen Events als eine Form, wie die Moderne mit der Entzauberung der Welt umgeht. „Wenn der Glaube schwindet, werden Stilfragen interessant."[2] Sie betonen, dass Kirche in diesen Fragen eine große Bedeutung zugeschrieben wird: „Man spürt, dass es in der Kirche um die Dinge geht, die man nicht machen und um die man nicht kämpfen kann, die aber das Leben erst eigentlich wertvoll machen."[3]

Der Trend zum Event verändert in den Kirchen seit längerem die Gestalt der klassischen Kasualien. Beispielhaft deutlich wird das am Jahr der *Taufe* 2011, das sich im Rückblick mit Bildern von Wasserfesten verbindet: Große Gruppen von Menschen stehen an einem Flussufer oder einem See und schauen zu, wie Kinder, Jugendliche und Erwachsene getauft werden.

- Die als Event inszenierte Taufe wird zu einem öffentlich beachteten Ereignis.
- Sie gewinnt für Menschen eine Bedeutung, die ihren Glauben stärker mit der Natur, mit Aktivitäten und mit Emotionalität verbinden, als dies im ‚normalen' Gemeindeleben üblich ist.
- Menschen finden einen Zugang zur Taufe, die etwa aufgrund ihrer Familienkonstellation das Gefühl haben, nicht in die im ‚normalen' Sonntagsgottesdienst zur Darstellung kommende soziale Ordnung zu passen.

Deutlich prägt der Trend zum Event auch die gegenwärtige Gestaltung der *Trauung*. Viele wollen sich ihr Ja-Wort ‚im stimmungsvollen Ambiente'

---

[2] P. Kemper: Der Trend zum Event, Frankfurt a. M. 2001, 191.

[3] Ebd., 252.

einer Kirche geben, weil ihnen die Trauung im Standesamt nicht persönlich genug ist. Ein Pfarrer oder eine Pfarrerin soll mitwirken; neben besonderen Gesangseinlagen ist auch Orgelmusik erwünscht. Über Jahre wird der Anlass geplant; die Paare bereiten sich darauf mit Literatur und Internet-Recherchen vor. Immer wieder muss geklärt werden, ob in der Kirche auch alles so im Blick ist, wie das Paar es sich wünscht.

Denn es soll ja eine ‚Traumhochzeit' werden. Braut und Bräutigam suchen ein einmaliges und unvergessliches Erleben, das die Sinne anspricht und den Alltag unterbricht. Es soll ästhetisch und kulturell klar konturiert sein, emotional ergreifen, soziale Konstellationen klären und das Geschehen in einen religiösen Horizont rücken: Dieses Miteinander steht unter dem Schutz Gottes! Im Event der Trauung wird ein symbolisches Kapital erwirtschaftet, das in späteren, möglicherweise prekären Situationen tragen soll. Deswegen ist auch die Frage der Foto- bzw. Videodokumentation eng mit der des Events verbunden.

Wahrscheinlich schon seit dem 19. Jahrhundert begegnet der Trend zum Event in kirchlichen Strategien im *Umgang mit Festen*. Dies lässt sich am Beispiel des Weihnachtschristentums mit seinen Krippenspielen und Oratorien zeigen, an Erntedankgottesdiensten auf dem Bauernhof, an Kirchentagen und Gospeltreffen, an Osternächten und Gottesdiensten im Freien. Erwartungen bestehen auch, dass Kirche Übergänge, die an sozialer Bedeutung gewonnen haben, religiös relevant gestaltet; das deutlichste Beispiel hierfür ist der Einschulungsgottesdienst.

Schon lange nimmt Kirche eine Verantwortung für kommunale Ereignisse wie Vereinsjubiläen oder Stadtteilfeste wahr; an Gewicht gewonnen hat die angemessene öffentliche Gestaltung des Umgangs mit dem dramatischen Situationen, z. B. angesichts der Terroranschläge vom 9. September 2001, des Amoklaufs in Erfurt oder der Katastrophe von Fukushima. Kirche wird zugetraut, der Öffentlichkeit für solche Situationen, die die jeweilige Handlungsfähigkeit übersteigen, auch kurzfristig angemessene Symbole und hilfreiche Worte zur Verfügung zu stellen. An dieser Stelle ist auch auf den Ausbau der Notfallseelsorge zu verweisen.

Volkskirche nimmt den Trend zum Event auf und entdeckt in ihm Chancen, das Evangelium in der Lebenswelt von einzelnen Menschen, sozialen Gruppen oder Kommunen zur Sprache zu bringen. Wenn Menschen in besonderen Situationen in die Kirche kommen, steckt darin ein hohes ‚missionarisches' Potential, gerade auch im Blick auf diejenigen, die ‚nur' mitkommen, die in Distanz stehen oder dem Ereignis eher kritisch gegenüberstehen. Sie hören

Deutungen und erleben, wie eine ihnen fremde Wirklichkeit in relevanter Weise das Leben von Menschen gestaltet. Wer sich darauf einlässt, macht deutlich: Das Evangelium gilt auch einem Publikum, also Menschen, die nur kurz hereinschauen oder vorbeiflanieren.

Zugleich sind die spezifischen Probleme zu bedenken, die sich für kirchliche Praxis im Horizont dieser gesellschaftlichen Entwicklung ergeben:

1. Die Struktur jedes Events rührt an eine Grundfrage evangelischer Theologie: Wie stellen sich Menschen in einer Religion als handlungsfähig dar, in der ihnen das Heil von außen zukommt? Junge Traupaare befinden sich in einer biographischen Situation, in der sie ‚den anderen' zeigen: Wir können etwas, wir sind verantwortlich und inszenieren uns selbstbewusst. Dies wollen sie auch in der Trauung darstellen. Je deutlicher aber im Ritual wird, dass es ‚gemacht' ist, desto stärker wird die Eigenheit des religiösen Vollzugs, der religiöse Kern des Events in Frage gestellt. Das ist das erste Paradox der Eventkultur: Events verlangen nach Gestaltung, aber gute, tragfähige Erlebnisse lassen sich nicht ‚machen'; sie entziehen sich jeder Instrumentalisierung.
2. Ein zweites Paradox ist, dass der Wunsch nach stetiger Intensitätssteigerung das Enttäuschungsrisiko erhöht. Der Markt und die Rahmenbedingungen medialer Kommunikation fordern eine Professionalität und Qualität in der Präsentation, die vor Ort kaum zu erreichen ist. Wie viele ästhetische Impulse sind nötig, welche Standards der Gestaltung zu erreichen, um ein Fest zu einem Erlebnis zu machen? Wie hoch muss der technische oder organisatorische Aufwand sein? Der Trend zum Event führt die Kirchen auf den Markt der Erlebnisse; er stellt sie in die Konkurrenz in einer mehr oder weniger großen Öffentlichkeit und fordert eine stete Steigerung der Qualität und Professionalität, um das gesellschaftlich erwünschte (Erregungs-)Niveau zu halten.
3. Schließlich begegnen wir im Trend zum Event noch in einer dritten Hinsicht einer paradoxen Struktur: Viele Menschen erwarten zu Recht eine milieusensible Gestaltung von Kasualien und Festen; nur so finden sie einen Zugang zur Kirche. Zugleich forciert die Orientierung an der spezifischen Lebenswelt etwa bei der Trauung die Problematik der Milieubindung. Denn in der konkreten Durchführung wird die Feier eben nicht individuell gestaltet, sondern orientiert sich an den jeweils typischen, letztlich marktförmig bestimmten Lebensstilen und fördert damit eine weitere Segmentierung von Kirche und Gesellschaft.

Ein theologisch angemessener Umgang mit diesen Paradoxien erfordert, dass Interdependenzen unterbrochen werden und das Evangelium als eigenständiges Gegenüber erkennbar bleibt:

- als Zuspruch, den sich ein Paar genauso wenig selbst sagen kann wie Eltern, die ihr Kind zur Taufe bringen.
- als Eintritt in eine Tradition aus guten Worten, tragfähigen Geschichten und hilfreichen Symbolen, die nicht in jeder Situation neu erfunden werden muss.
- als Eingliederung in einen Leib, der nicht über soziale und kulturelle Merkmale konstituiert wird und seine Identität nicht durch Abgrenzung schafft, sondern Zugehörigkeit als Befreiung zur persönlichen Zustimmung und Differenz versteht.

4. Wer den Trend zum Event in der Volkskirche aufnimmt, muss sich Rückfragen nach der theologischen Prägnanz und der Nachhaltigkeit dieses kirchlichen Handelns stellen. Zwar werden viele Menschen erreicht, die sich mehr oder weniger treu zu ihrer Kirche halten. Sie repräsentieren jedoch weniger eine Gemeinschaft der Heiligen. Ihr Verhalten entspricht eher dem von Teilnehmerinnen und Teilnehmern an einem lebenslauforientierten, auf einen sozialen Anlass bezogenen oder regelmäßig wiederkehrenden Wallfahrtsfest. Die zeitliche Struktur ihrer religiösen Beteiligung richtet sich auf die soziale Ebene der Kommune oder Region, nicht auf die für die ‚Gemeindearbeit' wichtigen Gruppen-, Nachbarschafts- oder Arbeitsbeziehungen, die stärkere Verbundenheit voraussetzen und sich zeitlich eher an einem Wochenrhythmus orientieren.

   In jedem Fall treten die Gemeindeperspektive und konfessionelle Fragen in den Hintergrund. Der Vorhang geht auf und vor ein Publikum tritt ein Vertreter oder eine Vertreterin einer Institution, die an diesem spezifischen Ort für die Begleitung von Grenzgängen und für soziale Orientierung zuständig ist. Manchen, die kommen, geht es um den besonderen Kirchenraum, anderen um die Zugehörigkeit zur christlichen Kirche. Für wieder andere sind (Amts-)Personen wichtig, die deshalb später z.B. nach der Hochzeit auch wieder bei der Taufe gefragt werden.

   Wer den Trend zum Event aufnimmt, muss sich diesen Interessen stellen, damit das Evangelium lebensweltlich relevant wird. Es gilt Räume und Zeiten zu öffnen, in denen die breiten Kontaktflächen nicht einfach schnell aneinander vorbeigleiten, sondern in denen sie aufgeraut werden, so dass es zu einem Innehalten kommt, zu Begegnungen und Austausch. Beispielhaft verweise ich auf die Stärkung der Elternarbeit im Umfeld von Taufe und Konfirmation oder auf die positiven Erfahrungen mit Aussegnungen, mit Nachbesuchen nach Beerdigungen oder mit Folgekontakten nach Trauungen.

### 2.2 Der Kirchenraum im Sozialraum

Die Kirchlichkeit in Deutschland verdankt ihr Gewicht ihrer kommunalen Verortung. Dabei kommt den Kirchengebäuden eine besondere Bedeutung zu. Volkskirchliche Frömmigkeit lebt weniger aus den religiösen Entscheidungen der Beteiligten und aus ihren Erwartungen an Gemeinschaft; stattdessen identifiziert sie sich stark mit ihrer Kirche im Dorf oder im städtischen Quartier.

Dabei gelten Kirchenräume nicht an sich als heilig und auch nicht nur während des gottesdienstlichen Gebrauchs. Vielmehr sind sie *geprägt*: erinnerte Vergangenheit und erhoffte Zukunft; sie gestalten eine Differenz, die ausstrahlt. Sie vergegenwärtigen, dass wir uns nicht selbst begründen: Leben ist empfangenes, auf Vergebung angewiesenes und in Verantwortung stehendes Leben.

Der Kirchenraum existiert nur bezogen auf den öffentlichen Raum: in Differenz (Insel) wie in Öffnung und Zustimmung (Wahrzeichen, Herz der Stadt). Sozialraumanalysen, die in den letzten Jahren an Gewicht in Fragen der Gemeindeentwicklung gewonnen haben, heben die Kraft dieser Orte hervor, die zum Ausgangspunkt für eine Konzentration des kirchlichen Lebens werden können und in die Öffentlichkeit ausstrahlen.

Im Folgenden gehe ich näher auf die spezifische Situation im ländlichen Raum, die notwendige Differenzierung kirchlicher Orte und ihr Zusammenspiel und einige Zukunftsperspektiven ein.

Der *ländliche Raum* zeichnet sich durch eine geringere Fluktuation, einen höheren Grad an unmittelbaren Kontakten und Erreichbarkeit, an Synchronizität und überschaubarer sozialer Ordnung, aber auch durch spezifische Formen von Mobilität aus.

Volkskirche im ländlichen Raum orientiert sich an diesem Lebensraum. Sie ist Teil der regionalen Kultur und übernimmt Mitverantwortung für die soziale Integration, die durch sozialstrukturelle Entwicklungen bedroht ist. Dies geschieht insbesondere durch die Pflege der Kirchenräume, die Synchronisierung von Zeitstrukturen und die Präsenz der Pfarrerin oder des Pfarrers. Die Kirchenbindung ist auf dem Land höher, zeichnet sich aber durch ein spezifisches Teilnahmeverhalten aus, das die Kirche im doppelten

Sinne des Wortes im Dorf lässt: *Eine hoch generalisierte Zustimmung verbindet sich mit einer geringen Intensität der Verpflichtung und Teilnahme.*

Drei grundlegende Spannungen möchte ich hervorheben:

- Die Pflege des kirchlichen Lebens im ländlichen Raum nimmt die inkarnatorische Bewegung des dreieinigen Gottes auf; gleichzeitig steht sie in der Gefahr, die dörfliche Kultur religiös zu überhöhen.
- Volkskirche im ländlichen Raum gibt der ‚Jedermann-Inklusion', auf die der Tauf- und Missionsbefehl zielt, eine soziale Gestalt; gleichzeitig droht sie, ihre Taufverantwortung aus dem Blick zu verlieren.
- In den vielen ländlichen Parochien gewinnt die Verkündigung des Wortes Gottes eine konkrete Gestalt; sie steht jedoch in der Gefahr, sich mit der kleinen Welt vor Ort zufrieden zu geben.

Während der Ruf ‚Lasst die Kirche im Dorf!', aber auch die Konflikte um den Erhalt von Kirchen in Städten zunächst an bestehende Kirchenbindungen anknüpft, zeigen jüngere Untersuchungen, dass Gemeinden vor allem da wachsen, wo junge, mobile Familien ins Umland von Städten ziehen und für sich und ihre Kinder Beheimatung in der lokalen oder regionalen Öffentlichkeit suchen. In Innenstädten entstehen City-Kirchen, die sich strukturiert öffnen: für Flaneure und Obdachlose, für Studierende und Kinder, für Menschen, die Stille suchen oder Beratung, die ein Gespräch oder eine Beichte suchen oder sich vor einem Krankenhausaufenthalt segnen lassen wollen.

Volkskirche stellt sich der Vielfalt der Lebenswelten; sie verkündigt das Evangelium vor Ort, differenziert ihre Präsenz und entwickelt sich zu einem *Netzwerk unterschiedlicher Orte*:

- mit dauerhaften öffentlichen Räumen liturgischer und pastoraler Verdichtung (‚zentrale' Kirchen mit hoher personaler und liturgischer Präsenz);
- mit besonderen Orten, die abgelegen (Klöster) oder eventorientiert (Tourismus- und Wallfahrtskirchen) sind;
- mit verlässlichen und leicht erreichbaren Kontaktpunkten
  - für die biographische Begleitung (Ortsgemeinden);
  - für eine Begleitung unter besonderen Lebensbedingungen (Anstaltsgemeinden, Kindergärten, Schulen);
  - für abgegrenzte Angebote für Zielgruppen (Milieu, Alter, Geschlecht, soziale Lage) oder zu Themen (Kulturkirche, Jugendkirche, Diakoniekirche);
- mit zeitlich befristeten, Sozialraum bezogenen Knotenpunkten, die als Initiativen im Zelt oder als Herbergen auf Zeit

  - sozialdiakonisch
  - oder zielgruppenorientiert wirken;
- mit besonderer Verantwortung für
  - Räume, in denen Menschen sich noch nicht oder nicht mehr als autonome Subjekte darstellen können (Hospiz);
  - Räume der Differenz, in denen Segmentierungen, Segregationen überwunden und Begegnungen Fremder und mit Fremdem inszeniert werden;
  - geprägte Räume, die Heimat geben;
  - die Gestaltung der ökumenischen Weite und des interreligiösen Dialogs;
- mit Bewegungen entlang der Netzlinien (Besuche, Briefe, Kollekte, Gebete).

Im Zentrum einer raumorientierten Kirchentheorie steht der *Kirchenraum*. Er bindet Menschen an die Kirche und eröffnet anderen, die fern stehen, Zugänge zum Glauben. Manche Familien, manche Dörfer oder städtischen Quartiere erzählen ihre (Glaubens-)Geschichten anhand ihrer Kirche. Hier wurde schon die Großmutter getauft; hier ist der Pfarrer immer vom Ortsgruppenleiter abgehört worden, hier haben sie übernachtet während des Hochwassers.

Viele messen die Qualität des kirchlichen Handelns an unserem Umgang mit diesen Räumen. Wer volkskirchliche Frömmigkeit fördern will, wird deshalb darauf achten, dass Kirchenräume gepflegt und kirchenjahreszeitlich geschmückt sind. Sie bieten Raum für unterschiedliche liturgische Vollzüge und gottesdienstliche ‚Programme'; sie sind für möglichst viele Menschen zugänglich, barrierefrei in einem auch die Milieuverengung bedenkenden Sinn.

Die Kirchen werden offen gehalten, aber gerade nicht nur als Sehenswürdigkeiten und Kulturgüter, sondern als Orte des Glaubens. In ihnen herrscht eine Atmosphäre, die zum gemeinsamen Feiern von Gottesdiensten einlädt, zugleich aber auch ermöglicht, dass Menschen individuell innehalten, still werden oder beten. Die Verantwortlichen für den Kirchenbau werden über gestalterisch anspruchsvolle Lösungen für eine entsprechende interne Differenzierung des Raumes nachdenken müssen.

Menschen suchen Kirchen auf, um Gott zu begegnen und ihren Glauben im Miteinander zu stärken. City-Kirchen bewähren sich, wenn sie sich für ihren Sozialraum öffnen: In Mannheim füllt sich eine geleerte, frisch renovierte Kirche als Vesperkirche mit neuen Erwartungen, öffnet sich zur Stadt hin und entwickelt ein neues geistliches Leben; im Dom in Braunschweig finden sich täglich Ansprechpartnerinnen, zuverlässig werden jeden Werktag um 17 Uhr kurze Gottesdienste gehalten, mal mit 50, mal mit 150 Menschen. Nach einigen Jahren schreibt sich ins kollektive Gedächtnis ein: Hier treffe ich jeden Tag verlässlich einen Seelsorger oder eine Seelsorgerin; hier kann ich nach der Andacht mit einem Christenmenschen sprechen; hier kann ich mich segnen lassen, wenn ich am nächsten Tag zur Operation ins Krankenhaus muss, hier können wir mit anderen zusammen nach Gottes Wort fragen, wenn uns angesichts einer Katastrophe der Schrecken überfällt.

Kirchliches Leben, diakonische Dienste und pastorales Handeln (vielleicht sogar das Amtszimmer?) konzentrieren sich in der Kirche; das Evangelium aber bleibt nicht hinter den wunderbaren Mauern, sondern strahlt aus. Kirche wird erkennbar als Ort für Menschen, die sich noch nicht, nicht oder nicht mehr als autonome Subjekte darstellen können: Alte, Kinder, Obdachlose, Fremde, Illegale; Kirche bietet einen Raum, in dem diese Menschen sich und anderen Gemeindegliedern begegnen, einen Ort der Beratung und Unterstützung. In einigen neueren Umnutzungen gruppieren sich Büros, Beratungs- und Besprechungsräume um die Kapelle unter der Vierung, in die sich die Seelsorgerin mit Hilfesuchenden zur Andacht oder zur Beichte zurückziehen kann und in der regelmäßig für die Stadt Segnungsgottesdienste stattfinden.

Entgegen manch sorgenvoller Überlegungen aus kirchlichen Gremien zum Thema Bedeutungsverlust entstehen an wichtigen öffentlichen Orten, nicht nur wenn sie neu errichtet werden, Kirchenräume: am Flughafen, in der Klinik, im Altenheim, in einer Schule. Andere Kirchen werden umgenutzt, z. B. als Beerdigungskirche mit einem Kolumbarium und einem als Friedhof genutzten Kirchhof, mit einem Hospiz, mit Räumen für Sterbe- und Trauerbegleitung. Alter, Sterben und Tod sind eine Herausforderung für unsere Gesellschaft; in der Kirche wird ein angemessener Umgang mit ihnen möglich. Das Evangelium kommt in der Lebenswelt an.

An manchen Orten werden Kirchenräume einem bestimmten Thema oder einer Zielgruppe zugeordnet: als Jugend- oder Kulturkirche etwa. Manchmal sperren sich die Räume gegen eine solche Profilierung. Dies gründet auch darin, dass kirchliches Leben immer auch darauf zielt, Segmentierungen zu überwinden und Begegnungen in einem Leib zu ermöglichen. Wir bleiben nicht unter uns, weil der dreieinige Gott nicht ‚unter sich' bleibt, weil Glaube immer heißt, Fremden und Fremdem zu begegnen: Die Kirche der Kirchenmusik wird einmal im Jahr zur Vesperkirche und in der Jugendkirche werden vier Mal im Jahr Segnungsgottesdienste gefeiert.

Evangelische Kirchen werden in der Öffentlichkeit als christliche und religiöse Gebäude wahrgenommen. Konfessionelle Überlegungen sind vor allem nach innen relevant. An manchen Orten feiern unterschiedliche Konfessionen bereits heute nacheinander im selben Haus Gottesdienst. Kann auch der multireligiöse Charakter unserer Gesellschaft im Umgang mit den Kirchenräumen Gestalt gewinnen?

Raumorientierte Kirchenentwicklung nimmt die inkarnatorische Bewegung des dreieinigen Gottes auf. Wer den Glauben stärken und Menschen für das Evangelium gewinnen will, kann an die Kraft der geprägten Kirchenräume anknüpfen. Zugleich besteht die Gefahr, das kirchliches Leben sich als Identität durch Abgrenzung darstellt: Wenn die räumliche Gestaltung die soziale Ordnung des Dorfes reproduziert oder die ästhetischen Signale zeigen: So sieht es bei uns zu Hause aus, so dekorieren wir *unsere* Kirche, dann ist erneut die Kraft zur Unterscheidung und die Besinnung auf die theologischen Grundlagen gefragt. Die Konzentration auf den Kirchenraum soll nicht die Enge des Quartiers oder einiger Milieus stützen und das Miteinander derjenigen fördern, die schon immer dazugehören.

Vielmehr eröffnet er möglichst vielen den Zugang: Die einen suchen vorsichtig und wollen sich nicht binden: eintreten, sich umschauen, Platz nehmen, ruhig werden, die eigenen religiösen Wurzeln entdecken, das Wort Gottes hören, einstimmen. Für andere fördert der Kirchenraum die biographische und kommunale Bindung an die Kirche. Wie bei den Festen korrespondiert auch die Raumorientierung einer Glaubenspraxis, die sich mit geringer Intensität mit kirchlichem Leben identifiziert und beteiligt, bis dahin, dass raumorientierte Frömmigkeit auch als ‚unreligiöse Kirchlichkeit' beschrieben werden kann. Wer Verantwortung für die Gestaltung des kirchlichen Lebens trägt, wird diese Volksfrömmigkeit ernst nehmen und darauf achten, diesen Zugang zum Glauben in seiner Treue und Verbundenheit nicht abzuwerten; er wird aber zugleich danach fragen, wie Menschen in ihrem Glauben vergewissert und lockere Bindungen gestärkt werden können.

## 2.3 Verpflichtete Gemeinschaft und das Priestertum aller Getauften

Der Trend zum Event und die Orientierung am Kirchenraum bestärken eine Glaubenspraxis, die charakteristisch für die evangelische Volkskirche ist: Wir glauben und gehören zur Kirche; wir sind aber im Blick auf die Inhalte und die Praxis frei, halten Distanz und beteiligen uns bei Gelegenheit.

Für diejenigen, die sich stärker engagieren und die Kirche als Gemeinschaft erleben (wollen), aber auch für diejenigen, die Verantwortung für die Gestaltung der Kirche übernehmen, ergibt sich in dieser Konstellation eine spannungsvolle Situation: Ihre eigenen Erwartungen an die Glaubenspraxis sind biblisch und theologisch gut begründet; zu ihrem Glaubenswissen aber gehört die Erkenntnis, dass sie sich in ihren Vorstellungen zurücknehmen müssen, weil die Freiheit in der Gestaltung der Glaubenspraxis – natürlich im Rahmen bestimmter z. B. in der Barmer Theologischen Erklärung formulierter Grenzen – selbst wieder zum Kernbestand der evangelischen Tradition gehört.

Deshalb suchen sie einen Weg zwischen zwei Fehlentwicklungen. Auf der einen Seite droht eine Gleichgültigkeit, die die Frage nach einer angemessenen evangelischen Existenz belanglos erscheinen lässt und sich für die Glaubenspraxis der anderen nicht mehr interessiert. Auf der anderen Seite führt der Weg in eine freikirchliche Praxis, die die beschriebenen Formen volkskirchlicher Beteiligung und Überzeugung als defizitär ansieht und verbindliche Beteiligung und homogene Gemeinschaft einfordert, so dass die Kirche zu einem Freundeskreis und zu einer Gemeinschaft der Gleichgesinnten wird.

Im Rückblick auf die vergangenen 30–40 Jahre zeigt sich, dass die scharfen Gegenüberstellungen beider Wege an Bedeutung verloren haben. An vielen Orten stellt sich evangelische Volkskirche als Organisation dar, in der einerseits Raum ist für Menschen mit verschiedenen Graden der Verbundenheit und mehr oder weniger intensiven Phasen und Formen der Beteiligung, die aber andererseits verlässlich auf Vergewisserung und Stärkung des Glaubens, eine Förderung von Formen der Beteiligung und auf die Gewinnung neuer Mitglieder achtet. Kommunalisierung des Evangeliums fordert beides: die Freiheit zu pflegen und die Nachhaltigkeit und die theologische Prägnanz zu stärken.

Beispielhaft für dieses Bemühen nenne ich die jüngsten Versuche, in allen Regionen der EKD verlässlich erreichbare Glaubenskurse zu etablieren. Ähnliches gilt für Taufkurse und das Bemühen um die Tauferinnerung, mit denen Kirchengemeinden und Bezirke ihre Taufverantwortung wahrnehmen. Menschen entdecken, in welchen Glauben sie getauft (und konfirmiert) wurden. Sie erleben, dass sie, indem sie sich beteiligen und z. B. in einem Gottesdienst mit anderen und für andere mitwirken, glaubensgewisser werden. Sie gewinnen eine neue Sprachfähigkeit und vergewissern sie sich selbst und andere. Häufig verbindet sich die Stärkung im Glauben auch mit Aufbrüchen in die Gesellschaft hinein; zuweilen kehrt sich die Reihenfolge aber auch um: Wer jahrelang bei der Vesperkirche mitgearbeitet hat, fragt eines Tages mit anderen nach den Grundlagen des evangelischen Glaubens, die in der Vesperkirche zur Darstellung kommen. Wieder andere Versuche beginnen mit der Gemeinschaft: ‚belonging before believing!‘ Sie laden ein und heißen willkommen und hoffen, dass aus dem geteilten Leben die Frage nach dem Glauben erwächst.

Setzen solche Konzepte bei der Gemeinde an, achtet ein Ansatz, der von der Kommunalisierung des Evangeliums her denkt, auch besonders auf die öffentlichen Orte und Einrichtungen, in denen Menschen ihren Alltag gestalten. Die Volkskirchen haben vielfältige Möglichkeiten, etwa in (evangelischen) Kindertagesstätten und Schulen, aber auch in Heimen und Kliniken über den Glauben ins Gespräch zu kommen und Glaubenspraxis (probeweise) zu gestalten. Die Erwartungen an die Vertiefung der Gemeinschaft und des Glaubenswissens sind groß, wenn sie sich den Themen und Problemstellungen stellen, die unsere Gesellschaft bewegen: die Veränderung von Familienkonstellationen, die Begegnung mit dem Fremden und den Fremden, die verschiedenen Gesichter der Armut, das Leben mit Partnerinnen und Partnern mit Demenz, mit behinderten Mitbürgerinnen und Mitbürgern, Perspektiven zum Umgang mit Krankheit und Tod ...

Klaus Dörner und andere haben seit Jahren beschrieben, dass solche ‚Alltagssorgen‘ am besten im sogenannten dritten Sozialraum bearbeitet werden. Zwischen der (Klein-)Familie und dem (schlanken) Staat mit seinen formalen Strukturen bietet diese Ebene des Miteinanders konkrete nachbarschaftliche oder kommunale Hilfe an: Sie fordert und fördert Personen, die in Freiheit Verantwortung füreinander, aber auch für Menschen übernehmen, die fremd sind und bleiben. Hier ist es möglich, nicht nur für, sondern mit Menschen ihr Leben vor Ort zu gestalten.

Einerseits droht diese Ebene des Miteinanders durch wachsende Individualisierung, Segmentierung und Marktförmigkeit zunehmend entmachtet zu werden; andererseits sind viele Einzelne und Gruppen bereit, auf dieser Ebene Verantwortung zu übernehmen. Sie wollen anderen helfen, die Würde von Menschen in schwierigen Lebenslagen wahren und suchen für sich selbst eine Tagesdosis ‚Bedeutung für andere‘ (Klaus Dörner). Ob durch die Gründung eines CAP-Ladens, die Ausbildung psychisch Kranker zu Demenzhelfern in der Nachbarschaft oder durch den generationenübergreifenden Austausch von Hausaufgabenhilfe gegen Einkaufshilfen, wirken die Initiativen vor Ort.

Kirche als zentralem, vielfach hauptamtlich organisiertem Akteur im Sozialraum wächst dabei eine besondere Bedeutung zu. Dabei ist keineswegs nur die klassische Parochie im Blick. Vielmehr ist ein integriertes Handeln der verschiedenen diakonischen, pädagogischen, parochialen und seelsorglichen Lebensformen von Kirche vor Ort gefordert. Sie tragen gemeinsam eine besondere Verantwortung für die öffentliche Seelsorge, die Deutung der benannten Probleme und die Handlungsfähigkeit der Menschen in ihnen. Die Kirche als Akteur im dritten Sozialraum bietet eine Struktur, in der Menschen unter dem Wort und füreinander erreichbar sind und in diesem Miteinander gemeinsam revidierbare und kritisierbare Entscheidungen treffen können.

Die beschriebenen Entwicklungen und Aufgaben geschehen in einer Kirche, für die das Priestertum aller Getauften grundlegend ist. Wer aus der Taufe gekrochen ist, ist Priester oder Priesterin: In der Familie, im Beruf, in der Nachbarschaft, in jedem Tun und Lassen bringt er oder sie das Evangelium zur Sprache. Sind viele evangelische Christinnen und Christen jeweils an ihren Orten mit ihrem Glauben erkennbar, wird das Evangelium kommunalisiert.

Zugleich stellt sich im Blick auf die Entwicklung der kirchlichen Praxis die Frage, wie wichtig personale Präsenz für die Entwicklung der Kirche, des Glaubenswissens und der Glaubenspraxis in einer evangelischen Volkskirche ist und wie sie organisiert wird. Die abnehmende Kirchlichkeit in den Städten ab Mitte des 19. und zu Beginn des 20. Jahrhunderts war vermutlich in erster Linie, aber nicht nur dem Ende des Kirchenzwangs und einer der Veränderung von Mentalitäten und Sozialstrukturen geschuldet. Eine gewisse Rolle hat aber vielleicht auch der Grad der personalen Präsenz der Kirche vor Ort gespielt: 1891 war ein Pfarrer in Berlin für durchschnittlich 10404 Gemeindeglieder zuständig, in Hamburg für 8995, im ländlich geprägten Waldeck für 995 Christinnen und Christen. Möglicherweise war diese Entwicklung auch ein Grund, warum in dieser Zeit gerade in den Städten diakonische Vereine und evangelische Verbände entstanden, die das kirchliche Leben befördern wollten.

Lässt sich aus dieser Beschreibung die These ableiten: Volkskirchliche Glaubenspraxis lebt aus der Freiheit und der Distanz; sie lebt aber auch aus der Verlässlichkeit, der Qualität und der leichten Zugänglichkeit der ‚seltenen' kirchlichen Kontakte? Verifizieren lassen wird sich diese These nur durch eine genauere Kenntnis der konkreten pastoralen Praxis in den jeweiligen Gebieten und vergleichende Untersuchungen. Es bleibt aber die Frage, welche personalen Ressourcen die Kommunalisierung des Evangeliums erfordert, welche Dienste vor Ort wie präsent sein müssen, damit die freiheitliche und theologisch gebundene volkskirchliche Praxis gepflegt werden kann.

## 3. Die exemplarische Konzentration braucht gemeinsame Perspektiven!

Die beschriebenen Entwicklungen setzen jeweils für sich wichtige und nachhaltige Akzente in der Weiterentwicklung der Kirche. Zugleich stehen sie aber in einer Spannung zueinander; sie können in Konflikte geraten oder einander gleichgültig werden. Abschließend hebe ich fünf Aufgaben hervor, die jede Gestalt von Kirche zu bearbeiten hat, die sich für eine Kommunalisierung des Evangeliums stark macht:

1. *Die unterschiedlichen Sozialgestalten von Kirche sind in all ihrer Verschiedenheit für sich selbst und für andere als evangelische Kirche erkennbar.*

Soll die Kommunalisierung des Evangeliums nicht zu einer Aufsplitterung kirchlicher Praxis führen, muss jede Gestalt besonderes Gewicht darauf legen, sich auf die Grundlagen evangelischer Existenz zurückzubeziehen. Helmbolds Formulierung: „Sein Wort, sein Tauf, sein Nachtmahl, dient wider alles Unheil" (EG 320) bringt diesen Kern knapp zum Ausdruck und eröffnet wie die minimalistische Kirchendefinition in CA VII durch Bezug auf wenige Grundvollzüge die Möglichkeit zur je spezifischen kontextuellen Auffächerung kirchlicher Praxis. In dieser Beziehung bleibt jede Gestalt erkennbar, dafür ist jede verantwortlich; dadurch gibt sie Rechenschaft von der Hoffnung, die in ihr ist.

In der Mitte liegt die Bibel, steht der Abendmahlstisch. Jede Gestalt von Kirche hält in ihrem Tun regelmäßig inne und feiert die Gottesfreundschaft. Sie lässt sich auf dem Weg stärken und zentrieren; sie bleibt damit – auch nach außen – in aller Verschiedenheit als eins in Christus erkennbar.

2. *Die Sozialgestalten sehen um der anderen und um der Gesellschaft willen von sich selbst ab und entwickeln eine Kultur der Gastfreundschaft.*

Kirchen sind beheimatet und können aus dieser Rolle heraus Gastgebende sein. Manche müssen lernen, dass sie in der Zivilgesellschaft auch Gäste sind. Sie laden ein, sie lassen sich einladen. Dadurch ermöglichen sie Begegnungen: mit Menschen, mit Institutionen, mit Problemen, mit Themen. Es kommt zu einer Aufhebung von Anonymität; die Kirche trägt zu neuem Zusammenleben am Brunnen und auf dem Markt bei.

Kirche, die von sich selber absehen und sich freiwillig zurücknehmen kann, entdeckt, dass sie sich dabei nicht verliert (siehe 3.1). Es geschieht, was jede Traupredigt dem Brautpaar (und den übrigen Anwesenden) verheißt: Die Liebe wächst, wenn ich nicht rechne, wenn ich aus der Fülle austeile und aus der Liebe Christi lebe.

*3. Die verschiedenen Sozialgestalten reiben sich verlässlich aneinander.*

Gegen die gesellschaftliche Tendenz zur Segmentierung und Segregation fördert jede Sozialgestalt von Kirche die Reibung mit anderen Gestalten von Kirche. Nicht auf dem Nebeneinander und der Gleichgültigkeit liegen die Verheißungen der evangelischen Existenz, sondern auf der angeregten und durchaus auch streitbaren Gemeinschaft der bleibend Fremden, die in einen Leib getauft sind (Galater 3,26–28).

Die Verschiedenen, die Fremden, ja selbst die Feinde sitzen an einem Tisch. Sie befragen einander und suchen, wie sie einander stärken und voneinander lernen können. Die Mitte bleibt frei; in ihr liegen die Bibel, Brot und Wein.

*4. Die unterschiedlichen Sozialgestalten erkennen sich gegenseitig an und achten gezielt darauf, ihre Beziehungen untereinander zu stärken!*

Wie können die vielfältigen Gestalten von Kirche sich im Blick behalten? Eine wichtige Funktion kommt der gottesdienstlichen Feier zu, in der sich die unterschiedlichen Gestalten begegnen können. Allerdings privilegiert der sonntägliche Gottesdienst selbst eine spezifische Gestalt der Glaubenspraxis. Trotzdem ist es möglich, im Gottesdienst etwa über das Fürbittengebet, die Predigt und die Kollekte die anderen im Blick zu behalten; außerdem sollten wir Menschen, die sich in spezifischen Feldern engagieren, aber in Distanz zum Gottesdienst stehen, gezielt Beteiligungsmöglichkeiten eröffnen.

Zudem besteht eine besondere Verantwortung der Leitungsgremien und insbesondere der Synoden. Sie sollten bei der Verteilung von Haushaltsmitteln regelhaft die Frage stellen: Beziehen sich die beantragenden Sozialformen von Kirche auf andere? Sind die im Blick, die nicht diese spezifische Arbeit tun? Wird in der Planung mitbedacht, was diese konkrete Glaubenspraxis für Folgen für den Glauben und das Leben anderer hat? Welche Bedeutung hat das, was hier finanziert wird, für das Zeugnis in der Welt (der anderen)?

Vieles lässt sich da denken und erproben: Was würde geschehen, wenn der Krankenhauspfarrer regelmäßig in die Schule kommt? Wenn die Verantwortlichen für Glaubenskurse regelmäßig in der Vesperkirche mitarbeiten?

5. *Die unterschiedlichen Sozialgestalten entwickeln ihre Qualität und ihre Nachhaltigkeit gemeinsam weiter.*

Der Prozess der Kommunalisierung des Evangeliums führt dazu, dass sich das kirchliche Leben weiter differenziert. Die vorhergehenden Punkte heben hervor, dass diese Differenzierung nur gelingen kann, wenn es zugleich zu einer theologischen Konzentration und einem Miteinander und Gegenüber der verschiedenen Sozialformen kommt.

Dies gilt auch für die Weiterentwicklung der Qualität kirchlichen Handelns, zu der eine Förderung der Feedback-Kultur und ein Ausbau von Instrumentarien wie z.B. der Intervision gehören: Zwei nehmen sich regelmäßig und verlässlich Zeit für einen Dritten und beraten sich gegenseitig. Vollzieht sich diese Beratung zwischen unterschiedlichen Gestalten von Kirche, kommen Außenperspektiven ins Spiel, die die Selbstwahrnehmung verbessern und neue Horizonte eröffnen können. Können die New Evangelicals von der Klinikarbeit lernen? Eröffnet die Verantwortliche für ein diakonisches Inklusionsprojekt einer Parochie einen neuen Zugang zu Menschen, die ihr fehlen?

# Ist Wachstum ein theologisch legitimes Ziel für Kirchengemeinden?

*Wilfried Härle*

Wenn vom Wachstum oder Wachsen im Zusammenhang mit Kirchengemeinden die Rede ist, löst das nicht überall Freude und Zustimmung aus. Oft stößt es auf Bedenken, manchmal sogar auf harsche Ablehnung. „Wir wollen nicht wachsen, sondern fröhlich schrumpfen", sagte der Beauftragte für Gemeindeaufbau einer Landeskirche in einer öffentlichen Veranstaltung. So deutlich und provozierend wird das nicht immer gesagt. Manchmal heißt es aus kirchenleitendem Mund vorsichtiger, aber auch öffentlich: „Wir gehen bewusst den Weg in die Diaspora". Oder man kann aus akademischer Feder lesen: Man „lasse sich durch ... wachsende Gemeinden nicht unter Druck setzen".[1]

In diesen zurückhaltenden bis ablehnenden Äußerungen im Blick auf Gemeindewachstum kommen unterschiedliche Bedenken und Einstellungen zum Ausdruck:

- Wachstum erscheint unter den gegenwärtigen gesellschaftlichen Bedingungen (jedenfalls in Deutschland und in Westeuropa) als *unrealistisch.*
- Das Interesse an quantitativem Wachstum, das sich an zahlenmäßigem Erfolg orientiert, ist oder wirkt zumindest *ungeistlich.*
- Wachstum, das dem Wesen und Auftrag Kirche angemessen ist, ist (für uns Menschen) *nicht feststellbar und nicht messbar.*
- Das empfehlende oder gar auffordernde Reden vom Wachstum erzeugt *Erfolgsdruck* und führt damit zur *Überforderung.*

Das sind nach meiner Erfahrung die vier hauptsächlichen Einwände, denen das positive, zustimmende Reden vom „Wachsen"[2] von Gemeinden begegnet.

---

[1] Der Jubilar, zu dessen Ehren ich diesen Beitrag verfasse, Dekan Rudolf Schulze, dem ich mich seit vielen Jahren gemeinsamer kirchenleitender Verantwortung und Tätigkeit verbunden fühle, hat mich vor einigen Jahren zum Thema „Wachsen gegen den Trend" in seinen Kirchenkreis Melsungen eingeladen. Dort bin ich mit diesem Thema erfreulicherweise nicht auf Ablehnung, sondern auf große Aufgeschlossenheit und lebhaftes Interesse gestoßen. Daran erinnere ich mich gerne und dankbar.

[2] Z. B. W. Härle u. a.: Wachsen gegen den Trend. Analysen von Gemeinden, mit denen es aufwärts-

Und ich halte das für *gewichtige, ernstzunehmende* Einwände, die es verdienen, dass man sich mit ihnen gründlich auseinandersetzt. Das ist das Ziel dieses Beitrags.

Dabei gehe ich so vor, dass ich zunächst (1) frage, was unter Wachstum zu verstehen ist; sodann (2), wie sich Wachstum feststellen bzw. messen lässt; ferner (3), ob und inwiefern Wachstum ein theologisch legitimes Ziel ist oder nicht; sodann (4), ob und inwiefern man willentlich wachsen kann; schließlich (5) will ich auf unerwünschte Nebenwirkungen von Gemeindewachstum und auf Möglichkeiten von deren Überwindung im Kirchenkreis hinweisen und danach (6) mit einem Fazit abschließen.

## 1 Was ist Wachstum?

Wachstum ist nichts Kompliziertes, sondern etwas Einfaches. Wir kennen es alle schon aus unserer Kindheit: vor allem durch die erstaunten Ausrufe der zu Besuch gekommenen Verwandten, die längere Zeit nicht mehr da waren und sich nun darüber wundern, wie die Kinder gewachsen sind. Und es ist auch ganz klar, was damit gemeint ist: Sie sind *größer* geworden. Und dasselbe gilt natürlich auch für Bäume, Sträucher und andere Pflanzen. Wachstum ist in all diesen Fällen *Längen*wachstum.[3] Und dessen Feststellung dienen ja auch die Bandmaße und Striche an Türpfosten oder Kinderzimmerwänden, an denen das Wachstum der Kinder sichtbar zu verfolgen ist.

Wir würden aber auch beim Besuch eines Gottesdienstes oder einer anderen Veranstaltung, bei denen die Teilnehmerzahl zugenommen hat, unbefangen und allgemeinverständlich sagen: Seit ich das letzte Mal hier war, sind euere Veranstaltungen gewachsen, oder genauer: Die Besucherzahl euerer Veranstaltung ist gewachsen, und das heißt: Sie hat zugenommen. Zwar handelt es sich hierbei nicht um Längenwachstum, sondern um Wachstum der Teilnehmerzahlen, aber auch das meint: Sie sind *größer* geworden.

Ein dritter Fall von Wachstum sind ökonomische Daten, deren Zunahme als Wachstum bezeichnet werden kann, wenn man z. B. sagt: Der Umsatz

geht. Leipzig [4]2012. Vgl. auch Ph. Elhaus/M. Wöhrmann (Hrsg.): Wie Kirchengemeinden Ausstrahlung gewinnen. Zwölf Erfolgsmodelle, Göttingen 2012. In diesem letztgenannten Buch wird zwar bewusst der Wachstumsbegriff vermieden und durch Begriffe wie „Attraktivität", „Ausstrahlung" und „Erfolg" ersetzt. Ob man damit aber den genannten kritischen Anfragen und Einwänden entgehen kann und wird, erscheint mir als fraglich.

[3] Die Zunahme des Körperumfangs und/oder -gewichts bezeichnen wir hingegen nicht (oder nur ironisch) als „Wachstum (in die Breite)". Da sprechen wir eher von „Zunahme" oder deutlicher vom „dicker werden".

oder Gewinn einer Firma oder das Bruttosozialprodukt eines Landes sei gewachsen. Wieder bedeutet „wachsen" dasselbe wie *„größer* werden", aber in diesem Fall geht es weder um Länge noch um Teilnehmerzahlen, sondern um Finanzen.

Ein ganz anderer, vierter Fall ist die medizinische Diagnose, dass eine Geschwulst seit der letzten Untersuchung gewachsen ist. Das heißt auch hier: Sie ist *größer* geworden, aber sie hat in spezieller Hinsicht, nämlich an Umfang, Ausdehnung und/oder Gewicht zugenommen. Das Besondere dieses Falles ist, dass das Wachstum hier in der Regel Anlass zur Besorgnis gibt. Und das kann vor der Vorstellung bewahren, Wachstum sei generell etwas *Gutes*. Nein, Wachstum kann sogar lebensbedrohlich sein.

Ein noch einmal anderer, fünfter Fall ist das Wachstum von Phänomenen, die nicht sichtbar und messbar, wohl aber *spürbar* sind. So sprechen wir von einer wachsenden Sympathie oder Antipathie zwischen Menschen, von wachsender oder abnehmender Zustimmung, von wachsendem Unwillen oder Widerwillen, von wachsendem Glauben oder Zweifel etc. Alle diese Phänomene lassen sich nicht (z. B. in Millimetern oder Gramm oder Zahlen) messen, wie das bei den vier ersten Beispielen der Fall war, und trotzdem kann man auch hier sagen: Wachsen heißt *„größer werden"*, wobei diese Aussage keine (exakte) Messbarkeit ausdrücken oder einschließen muss.

Ziehen wir ein kleines Zwischenfazit, so lässt sich sagen: „Wachsen" heißt in unserer Sprache immer: *„größer werden"*, das heißt zugleich: Wachstum hat den Charakter eines *Prozesses*, in dem etwas zunimmt. Dabei kann das, was zunimmt und größer wird, sehr unterschiedlich sein: Körpergröße, Besucherzahl, Einnahme, Krankheitsherd, Gefühl bzw. Einstellung etc. Wachstum ist dabei nicht immer ein positiv empfundener oder bewerteter Prozess, sondern kann erwünscht oder unerwünscht, ja sogar bedrohlich sein. Wachstum ist auch nicht immer ein (exakt) messbarer Prozess, sondern gelegentlich „nur" dem Gefühl oder Empfinden zugänglich. Aber der Prozesscharakter in Richtung Vergrößerung ist das, was für alles Wachstum gilt und charakteristisch ist.

Von dem zuletzt genannten Beispiel her bietet es sich an, bei Wachstum eine Unterscheidung zwischen *quantitativem* und *qualitativem* Wachstum einzuführen. Das ist *keine Wertung* zwischen minderwertigem und höherwertigem Wachstum, wie man sich am (quantitativen) Wachstum von Spendenaufkommen und am (qualitativen) Wachstum von destruktiven Gefühlen leicht klarmachen kann. Es handelt sich vielmehr um die Unterscheidung zwischen einem Wachstum im Blick auf das *„wie groß"* bzw. *„wie viel"* einerseits und einem Wachstum im Blick auf das *„wie intensiv"* bzw. *„wie stark"* andererseits. Beides sind ganz legitime, aber eben auch ganz unterschiedliche Betrachtungsweisen und Fragestellungen. Beide haben ihre Berechtigung, aber sie sind zu unterscheiden und sollten möglichst nicht verwechselt oder vermischt werden.

## 2 Wie lässt sich Wachstum feststellen?

Davon, dass Wachstum nicht immer (exakt) *messbar* ist, war bereits im ersten Abschnitt beiläufig die Rede. Trotzdem war auch dort, wo es nicht messbar ist, davon die Rede, dass das Wachstum „dem Gefühl oder Empfinden zugänglich" und auf diese Weise *feststellbar* sei oder jedenfalls sein könne. Aber sowohl im Blick auf das gemessene wie auf das gefühlte oder empfundene Wachstum stellt sich die Frage, *wie*, d. h. auf welche Weise es feststellbar ist. Und da zeigten alle oben genannten Beispiele: nur durch den *Vergleich* zwischen (mindestens) zwei Punkten. Bei den beiden ersten Beispielen waren das die Zeitpunkte des früheren und des heutigen Besuchs, beim Wirtschaftsbeispiel die frühere und die neuere Bilanz, beim medizinischen Beispiel zwei Untersuchungszeitpunkte und bei dem Gefühlsbeispiel ebenfalls ein früherer und ein späterer, möglichst zeitnaher Zeitpunkt.

Wachstum lässt sich folglich nur feststellen durch das Vergleichen von Zuständen an (mindestens) zwei Zeitpunkten, die allerdings beide in nicht allzu ferner Vergangenheit liegen sollten, wenn man nicht irgendein vergangenes, sondern *aktuelles* Wachstum feststellen will. Richtet man den Blick hingegen ausschließlich auf eine fernere Vergangenheit, so geschieht das häufig in kontrastierender Absicht, um anhand des Vergleichs von „damals" und „heute" zu zeigen, dass es früher (etwa in der Nachkriegszeit) einmal Wachstum gab, aber heute nicht mehr, oder um das Gegenteil zu beweisen. Um den oben erwähnten Prozesscharakter von Wachstum (im Vergleich zu früherem oder späterem Stillstand oder Rückgang) in den Blick zu bekommen, ist es daher sinnvoll, die Vergleichspunkte für die Feststellung von Wachstum möglichst zeitnah zu wählen. Das gilt jedenfalls immer dann, wenn etwas über die *aktuelle* Dynamik eines „Systems" (eines menschlichen Körpers, einer Kirchengemeinde, eines Betriebs, einer Volkswirtschaft, einer Gruppe oder einer ganzen Gesellschaft) herausgefunden werden soll.

Aber an welchen *Größen* lässt sich Gemeindewachstum ablesen oder soll es abgelesen werden: an den Kirchengliederzahlen, an den Gottesdienstbesucherzahlen, an der Anzahl der Gemeindegruppen und -kreise oder an deren Teilnehmerzahlen, an den Mitarbeiterzahlen, an der Höhe des erzielten Spenden- bzw. Finanzaufkommens oder woran sonst (noch)? Die Entscheidung darüber ist bereits *theologisch voraussetzungsreich*; denn darin steckt eine Vorentscheidung über das, was eine Gemeinde zur Gemeinde bzw. eine Kirche zur Kirche macht. Dass *Mitgliederzahlen* zu den „harten" Kriterien einer solchen Untersuchung gehören, wird hierzulande und heutzutage kaum ernsthaft bestritten oder in Frage gestellt.[4] Dasselbe kann man seit einiger Zeit auch wieder von den *Gottesdienstbesucherzahlen* sagen. Die Anzahl von *Gemeindekreisen und -gruppen* ohne gleichzeitige Aussagen über die Anzahl der daran *Teilnehmenden* ist wenig aussagekräftig. Die Einbeziehung der Besucherzahlen ist zwar in diesem Bereich nicht einfach, aber (soweit sie möglich ist) doch ergiebig. Eine interessante, aber besonders schwierig zu erfassende Messgröße sind die *Mitarbeiterzahlen*. Interessant sind sie, weil viele Gemeinden die Erfahrung machen, dass Menschen oftmals leichter zur (eigenverantwortlichen) Mitarbeit zu gewinnen sind als für den Gottesdienstbesuch. Freilich ist es nicht einfach, zu definieren, wer als Mitarbeiter zählen soll: Spielen dabei nicht die Dauer, der Zeitaufwand, die Intensität der übernommenen Aufgabe eine wichtige Rolle, aber wie soll man diese Faktoren berechnen? Für eher problematisch hielte ich es jedoch, das *Finanzaufkommen* (sei es in Form von Kirchensteuern oder Spenden oder Kollekten) als ein Kriterium für Gemeinde- oder Kirchenwachstum anzusetzen. Nicht dass ich Geld geringschätzen oder seine Bedeutung für die kirchliche Arbeit

---

4 Das war nicht immer so. Vor einigen Jahrzehnten war nicht selten die These zu hören, es sei der Auftrag der (wahren, unsichtbaren) Kirche, die sichtbare, organisatorisch verfasste Kirche (zu der auch Mitglieder, Gottesdienste, Ämter, Ordnungen und Finanzen gehören) nicht zu erhalten und zu stärken, sondern möglichst in einem Akt der Selbsthingabe (wie Salz) *aufzulösen* und in der Gesellschaft bzw. in die Gesellschaft hinein zum Verschwinden zu bringen. Um dieses Konzept von Kirche ist es meiner Wahrnehmung nach ganz still geworden. Elemente davon tauchen freilich unter anderen Voraussetzungen und mit einer anderen Zielrichtung im Konzept der „Emergent Churches" auf (vgl. dazu A. Härtner, Neue Ausdrucksformen von Gemeinde als Herausforderung. Emerging Churches und Fresh Expressions of Church im internationalen Kontext, in: W. Haubeck/W. Heinrichs: Gemeinde der Zukunft - Zukunft der Gemeinde. Aktuelle Herausforderungen der Ekklesiologie, Witten 2011, 39–80). Hierbei geht es darum, sich zunächst einmal von der Kirche als vertrauter Organisation zu lösen und vor allem an außerkirchlichen Orten und in außerkirchlichen Zusammenhängen (z. B. nachts auf der Straße in einem Vergnügungsviertel oder an den Schlafplätzen von Nichtsesshaften oder auf einem Campingplatz oder beim gemeinsamen Segelausflug) Menschen so mit elementaren Formen der Evangeliumsverkündigung in Berührung zu bringen, dass daraus Gruppen entstehen, die man als Vorformen oder als säkulare Formen von Gemeindebildung bezeichnen kann. Christenmenschen bzw. kirchliche Amtsträger versuchen hier Erfahrungen zu vermitteln, aus denen so etwas wie Gemeinde überhaupt erst entsteht, und das heißt: als eine neue Realität unableitbar auftaucht. Deshalb der Ausdruck „Emergent Churches". Die Sozialformen, in denen solche „Gemeinde"-Bildungen passieren, sind außerordentlich variabel und flexibel, aber sie werden nicht als überflüssig betrachtet, sondern haben – ganz im Gegenteil – als Kristallisationspunkte sogar eine entscheidende kirchen- bzw. gemeindebildende Bedeutung.

unterschätzen wollte, aber Geld stellt allenfalls *Mittel* für Wachstum bereit, es ist selbst keine relevante Wachstumsgröße. Wenn man das bestritte, geriete man leicht in die Gefahr, Kirchen als oder wie Wirtschaftsunternehmen zu betrachten und zu behandeln.

Zieht man ein Fazit aus dem zuletzt Gesagten, so sind es aus meiner Sicht primär die – zunehmenden, stagnierenden oder abnehmenden – Zahlen von *teilnehmenden Menschen*, die über die Frage entscheiden, ob eine Gemeinde oder Kirche wächst. Und diese Teilnehmerzahlen sind (mit einem gewissen Aufwand und mit gewissen Unschärfen) *messbar*. Und so lässt sich Wachstum feststellen.[5] Demgegenüber sind die Zahlen der durchgeführten Veranstaltungen oder gar die der eingeworbenen Finanzmittel von erheblich geringerer Bedeutung.

## 3 Ist Wachstum ein theologisch legitimes Ziel?

Diese Frage klingt ziemlich einfach, ist aber ziemlich schwierig zu beantworten. Der Grund dafür: Sie ist zu undifferenziert. Es hängt davon ab, von *welchem* bzw. *was für einem* Wachstum die Rede ist.

### 3.1 „Er muss wachsen, ich aber muss abnehmen"

Wer Wachstum bejaht oder anzuregen und zu fördern versucht, wird häufig mit dem Satz Johannes des Täufers konfrontiert: „Er muss wachsen, ich aber muss abnehmen" (Johannes 3,30). Dass mit dem „er" Jesus gemeint ist, ist weithin bekannt. Und so besagt dieser Satz, dass es die Bestimmung Jesu, als des Bringers der Gottesherrschaft und des neuen Bundes, ist, an Bedeutung und Einfluss zuzunehmen, hingegen die Bestimmung des Täufers, als des Vorläufers und Wegbereiters Jesu, an Bedeutung und Einfluss abzunehmen und hinter dem zurückzutreten, als dessen Vorläufer und Wegbereiter er sich von Gott gesandt weiß. Darin spricht sich nicht nur die menschliche Größe des Täufers, sondern auch eine weitreichende geistliche Erkenntnis aus. Im

[5] In dem in Anm. 2 genannten Projekt „Wachsen gegen den Trend" haben wir nur Mitgliederzahlen und/oder Gottesdienstbesucherzahlen, also zwei ziemlich einfach zu ermittelnde Messgrößen, als Indikatoren für Wachstum einbezogen. Dabei reichte es aus, bei einem der beiden Werte innerhalb des genannten Zeitraums eine Steigerung verzeichnet zu haben, um als wachsende Gemeinde in das Projekt aufgenommen, besucht und analysiert zu werden. Das waren Kriterien, die man als niedrigschwellig bezeichnen kann.

Matthäusevangelium findet sie Ausdruck in der Aussage Jesu: „Unter allen, die von einer Frau geboren sind, ist keiner aufgetreten, der größer ist als Johannes der Täufer; der aber der Kleinste ist im Himmelreich, ist größer als er“ (Matthäus 11,11). Aus dieser Sicht muss der Täufer abnehmen, weil er Repräsentant des alten Bundes ist, der durch das Kommen des Himmelreichs, also der Gottesherrschaft, abgelöst wird. Jesus hingegen als der Verkündiger und Bringer der Gottesherrschaft muss wachsen.

Wendet man diese Einsicht auf die Frage nach der theologischen Legitimität von Gemeindewachstum an, so muss man sagen, dass Gemeinden, die sich als Leib Christi und damit als Gemeinde Jesu Christi verstehen, an seiner Bestimmung zum Wachsen Anteil haben. Zugleich könnte man daraus schließen, dass Gemeinden, denen dieses Selbstverständnis unerschwinglich hoch wäre, also übertrieben vorkäme, die sich also selbst eher als Vorläufer und Wegbereiter und nicht so sehr als Zeugen und Nachfolger Jesu Christi verstünden, unter der Bestimmung stünden, abzunehmen. Dabei ist diese letztgenannte Option für eine christliche Gemeinde oder Kirche meiner Ansicht nach geradezu unvorstellbar.

### 3.2 „Lasset uns wachsen in allen Stücken zu Christus hin“

Ein anderer Bibeltext, der gerne gegen ein an *Zahlen* orientiertes Gemeindewachstum ins Feld geführt wird, ist die wunderbare Selbstermunterung aus Epheser 4,15: „Lasst uns aber wahrhaftig sein in der Liebe und wachsen in allen Stücken zu dem hin, der das Haupt ist, Christus.“ Indem hier von einem Wachsen zu Christus hin die Rede ist, ist deutlich, dass es nicht um ein quantitatives, an (Mitglieder- oder Teilnehmer-) Zahlen ablesbares Wachstum geht und gehen kann, sondern um ein *qualitatives* Wachstum im anspruchsvollsten Sinn des Wortes. Es geht um das Wachstum, das darin besteht, dass Wahrhaftigkeit und Liebe (als Einheit) diejenigen, die zu Jesus Christus gehören, „in allen Stücken“ bestimmen und durchdringen und sie so Christus als dem Haupt der Gemeinde näherbringen und ähnlich machen.

Mit derselben Deutlichkeit, mit der in Abschnitt 2 gesagt wurde, dass quantitatives Wachstum, verstanden als Zunahme von Zahlen, *messbar* ist, muss nun gesagt werden, dass qualitatives Wachstum (für Menschen) *nicht messbar* ist, ja dass schon der Versuch, Glauben, Hoffnung oder Liebe, geistliches Wachstum oder Reife zu *messen*, auf einen verkehrten Weg führt. Dabei ist es gleichgültig, ob dieser Versuch an Gemeinschaften oder an einzelnen Menschen, an anderen oder an einem selbst unternommen wird. Er stellt immer die Anmaßung dar, etwas feststellen zu wollen, was Gott ausschließlich sich selbst vorbehalten hat.[6]

Ob das zahlenmäßige Wachstum einer Kirchengemeinde in irgendeiner Form etwas zu tun hat mit dem Wachsen in der wahrhaftigen Liebe und liebevollen Wahrheit auf Christus hin, lässt sich von Menschen in keiner Form messen, feststellen. Nicht einmal Vermutungen sollte man in diese Richtung anstellen. Das schließt freilich nicht aus, dass auch in einer zahlenmäßig wachsenden Gemeinde oder Kirche Verhaltensweisen, Auffassungen und Einstellungen zu Tage treten können, die einen zu *kritischen Rückfragen* veranlassen können und ggf. sollten. Das gehört zu dem, was Luther in der unten (Anm. 6) zitierten 2. Invokavitpredigt „Recht des Wortes" nennt und von der „Ausführungsgewalt" deutlich unterscheidet.

### 3.3 „Machet zu Jüngern alle Völker"

Werden die beiden ersten Bibelstellen vor allem in *kritischer* Absicht gegenüber zahlenmäßig messbarem Gemeindewachstum herangezogen, so dient der Missions- und Taufbefehl eher der *Zustimmung* hierzu: „Darum gehet hin und machet zu Jüngern alle Völker: Taufet sie auf den Namen des Vaters und des Sohnes und des heiligen Geistes und lehret sie halten alles, was ich euch befohlen habe" (Matthäus 28,19 f.). Unter den bekenntnisartigen Texten des 20. Jahrhunderts findet das sein deutlichstes Echo in der sechsten und letzten These der Barmer Theologischen Erklärung von 1934: „Der Auftrag der Kirche, in welchem ihre Freiheit gründet, besteht darin, an Christi Statt und also im Dienst seines eigenen Wortes und Werkes durch Predigt und

[6] Das schärft Paulus der Gemeinde in Korinth ein, indem er schreibt: „Darum richtet nicht vor der Zeit, bis der Herr kommt, der auch ans Licht bringen wird, was im Finstern verborgen ist, und wird das Trachten der Herzen offenbar machen. Dann wird einem jeden von Gott sein Lob zuteil werden" (1. Korinther 4,5). Und Luther hat dies seiner Gemeinde in Wittenberg im Jahr 1522 (als Antwort auf den dortigen Bildersturm) eingeschärft mit den Worten: „Gott soll man's anheim geben und sein Wort allein wirken lassen, nicht unser Zutun und Werk. Warum? Weil ich in meiner Gewalt oder Hand die Herzen der Menschen nicht habe, wie der Töpfer den Ton, mit ihnen nach meinem Gefallen zu schaffen. Ich kann nicht weiter kommen als zu den Ohren, ins Herz kann ich nicht kommen. Weil ich denn den Glauben nicht ins Herz gießen kann, so kann und soll ich niemanden dazu zwingen oder dringen; denn Gott tut das alleine und macht, dass das Wort im Herzen lebt. Darum soll man das Wort frei lassen und nicht unser Werk dazu tun. Wir haben zwar das Recht des Wortes, aber nicht die Ausführungsgewalt. Das Wort sollen wir predigen, aber die Folge soll allein in Gottes Gefallen sein" (W 10/3, 15,2–12; zitiert nach der leichter lesbaren Insel-Ausgabe: Martin Luther, Ausgewählte Schriften, hrsg. v. K. Bornkamm u. G. Ebeling, Frankfurt a. M. 1982, 1. Bd., 278).

Sakrament die Botschaft von der freien Gnade Gottes auszurichten an alles Volk“[7].

Was diese beiden Texte untereinander und mit vielen anderen biblischen, kirchlichen und theologischen Texten verbindet, ist die universale Ausrichtung, die in den Ausdrücken „alle Völker“ und „an alles Volk“ zum Ausdruck kommt. An anderen Stellen wird im selben Sinn gesagt, dass Jesus seine Jünger „in alle Welt“ (Markus 16,15) bzw. „in die Welt“ (Johannes 17,18) gesandt habe, um das Evangelium zu verkündigen. Dieser Verkündigungsauftrag reicht also über die Grenzen Israels weit hinaus, umfasst alle Menschen in allen Völkern, weil Gott „will, dass allen Menschen geholfen werde und sie zur Erkenntnis der Wahrheit kommen“ (1. Timotheus 2,4).

Diese universale Reichweite der Sendung der Jünger Jesu und der christlichen Kirche hat das Ziel, *allen* Menschen die Möglichkeit zu eröffnen, sich taufen zu lassen, an Jesus Christus zu glauben und so selbst zu Jüngern, also zu Nachfolgern Jesu Christi zu werden. Damit wäre es jedenfalls unvereinbar, *nicht zu wollen*, dass möglichst viele Menschen mit dem Evangelium in Berührung kommen und von ihm auf gewissmachende Weise erreicht werden. Positiv formuliert: Aus diesem universalen Auftrag folgt die tatkräftige Hoffnung, möglichst viele Menschen durch diese Botschaft zu erreichen. Und wenn dieses Erreichtwerden nicht nur äußerlich bleibt, sondern zum Jüngerwerden führt, dann wird sich das auch darin zeigen, dass diese Menschen den Kontakt zum christlichen Gottesdienst und zu einer christlichen Gemeinde suchen. Und das würde – unweigerlich und erfreulicherweise – zum (zahlenmäßigen) Wachstum von Gottesdienst und Gemeinde führen.

## 3.4 „Der Herr aber fügte täglich zur Gemeinde hinzu, die gerettet wurden“

Aus der Anfangszeit der christlichen Gemeinde (nach dem Pfingstereignis) berichtet dieses Zitat aus Apostelgeschichte 2,47. Und das schließt sich bündig an die Erzählung vom Pfingsttag an, von dem es in Apostelgeschichte 2,41 heißt: „und an diesem Tage wurden hinzugefügt etwa dreitausend Menschen“. Man kann im Blick auf solche Aussagen fragen, wie nachhaltig wohl diese an einem Tag erfolgten Hinzufügungen waren und wie enttäuschungsanfällig die weitere Entwicklung der Urgemeinde, in der es – soweit wir wis-

7 G. Niemöller (Hrsg.): Die erste Bekenntnissynode der Deutschen Evangelischen Kirche zu Barmen, Bd. II, Göttingen 1959, 201.

sen – keine vergleichbar bezifferten Zuwächse durch Einzelereignisse mehr gab, wohl aber eine stetige Ausbreitung[8] und ein (trotz und wegen der Christenverfolgungen) unaufhaltsames Wachstum der christlichen Kirche(n).

Eines wird man aber nicht in Frage stellen können: dass dieses Wachstum der Gemeinde von den damaligen Zeugen als ein *Wirken Gottes* verstanden wurde („wurden hinzugefügt"; „der Herr fügte hinzu"). Die Gabe des Heiligen Geistes wirkt sich an Pfingsten jedenfalls *auch* (nicht nur, aber auch) so aus, dass Menschen zur Jüngergemeinde hinzugetan werden und diese damit zahlenmäßig wächst, und das setzt sich auch über diesen Tag hinaus fort. Vielleicht darf man von da aus jedenfalls sagen: Zahlenmäßiges Wachstum von Gemeinden *kann* Ausdruck des Geistwirkens Gottes sein. Man sollte freilich hinzufügen: Es muss das nicht sein, und die Tatsache, dass ein zahlenmäßiger Zuwachs in einer Kirchengemeinde zu verzeichnen ist, sagt als solche noch nichts darüber aus, welchem Geist und welchem Geistwirken das zu verdanken ist. Zahlenmäßiges Wachstum können auch ganz andere Geister erzeugen. Von Erfahrungen, die für diese Vermutung sprechen, ist die Geschichte voll. Und darum gilt auch im Blick auf Gemeindewachstum und im Blick auf den Geist, der darin wirksam wird, die Aufforderung aus 1. Johannes 4,1: „Ihr Lieben, glaubt nicht einem jeden Geist, sondern prüft die Geister, ob sie von Gott sind." Zugleich gibt der 1. Johannesbrief unmittelbar im Anschluss an diese Aufforderung ein Kriterium dafür an die Hand, woran dies zu überprüfen ist: „Daran sollt ihr Gottes Geist erkennen: Ein jeder Geist, der bekennt, dass Jesus Christus ins Fleisch gekommen ist, der ist von Gott." Das klingt vermutlich *einfacher*, als es anzuwenden ist, aber ein *klares* Kriterium ist das jedenfalls – auch für heute.

### 3.5 „Wenn ich schwach bin, so bin ich stark"

Das ist selbst ein *starker* Satz, den Paulus da in 2. Korinther 12,10 formuliert hat, zumal er das Fazit eines ganz offenen, ungeschminkten Berichtes über ein dreimal nicht erhörtes Gebet (um Heilung bzw. Befreiung) ist. Gott hört dieses Gebet, er antwortet auch darauf mit der Botschaft: „Lass dir an meiner Gnade genügen; denn meine Kraft ist in den Schwachen (genauer: in der Schwachheit) mächtig" (2. Korinther 12,9). Aber Paulus wird nicht *die* Hilfe zuteil, um die er gebetet hat. Aber auf die göttliche Antwort reagiert

---

[8] Siehe Apostelgeschichte 5,14: „Desto mehr aber wuchs die Zahl derer, die an den Herrn glaubten – eine Menge Männer und Frauen". Zu beachten sind auch die Hinweise auf Gemeindeentstehung und -wachstum, die den neutestamentlichen Briefen zu entnehmen sind.

Paulus mit der Erfahrung, die er macht: „wenn ich schwach bin, so bin ich stark". Was sich ihm hier erschlossen hat, ist nicht nur eine individuell gültige und weiterführende Einsicht, sondern hat grundsätzlichen Charakter. Es ist die grundsätzliche christliche Option für die menschliche Schwäche als Ausdruck für die Begegnung mit der göttlichen Stärke. Und damit schließen sich diese Aussagen an die Kreuzestheologie an, die Paulus schon am Beginn des 1. Korintherbriefs entfaltet hat[9] und die 1500 Jahre später für den Reformator Martin Luther in seiner Heidelberger Disputation von 1518 zur Grundlegung seiner „Theologia crucis" wurde.[10]

Ist das aber nicht der theologisch-programmatische Abschied von Zielsetzungen wie „Wachstum", „Attraktivität" oder „Erfolg" im Blick auf Gemeindearbeit? Eines ist es sicher: der Abschied von der Vorstellung, die Wahrheit des Evangeliums müsse sich durch ihre beeindruckende Resonanz, ihren zahlenmäßig messbaren Erfolg erweisen. Zwar weist Paulus in den Korintherbriefen nicht darauf hin, dass es nur wenige sind (nur die „zwei oder drei" aus Matthäus 18,20, die in Jesu Namen versammelt sind und in deren Mitte er trotz der kleinen Zahl ist), sondern er verweist auf die niedrige soziale und bildungsmäßige Schicht hin, der die Mitglieder der Gemeinde in Korinth vor allem angehören, aber ist das nicht doch trotzdem ein Hinweis darauf, dass der christlichen Gemeinde der äußere Erfolg und das daraus resultierende gesellschaftliche Ansehen wesensfremd sind?

Dagegen spricht jedoch die rastlose Missionstätigkeit des Heidenapostels, der seine ganze Kraft und Liebe darein setzt, damit er „möglichst viele gewinne" (1. Korinther 9,19). Und im Anschluss daran beschreibt er, dass und wie er den Juden (unter dem Gesetz) wie ein Jude, denen ohne Gesetz wie einer ohne Gesetz, den Schwachen ein Schwacher, schließlich allen alles geworden sei, um – wie er refrainartig immer wieder abschließt – wenigstens einige, aber zugleich möglichst viele zu „gewinnen" bzw. zu „retten" (1. Korinther 9,19–22). Gerade in dem Brief, der mit dem Bekenntnis zur Kreuzestheologie

---

9 Sie kulminieren in dem Satz: „Das Wort vom Kreuz ist eine Torheit denen, die verloren werden; uns aber, die wir selig werden, ist's eine Gotteskraft" (1. Korinther 1,18).

10 Siehe dazu M. Luther: Lateinisch-deutsche Studienausgabe, Bd. 1, Leipzig 2006, 52–57. Dabei verdient es Beachtung, dass Luther die Theologie der Herrlichkeit, die sich – mit Immanuel Kant (Kritik der praktischen Vernunft [1788], Beschluss, A 289) formuliert – am „bestirnten Himmel über mir" und am „moralischen Gesetz in mir" ausrichtet, nicht grundsätzlich ablehnt. Er kann sie an der genannten Stelle sogar als „das Beste" bezeichnen (LDStA 1,57,21). Aber dieses „Beste" wird zum Irrweg und verführt zum Missbrauch, wenn es zum *Vorzeichen* und zur *Eingangspforte* der Gotteserkenntnis gemacht wird. Der Zugang zu Gott muss über die Kreuzestheologie, also über den gekreuzigten Christus genommen werden. *Dann* und *von da aus* erschließt sich auch der rechte Sinn und die wahre Bedeutung der Theologie der Herrlichkeit, die sich an der Größe und Macht Gottes orientiert, wie sie im *Gesetz*, und zwar sowohl in den von Gott der Welt eingeschriebenen *Natur*gesetzen als auch in dem von Gott ins Menschenherz gelegten *Sitten*gesetz zum Ausdruck kommt.

als dem einzigen Verkündigungsinhalt seiner Predigt beginnt, betont Paulus so stark wie sonst nirgends, dass und wie sehr es ihm darauf ankommt, möglichst viele Menschen für das Evangelium zu gewinnen.

Kreuzestheologie, Mission und Aufbau der christlichen Gemeinden schließen sich bei Paulus natürlich nicht gegenseitig aus, sondern gehören für ihn untrennbar zusammen, weil die Botschaft vom Kreuz „Gottes Kraft und Gottes Weisheit" (1. Korinther 1,24) ist, die als solche *verkündigt* und damit unter die Menschen gebracht werden muss. Alles andere wäre für ihn Verrat am Evangelium, und zwar an dem ihm von Gott anvertrauten Amt der Verkündigung des Evangeliums (1. Korinther 9,16).

### Zwischenfazit

Ziehen wir auch hier ein kurzes Zwischenfazit, so muss man sagen: Es gibt keinen einzigen Beleg dafür, dass christliche Gemeinden dem zahlenmäßigen Wachstum gegenüber ablehnend, skeptisch oder auch nur gleichgültig sein dürften oder gar sollten. Vielmehr sind alle neutestamentlichen Überlieferungsstränge oder -schichten durchzogen von dem Sendungsauftrag zur Bezeugung und Verkündigung des Evangeliums von Jesus Christus in der Hoffnung, damit *möglichst viele Menschen zu erreichen und zu gewinnen*. Und konkret wird dieses Gewinnen darin, dass Menschen sich taufen lassen, sich zu einer christlichen Gemeinde halten, am Gottesdienst teilnehmen und selbst zu Zeugen des Evangeliums und zu Botschaftern an Christi Statt werden.

Die einzige denkbare (wenn auch für mich nicht vorstellbare) Ausnahme wäre eine Gemeinde, die zu der Erkenntnis gekommen wäre, dass der Messias Israels und Heiland der Welt (noch) nicht in Jesus Christus erschienen ist oder dass sie sich ihm jedenfalls nicht zugehörig fühlt. Für eine solche Gemeinde wäre es sinnvoll, nicht *wachsen*, sondern *warten* oder sogar *abnehmen* zu wollen. Aber das wäre dann per definitionem *keine christliche* Gemeinde.

## 4 Kann man willentlich wachsen?

Es liegt also in der „Logik" einer christlichen Gemeinde, wachsen zu wollen – aus dem einzigen, aber auch völlig hinreichenden Grund, mehr Menschen durch das Evangelium von Jesus Christus zu erreichen und für den Glauben an Jesus Christus zu gewinnen. Weil *dies* der (einzige und der einzig legitime theologische) Grund ist, darum muss sich das Ziel, oder besser gesagt: die

*Hoffnung* zu wachsen, nicht unbedingt und schon gar nicht ausschließlich auf die *eigene* Kirchengemeinde richten. Ja, wenn *dies* der einzige Grund für die Hoffnung auf Wachstum ist, dann muss diese Hoffnung sich letztlich notwendigerweise auf *alle* Gemeinden in *allen* Teilen der Erde richten. Und wenn *dies* der einzige Grund für die Hoffnung auf Wachstum ist, dann ist auch das Wachstum der Zahlen, also die Teilnahme von *mehr* Menschen, ein Grund zur Freude und Dankbarkeit.

Aber kann man überhaupt willentlich wachsen? Wenn „willentlich" heißt: „*durch* den eigenen Willen", dann heißt die Antwort: „Nein!" Biblisch gesprochen: „Wer ist unter euch, der seines Lebens Länge eine Spanne zusetzen könnte, wie sehr er sich auch darum sorgt?" (Matthäus 6,27, par. Lukas 12,25). Und was in zeitlicher Hinsicht gilt, gilt auch in räumlicher und zahlenmäßiger Hinsicht. Aber wenn „willentlich" heißt: „*in Übereinstimmung* mit dem eigenen Willen", dann muss die Frage bejaht werden. Zwar ist Wachstum immer etwas, das *geschieht*, und nicht etwas, das von Menschen *gemacht* wird, aber man kann *wollen, wünschen, erbitten und erhoffen*, dass dies geschieht. Die Unverfügbarkeit von Gemeindewachstum ging schon aus den Aussagen der Apostelgeschichte hervor, die davon sprechen, dass die neu zur Gemeinde Hinzukommenden *vom Herrn* hinzugefügt wurden (s. o. Abschn. 3.4) Noch grundsätzlicher und sachnäher wird dies im Gleichnis Jesu vom Wachsen der Saat im Blick auf die Verkündigung und das Kommen der Gottesherrschaft gesagt: „Es ist so, wie ein Mensch Samen aufs Land wirft und schläft und aufsteht, Nacht und Tag; und der Same geht auf und wächst – er weiß nicht, wie. Denn von selbst bringt die Erde Frucht, zuerst den Halm, danach die Ähre, danach den vollen Weizen in der Ähre" (Markus 4,26–28). Dieses kleine, aber theologisch sehr wichtige und gehaltvolle Gleichnis zeigt nicht nur, dass das Wachstum unserem menschlichen Tun – ja sogar unserem Wissen – entzogen ist, sondern es zeigt auch, dass das die (säende und erntende) Arbeit des Bauern *keineswegs ausschließt*, sondern sogar *als notwendige Bedingung voraussetzt*. Das heißt: Verkündigung, Unterweisung, Seelsorge und sonstige Gemeindearbeit *bewirken* zwar nicht aus sich selbst heraus das Wachstum, den Erfolg, den Glauben und die Nachfolge, aber trotzdem ist all dies für das Wachstum eine *notwendige Voraussetzung*. Warum? Luther hat das – ausgerechnet in seiner Schrift *De servo arbitrio* (Vom unfreien Entscheidungsvermögen, 1525) – einmal beantwortet mit dem Halbsatz: „weil Gott nicht ohne uns wirkt, ... sondern *durch uns* predigt, sich der Armen erbarmt und die Angefochtenen tröstet"[11].

[11] WA 18,754,14–16 = LDStA 1,572,12–15.

Aber ist es denn überhaupt *realistisch*, unter den gegenwärtigen Bedingungen (in Westeuropa[12]) wachsen zu wollen? Fragen wir zunächst: Was sind diese „gegenwärtigen Bedingungen", die dem Wachstum von Kirchengemeinden allem Anschein nach entgegenstehen? Aus journalistischen Interviews kann man gelegentlich den Eindruck gewinnen, es handle sich um einen Trend wachsender Kirchendistanzierung, der sich in hohen Austrittszahlen niederschlage. Nun gibt es zwar gelegentlich (und gab es erst kürzlich) Skandale und Ärgernisse im Bereich der Kirchen, die zu Kirchenaustritten in größeren Zahlen führen, aber *das* ist seit 40 Jahren nicht mehr das Hauptproblem. Damals (1968–1972) gab es tatsächlich eine große Kirchenaustrittsbewegung, die vor allem der 1968 von den Universitäten ausgehenden Institutionenkritik geschuldet war. Wesentlich gravierender war ein etwa gleichzeitig stattfindendes Ereignis ganz anderer Art: die Erfindung und massenhafte Anwendung der „Pille" als wirksames Mittel zur Empfängnisverhütung, das zu einem deutlichen Rückgang der Geburtenzahlen geführt hat, der bis heute anhält.

Während sich die Kirchenaustrittszahlen seit 1972 auf niedrigem Niveau stabilisiert haben und teilweise von den Wiedereintrittszahlen fast wettgemacht wurden, ist der demographisch feststellbare Bevölkerungsrückgang die eigentliche (und ungebrochen fortwirkende) Ursache für den „Trend" rückläufiger Mitgliederzahlen in den Kirchen, aber auch in allen anderen vergleichbaren Organisationen. Da in Deutschland wesentlich mehr Menschen sterben als geboren werden, sind die Bevölkerungs-, Kirchenmitglieder- und Gottesdienstbesucherzahlen naturgemäß rückläufig.

Hinzu kommt in Deutschland ein weiterer Trend, der sofort nach der Wende von 1989 einsetzte: der vor allem durch die Suche nach attraktiven Arbeitsplätzen ausgelöste Wanderungstrend von nordöstlicher in südwestliche Richtung. So schmerzlich dieser Trend vor allem für die Kirchen und Gemeinden in den neuen Bundesländern spürbar wird, so stellt er doch für die „aufnehmenden" Kirchen und Gemeinden im Süden und Westen keinen Ausgleich für den demographisch bedingten Verlust dar, da die Kirchenmitgliederzahlen in den neuen Bundesländern zum Zeitpunkt der Wiedervereinigung bereits relativ niedrig waren. Perspektivisch betrachtet stellt *dieser* Trend für die Kirchen und Gemeinden in den neuen Bundesländern ein

[12] Diese Hinzufügung in Klammern ist wichtig, weil Westeuropa (das in diesem Fall vor allem den mittleren, westlichen und nördlichen Teil Europas umfasst) im Blick auf kirchliches Wachstum eine negative *Ausnahme* von dem Wachstumstrend darstellt, der ansonsten weltweit – nicht nur für Religion und Religionen allgemein, sondern speziell für das Christentum – feststellbar ist.

erhebliches Problem dar, dem künftig verstärkte Beachtung geschenkt werden muss. Vor allem aber verdient es Beachtung, wenn es Kirchengemeinden in den neuen Bundesländern gibt – und es *gibt* sie[13] –, die trotz allem gegen diese *beiden* Trends wachsen.

Generell kann man es als überraschend und erwähnenswert bezeichnen, dass bzw. wenn Kirchengemeinden unter den gegenwärtigen schwierigen demographischen Bedingungen *überhaupt wachsen*. Es war das Ziel unserer Untersuchung, dieses überraschende und erwähnenswerte Phänomen zu dokumentieren und dadurch das zu ermöglichen, was Luther empfohlen haben soll: „Eine Gemeinde ahme die andere frei nach"[14]. Dabei gibt es im Bereich der EKD zweifellos weit mehr als die 32 Gemeinden, die wir in unserer Untersuchung als wachsende Gemeinden besucht, analysiert und dargestellt haben. Entscheidend war die darin enthaltene *Ermutigung* und das daraus zu entnehmende Potential an *Anregungen*.

Dabei gibt es mindestens *ein zentrales kirchliches Handlungsfeld*, den Gottesdienst, der durchschnittlich nur von ca. 5 % der evangelischen Kirchenmitglieder besucht wird, bei dem man sagen kann: Da gibt es noch Luft nach oben. Dem entspricht es, dass praktisch bei allen von uns untersuchten wachsenden Gemeinden die Gottesdienstbesucherzahlen angestiegen sind, während dies „nur" bei zwei Dritteln der Gemeinden auch von den Mitgliederzahlen gilt. Vor allem aber hat uns das Ergebnis beeindruckt, dass in allen Gemeinden das Wachstum um den Gottesdienst zentriert ist bzw. vom Gottesdienst ausgeht. Man muss freilich hinzufügen, dass dies in den meisten Fällen mit einer *Veränderung* des Gottesdienstes einhergeht, deren Besonderheit nicht die „Modernisierung" oder der „Event Charakter" ist, sondern die *von der Gemeinde getragene Feier*. Und solche Gottesdienste entwickeln offenbar oftmals fast von selbst eine ausstrahlende und anziehende Wirkung.

13 Siehe dazu die Ergebnisse der Untersuchung „Wachsen gegen den Trend" (s. o., Anm. 2), 45 ff., 68 ff., 178 ff., 199 ff., 206 ff.

14 Dieses Zitat habe ich der Schrift von Ch. Möller: Lasst die Kirche im Dorf! Gemeinden beginnen den Aufbruch, Göttingen 2009, 27, entnommen. Mein Kollege Möller hat mir auf meine Nachfrage hin dankenswerterweise auch den Fundort für dieses Lutherzitat genannt: WA Br 3,374,25. Der Satz stammt aus einem Brief Luthers an Bischof Nicolaus Hausmann aus dem Jahr 1524 und heißt im lateinischen Originalwortlaut: „Imitetur ergo altera alteram libere".

## 5 Unerwünschte Nebenwirkungen von Gemeindewachstum und deren Überwindung im Kirchenkreis

Auch das Wachstum von Kirchengemeinden hat – fast überall – unerwünschte Nebenwirkungen. Unter ihnen überragt *eine* alle anderen: Das ist der *Neid* (und Ärger) in den umliegenden oder angrenzenden Gemeinden, die in zweifacher Hinsicht von diesem Wachstum betroffen sind: einmal durch das Vergleichen und Verglichenwerden, bei dem die anderen besser abschneiden, sodann durch die Tatsache, dass *ein Teil* des Wachstums sich fast überall durch „Abwanderung" bis hin zur „Umgemeindung" aus Nachbargemeinden speist. Und die beiden Hinsichten hängen naturgemäß meist eng zusammen.

Was kann man gegen diesen Neid tun? Eine sehr souveräne, und zwar geistlich-souveräne Haltung nimmt Paulus im Philipperbrief zu diesem Phänomen ein: „Einige zwar predigen Christus aus Neid und Streitsucht, einige aber auch in guter Absicht ... Was tut's aber? Wenn nur Christus verkündigt wird auf jede Weise, es geschehe zum Vorwand oder in Wahrheit, so freue ich mich darüber" (Philipper 1,15 und 18). Als geistlich-souverän bezeichne ich diese Haltung, weil sie nur aus der Hingabe an die „Sache", an den „Auftrag", an die „Botschaft" gespeist wird und darum das, was persönlich schmerzlich empfunden wird, von ihm zurückgestellt werden kann.

In eine ähnliche Richtung zielt und aus einer ähnlichen Richtung kommt die Liedstrophe von Paul Gerhardt aus seinem Lied „Die güldne Sonne", die sich mit dem Thema „Neid" beschäftigt:

> „Lass mich mit Freuden ohn alles Neiden
> sehen den Segen, den du wirst legen
> in meines Bruders und Nähesten Haus.
> Geiziges Brennen, unchristliches Rennen
> nach Gut mit Sünde, das tilge geschwinde
> aus meinem Herzen und wirf es hinaus" (EG 449,6).

Aber das ist oft leichter gesagt und gesungen als getan und erreicht; denn (auch) der Neid gehört zu den Gefühlen des Menschen, die wir nicht in der Hand haben, so dass wir sie willentlich ab- oder anstellen könnten. Deshalb ist es kein Zufall, dass ein Theologe vom Format eines Paul Gerhardt dieser Bitte nicht die Form eines moralischen Vorwurfs oder Appells, sondern eines *Gebets* gegeben hat. Wer, wenn nicht Gott, kann uns so im Inneren begegnen, anrühren und bewegen, dass unsere Gefühle dadurch zum Positiven verändert werden?

Aber es gibt – gerade *dann* – auch *konkrete Schritte*, die getan werden können, um dem Neid nicht Vorschub zu leisten, sondern ihm entgegenzuwirken. Ein solcher möglicher Schritt, den eine der von unser untersuchten wachsenden Gemeinden auch (mit Erfolg) getan hat, besteht darin, das, was einer Kirchengemeinde an Wachstum und durch Wachstum der Mitglieder-, Teilnehmer- und Mitarbeiterzahlen zuteilgeworden ist, den anderen Gemeinden im Umfeld soweit wie möglich zur *gemeinsamen Nutzung* anzubieten und zur Verfügung zu stellen. Wenn darin eine Haltung zum Ausdruck kommt, die das Wachstum nicht als verdientes Ergebnis eigener Anstrengung und Leistung, sondern als unverdientes Geschenk Gottes betrachtet, dann kann dies die ganze Kommunikation und Kooperation zwischen den Kirchengemeinden auf eine fruchtbare und fruchtbringende Weise beeinflussen und prägen.

Noch einen Schritt weiter gehen diejenigen Kirchengemeinden und Kirchenkreise, die ein Wachstum erhoffen und erbitten, das nicht nur den einzelnen, je eigenen Gemeinden zugutekommt, sondern möglichst auch den umliegenden Gemeinden[15] oder dem ganzen Kirchenkreis. Das klingt nach einem durch die Kirchenleitung verordneten Programm zur *Regionalisierung der kirchlichen Arbeit*, ist aber als *Alternative* dazu gemeint. Das, worum es geht, kann nicht durch Beschluss einer Landes- oder Kreissynode *angeordnet* und dann in den Kirchenkreisen *durchgeführt* werden, sondern es geht um eine *völlig freiwillige*, veranstaltungsbezogene Zusammenarbeit zwischen Kirchengemeinden, die sich in ihrer Arbeit ergänzen, damit aber auch gegenseitig *entlasten* wollen. Den Anfang kann man – wo das nicht bereits existiert – damit machen, dass diejenigen Kirchengemeinden, die das gerne tun wollen, *gemeinsam* die Öffentlichkeit in der Region über das kirchliche Veranstaltungsprogramm informieren. Mit dieser gemeinsamen Information wird zweierlei signalisiert: zum einen ein breites *kirchliches Angebot* sowohl an die Menschen, die bereits zur evangelischen Kirche gehören, als auch an diejenigen, die an einer Teilnahme an kirchlichen Veranstaltungen interessiert sind und für sie gewonnen werden sollen; zum anderen eine gemeinsame *kirchliche Einladung* zu allen diesen Veranstaltungen, gleichgültig,

[15] In manchen Kirchen, so z. B. in der Evangelischen Landeskirche in Württemberg, gibt es bereits organisatorische Formen der Zusammenarbeit von mehreren benachbarten Gemeinden *innerhalb* von Kirchenkreisen unter der Bezeichnung *„Distrikte"*. Wo das existiert und funktioniert, ist es natürlich ein hervorragender Anknüpfungspunkt für effektive und entlastende Zusammenarbeit. Solche potentiellen Keimzellen gemeinsamen Wachstums sollten genützt werden, aber man muss die Kooperation natürlich nicht von solchen Organisationsformen abhängig machen.

in welchem Kirchengebäude oder an welchem sonstigen Veranstaltungsort sie stattfinden. Vermittelt das erstgenannte Element den Menschen im Kirchenkreis größere Auswahlmöglichkeiten, so signalisiert das zweitgenannte Element, dass es ein *gemeinsames* Interesse im Kirchenkreis gibt, möglichst viele Menschen mit der Botschaft des Evangeliums zu erreichen.

Man braucht meines Erachtens nicht vorab dauerhaft festzulegen, in welchen Bereichen und zu welchen Anlässen eine solche gemeinsame Einladung erfolgen soll. Das wird sich finden. Äußerst wichtig ist aber, dass jede Kirchengemeinde sich an diesen gemeinsamen Einladungen nur so lange beteiligt, wie sie das aus eigenem Antrieb, also freiwillig tun will. Für alle Beteiligten muss zu jedem Zeitpunkt gelten: „Frei sind wir, da zu wohnen und zu gehen. Frei sind wir, ja zu sagen oder nein" (EG, Hessische Ausgabe 610,1).

Ein weiterer Schritt der Zusammenarbeit kann dann darin bestehen, dass einzelne Kirchengemeinden bestimmte Veranstaltungsformen (wie z.B. Taizé-, Jugend- oder Lobpreis-Gottesdienste, Glaubenskurse, Diakonische Projekte oder andere Veranstaltungen für unterschiedliche Alters- oder Geschlechtergruppen) stellvertretend für andere Gemeinden mit anbieten und durchführen. Das hat in manchen Fällen den Vorteil, dass man Veranstaltungen, die von nur wenigen besucht werden, nicht einstellen muss, sondern gemeinsam mit anderen Gemeinden anbieten und so attraktiver gestalten kann. Auch für diese Formen der Zusammenarbeit sollte der Grundsatz strikter Freiwilligkeit gelten. Um es mit einer Formulierung aus dem Augsburgischen Bekenntnis (Confessio Augustana) von 1530 zu sagen: Solche Angebote kirchlicher Arbeit und Zusammenarbeit sollen „Exempel der christlichen Freiheit"[16] sein.

Diese freiwilligen Formen kirchlicher Zusammenarbeit auf Kirchenkreisebene haben einen wichtigen Doppeleffekt: Sie dienen der *Vergrößerung des Angebots* an Veranstaltungen bei *gleichzeitiger Entlastung* der Pfarrerschaft. Und so etwas wird gebraucht. Denn die Pfarrerschaft ist heute einer Fülle, ja einer Überfülle von Erwartungen ausgesetzt, die nicht guttun können: Das Angebot an bzw. die Erwartung von kirchlichen Veranstaltungen hat sich – verglichen mit früheren Zeiten – enorm vergrößert. Das hat unterschiedliche Gründe, z.B.

- eine immer stärkere Ausdifferenzierung der Lebensformen und Lebensstile und der damit verbundenen unterschiedlichen Erwartungen an die Kirche;

[16] BSLK 130,22 f.

- die enorme Steigerung der Lebenserwartung der Menschen, durch die das Alter zu einem immer größeren Gestaltungsraum – auch für die Kirche – wird;
- niveauvolle Konkurrenzangebote weltanschaulicher, religiöser oder medialer Art in vielen Bereichen der Gesellschaft;
- ein Anwachsen der Verwaltungsaufgaben, für die Pfarrerinnen und Pfarrer durch ihre Ausbildung nur mäßig gut vorbereitet sind.

In dieser Situation, die sich vermutlich in allen Punkten auch in Zukunft mit ansteigender Tendenz fortsetzen wird, besteht in der Pfarrerschaft – generell gesprochen – *kein* Bedarf an zusätzlichen Aufgaben oder umzusetzenden Programmen. Und wenn ein Untersuchungsprojekt wie „Wachsen gegen den Trend" in der Pfarrerschaft das Gefühl oder den Eindruck auslöst: „Jetzt sollen wir auch noch wachsen, weil andere gezeigt haben, dass das geht ", dann ist etwas gründlich schief gelaufen.

Was wir brauchen, ist *nicht ein Mehr an Aufgaben*, die zu erledigen sind, sondern das sind Möglichkeiten, wie ein breites kirchliches Angebot *ohne weitere Zerstreuung und Belastung* in der Amtsführung der einzelnen Pfarrerinnen und Pfarrer realisiert werden kann. Dafür könnte die freiwillige Zusammenarbeit in der Region bzw. im Kirchenkreis eine Möglichkeit sein. Bis sie entlastend funktioniert, werden vermutlich einige anfängliche Investitionen (auch zeitlicher Art) erforderlich sein. Diese sollten sich aber schon bald „rentieren". Was vor allem investiert werden muss, ist *Vertrauen*, und zwar sowohl in das *gemeinsame theologische und kirchliche Wollen* als auch in die *Zuverlässigkeit und Fairness* bei der Zusammenarbeit.

## 6 Ein Fazit

Viele Kirchengemeinden werden hierzulande in den kommenden Jahrzehnten voraussichtlich erleben, dass sich bei ihnen trotz ihrer ernsthaften Gebete und trotz ihrer intensiven Arbeit *kein Wachstum* einstellt, dass sie schon dankbar sein können, wenn sie etwa ihren Bestand erhalten können oder wenn der demographisch bedingte Abwärtsprozess langsamer verläuft, als das eigentlich zu erwarten und zu befürchten wäre. Die christlichen Kirchen haben dabei Anteil an einem gesamtgesellschaftlichen Trend, den sie trotz ihrer Größe nicht (jedenfalls nicht alleine) beeinflussen oder gar umkehren können. Es dringt jedoch immer stärker ins allgemeine Bewusstsein, dass diese Entwicklung – etwas verharmlosend „demographischer

Wandel" genannt – dringend *verantwortlich gestaltet* werden muss, wenn es nicht zu einer *katastrophalen* Situation (mit allen sie begleitenden Risiken) kommen soll. Bei dieser verantwortlichen Gestaltung können die Kirchen (sowie die anderen Religions- und Weltanschauungsgemeinschaften) nicht tatenlos abseits stehen. Sie müssen sich engagiert beteiligen.

So, wie es im Moment aussieht, gibt es grundsätzlich nur *zwei* Möglichkeiten, die negativen Auswirkungen des „demographischen Wandels" zu korrigieren: Erhöhung der *Geburtenzahlen* und/oder Erhöhung der *Zuwanderungszahlen*. Von der ersten Möglichkeit gilt: Sie hätte zwar keine erkennbaren unerwünschten Nebenwirkungen, aber es gibt offenbar keine wirksamen „Instrumente", sie zu befördern. Vermutlich ist es auch schon *zu spät*, auf diesem Weg noch eine wirksame Korrektur herbeizuführen. Von der zweiten Möglichkeit gilt hingegen: Sie wäre – angesichts der weltweiten Migrationsbewegungen und -interessen – vermutlich sehr leicht zu realisieren, hätte aber schwer vorhersehbare Nebenwirkungen, die entscheidend von der Integrationsfähigkeit und -bereitschaft bei allen Beteiligten und Betroffenen abhängen.

Die evangelischen Kirchen in Deutschland hätten von einer drastischen Erhöhung der Zuwanderungszahlen keinen nennenswerten „natürlichen" Zuwachs zu erwarten, da es unter den Ländern mit großer Auswanderungsbereitschaft jedenfalls keine Länder mit einem hohen Bevölkerungsanteil evangelischer Konfession gibt. Aber selbst wenn es sie gäbe, wären das nicht Menschen, die erst mit dem Evangelium bekannt gemacht werden müssten, da sie ja schon Mitglieder einer evangelischen Kirche wären. Es bestünde in diesen Fällen eher die Aufgabe, den Übergang von der alten in die neue Heimat kirchlich so zu begleiten, dass es möglichst nicht zu einer Entwurzelung, sondern zu einer gut gelingenden Beheimatung der Menschen kommt.

Die eigentliche Aufgabe und Herausforderung besteht jedoch – realistisch betrachtet – in der Frage, welchen Auftrag wir den Menschen gegenüber haben, die aus fremden Kulturen und in der Regel auch mit anderen Religionen hierher kommen und eine neue Heimat – vermutlich auf unabsehbar lange Dauer – suchen. *Auf diese Aufgabe ist die evangelische Kirche und Theologie noch nicht gut vorbereitet.* Zwar ist über die Stichworte „missionarischer Auftrag" und „Konvivenz zwischen den Religionen und Kulturen"[17] schon viel gearbeitet, geschrieben und gesprochen worden, und dass man beides nicht „gegeneinander ausspielen" oder als Alternative betrachten dürfe, ist ebenfalls schon häufig gesagt und geschrieben worden; aber ich

[17] „Konvivenz" bedeutet das (friedliche bzw. harmonische) Zusammenleben zwischen Religionen und Kulturen.

kann noch kein theologisch durchdachtes und verantwortetes Konzept erkennen, in dem diese unterschiedlichen Ansätze zusammengeführt und für das kirchliche Handeln fruchtbar gemacht worden wären.

Meiner Erinnerung nach war es der sächsische Bischof Johannes Hempel, der kurz nach der Wende die Frage stellte: „Wie können wir verhindern, dass Menschen in der Reichweite der Quelle des Lebens verdursten?" Mich hat diese Frage seitdem nicht losgelassen. Allerdings sind für mich in der Zwischenzeit zwei andere Fragen hinzugekommen:

- Empfinden Menschen in unserer Gesellschaft tatsächlich einen solchen Durst und sehen sie sich gar in der Gefahr des Verdurstens?
- Vermitteln unsere kirchlichen Veranstaltungen und unser christliches Lebenszeugnis im Alltag den Eindruck, wir seien im Kontakt zur Quelle des Lebens und stillten dort unseren eigenen Durst?

Sollte es sich herausstellen, dass eine dieser beiden Fragen (oder gar beide) mit „Nein!" zu beantworten wäre, dann wäre dies für mich – und sicher auch für viele andere – eine außerordentlich bedrückende Erkenntnis. Das könnten wir dann nicht anders denn als eine unter Gottes Zulassung hereinbrechende „Gottesfinsternis" verstehen, erdulden und erleiden.[18]

Es *gibt* jedoch auch unter den gegenwärtigen demographischen Bedingungen einladende, attraktive, wachsende Gemeinden, denen es gelingt, nicht nur aus ihrer kirchlichen Umgebung, sondern auch aus dem „kirchlichen Niemandsland" Menschen anzusprechen, mit dem Evangelium von Jesus Christus in Kontakt zu bringen und ihnen den Anschluss an eine christliche Gemeinde zu eröffnen. Das empfinde ich als ein *Gottesgeschenk* und als einen *Segen*, nicht nur und nicht primär für die Kirchengemeinden, sondern vor allem für die *Menschen*, die auf diese Weise durch die Botschaft von Jesus Christus erreicht werden.

---

[18] In seiner Schrift „An die Ratherren aller Städte deutschen Lands" von 1524 hat Luther dies im Blick auf seine Zeit beschrieben, indem er mit folgenden Worten vom Evangelium als einem „fahrenden Platzregen" spricht: „Ich acht, daß deutsch Land noch nie so viel von Gottes Wort gehört habe als jetzt ... Liebe Deutschen, kauft, weil der Markt vor der Tür ist, sammelt ein, weil es scheinet und gut Wetter ist, braucht Gottes Gnade und Wort, weil es da ist! Denn das sollt ihr wissen, Gottes Wort und Gnade ist ein fahrender Platzregen, der nicht wiederkommt, wo er einmal gewesen ist ... Und ihr Deutschen dürft nicht denken, daß ihr ihn ewig haben werdet; denn der Undank und die Verachtung wird ihn nicht lassen bleiben. Darum greif zu und halt zu, wer greifen und halten kann: faule Hände müssen ein böses Jahr haben!" (WA 15,32,1–14). Im Blick auf *eine* Aussage darf und muss man hier aber Luther gegen Luther aufbieten, gegen die Aussage: „der nicht wiederkommt, wo er einmal gewesen ist". Luther selbst hat den Hebräerbrief scharf kritisiert wegen dessen Aussage: „Denn es ist unmöglich, die, die einmal erleuchtet worden sind ... und dann doch abgefallen sind, wieder zu erneuern zur Buße" (Hebräer 6,4 und 6). Dann steht aber auch Luther selbst die Aussage nicht zu, dass Gottes Wort und Gnade ein fahrender Platzregen ist, der *nicht wieder dahin kommt*, wo er einmal gewesen ist. Gott sei Dank! Worauf sollten wir sonst hoffen?

Auch (und gerade) im Blick auf solche Kirchengemeinden (und Kirchenkreise) gilt das, was Paulus schon der Gemeinde von Korinth ins Stammbuch geschrieben hat: „Wer gibt dir einen Vorrang? Was hast du, das du nicht empfangen hast? Wenn du es aber empfangen hast, was rühmst du dich dann, als hättest du es nicht empfangen?“ (1. Korinther 4,7). Und wenn Gemeinden, denen Wachstum zuteilgeworden ist, in *dieser* Haltung und im Wissen *darum* ihre Arbeit tun, dann stellt das jedenfalls eine günstige Voraussetzung dafür dar, dass sie auch auf ihre *kirchliche* Umgebung *einladend* wirken.

# Theologische Kompetenz der Gemeinde!

*Martin Hein*

## I. Die Fragestellung

Von „Kompetenz" zu reden, ist in den letzten Jahren zentral geworden. Etwa im Bildungsbereich hat der Begriff eine steile Karriere gemacht. Er taucht aber auch in theologischen Zusammenhängen auf – insbesondere dann, wenn nach den spezifischen Fähigkeiten von Pfarrerinnen und Pfarrern gefragt wird.[1] Doch er muss darauf keineswegs beschränkt bleiben!

Die Grundordnung der Evangelischen Kirche von Kurhessen-Waldeck beschreibt in Art. 36 Abs. 1[2] Aufgaben des Kirchenvorstands, die man durchaus als kompetenzorientierte Anforderungen lesen kann:

*„Der Kirchenvorstand soll*

1. *über die Verkündigung in Wort und Sakrament in der Gemeinde wachen,*
2. *für die christliche Erziehung und Unterweisung der Jugend Sorge tragen,*
3. *sich der Armen, Kranken und Alten sowie der sonstigen Schutz- und Hilfsbedürftigen annehmen und die Dienste und Werke der Kirche im Bereich der Gemeinde fördern,*
4. *darauf achten, dass die Sonn- und Feiertage geheiligt und die gottesdienstlichen Ordnungen eingehalten werden."*

Hier werden, um es in entsprechender Terminologie zu formulieren, Standards für das kirchenleitende Handeln des entscheidenden Organs einer Kirchengemeinde beschrieben. Wie steht es aber um deren „Kompetenz"? Und ist die Verwendung des Begriffs *„theologische"* Kompetenz in diesem Zusammenhang zielführend?

---

[1] Der Begriff der „Kompetenz" wurde von Eilert Herms in die theologische Diskussion eingeführt und (als Handlungskompetenz) auf die Ausbildung der Pfarrerinnen und Pfarrer angewendet; vgl. E. Herms, Was heißt „theologische Kompetenz"?, in: Wege zum Menschen 30 (1978), 253–265.

[2] <www.kirchenrecht-ekkw.de/showdocument/id/17610>.

Kirchengemeinden stehen heute offensichtlich vor Herausforderungen, die nicht nur juristisch und organisatorisch bedacht und verantwortet werden wollen. Leitungshandeln verliert innerkirchlich an Selbstverständlichkeit und Akzeptanz. Leitungsentscheidungen müssen daher bereits auf der Gemeindeebene *theologisch* plausibilisiert werden – nicht um sie damit zu immunisieren, sondern um sie zu substantiieren.

Einige Beispiele:

- Die Entscheidungen, welches kirchliche Gebäude aufzugeben sein wird, in welcher Weise man zielgruppenorientierten Gottesdienst anbietet, wie der Konfirmandenunterricht gestaltet werden soll, ja selbst die drängende Frage, von welchen Handlungsfeldern man sich unter dem Druck sinkender Einnahmen zu trennen hat, können nicht mehr hinter verschlossenen Türen von einem kleinen Kreis um den Pfarrer bzw. die Pfarrerin gefällt werden. Sie bedürfen des Mitdenkens und der Unterstützung vieler Gemeindeglieder. Diese wollen aber nicht nur über die inhaltlichen Voraussetzungen von Entscheidungen informiert werden, sondern müssen zur Beteiligung an einer qualifizierten Entscheidungsfindung auch befähigt werden. Das ist eine *theologische* Herausforderung!
- Die religiöse Landschaft innerhalb einer Kirchengemeinde ist bunter geworden. Dem entspricht eine zunehmende Ausdifferenzierung der religiösen Herkunft von Pfarrerinnen und Pfarrern. Angesichts dieser Pluralisierung stellt sich die Frage, was eine Kirchengemeinde letztlich zusammenhält. Das kann nicht die bloße Organisationsstruktur sein. Hier ist *theologische* Besinnung und Vergewisserung angefragt!
- Kirchengemeinden sind – je länger, je mehr – genötigt, den christlichen Glauben auch nach „außen“ zu verantworten. Das ist für manche Gemeinde neu und ungewöhnlich, weil es in der volkskirchlichen Situation ein solches „Außen“ bisher scheinbar gar nicht gab. Heute aber stehen z.B. Kirchenrenovierungen auch in der nicht-kirchlichen Öffentlichkeit zur Debatte, und hier werden durchaus *theologisch* begründete und nachvollziehbare Antworten erwartet. Die Fähigkeit dazu aber muss gebildet werden!

Das alles lässt die Frage nach theologischer Kompetenz der Gemeinde vordringlich werden.

## II. Der Begriff der Kompetenz

„Kompetenz“ meint zweierlei: zum einen – und das ist die derzeit gängige Definition – ein Bündel von Fähigkeiten, das es erlaubt, eine Problemstellung zu erkennen und Lösungsstrategien zu entwickeln. Kompetenz kann erworben werden durch Bildung und Ausbildung, sie wird evaluiert mit Hilfe von Standards und über Qualitätszirkel erweitert und gefestigt. Dieser Kompetenzbegriff hat sich auch in der Bildungsdiskussion der letzten Jahre durchgesetzt und zu einer tiefgreifenden Reform der schulischen Lehrpläne geführt.[3] Die nicht unproblematische Leitfrage ist die nach der Messbarkeit und Vermittelbarkeit solcher Kompetenz.

Es gibt aber noch ein anderes, traditionelleres Verständnis von Kompetenz: Kompetenz wird zugeschrieben, etwa mit der Verleihung eines Amtes oder durch die Bestallung mit einer Aufgabe. Hier meint Kompetenz vordringlich die Ermächtigung zum Setzen von Themen, zum Entscheiden und zum Erteilen von Aufträgen. Es ist ein an Institutionen gebundener Kompetenzbegriff, der von der individuellen Fähigkeit unter Umständen vollständig absehen kann.

Diese Spannung spiegelt sich in der theologischen Rezeption des Kompetenzbegriffes wider.

In der evangelischen Kirche ist „theologische Kompetenz“ – als Fähigkeit, ausgebildet und nach Standards das eigene Handeln theologisch zu verantworten – besonders auf das Pfarramt zugespitzt worden. Das Theologiestudium wurde unter dieser Fragestellung im letzten Jahrzehnt umfassend betrachtet und reformiert. „Theologische Kompetenz“ beschreibt demnach einen wesentlichen Teil des Berufswissens von Pfarrerinnen und Pfarrern. Im Diskussionspapier der V. Würzburger Konsultation über Personalplanung in der Evangelischen Kirche in Deutschland von 1989 hört sich das folgendermaßen an: „Die Fähigkeit zum theologischen Urteil muss mindestens drei ... Bereiche umfassen: ein geklärtes Verständnis der Tradition, ein Verständnis der Lebensprobleme der heutigen Menschen, soweit sie Glaubensfragen betreffen, und die Fähigkeit, beides zusammen zu denken und so aufeinander zu beziehen, dass traditionelle Aussagen zur situationsgemäßen Anrede werden.“[4]

---

3 Vgl. Theologisch-Religionspädagogische Kompetenz. Professionelle Kompetenzen und Standards für die Religionslehrerausbildung. Empfehlungen der Gemischten Kommission zur Reform des Theologiestudiums, Hannover 2009 (EKD-Texte 96).

4 Der Beruf des Pfarrers/der Pfarrerin heute. Ein Diskussionspapier zur V. Würzburger Konsultation über Personalplanung in der EKD, hrsg. v. Kirchenamt der EKD, Hannover 1989, 27. Vgl. ebenso:

Diese Definition orientiert sich erstens deutlich an dem Kompetenzbegriff, der die Befähigung beschreibt. Zweitens wird Theologie hier als Theorie der pfarramtlichen Profession gedeutet und Kirchenleitung vom Pfarramt her konstruiert. In Frage steht, ob diese Beschränkung überzeugend ist oder ob weitere Subjekte kirchenleitenden Handelns identifiziert werden können.

## III. Theologie und Kirchenleitung

### 1. Schleiermacher

Es war Friedrich Schleiermacher, der nach dem Zusammenbruch der traditionellen orthodoxen Theologie, die sich als Entfaltung der biblisch vermittelten Offenbarung verstand, einen neuen, funktionalen Theologiebegriff etablierte. Theologie ist für ihn Glaubenslehre, also Entfaltung religiöser Erfahrung, und als solche wird sie von ihm eng auf die Aufgabe der Kirchenleitung bezogen. Sie ist die Theorie professionellen kirchlichen Handelns.

Dabei wird für Schleiermacher, um sogleich ein Missverständnis aus dem Weg zu räumen, die Unterscheidung von „Kirchenregiment" und „Kirchenleitung" fundamental. Würde Theologie ausschließlich das professionelle Berufswissen von ordinierten Theologinnen und Theologen beschreiben, so wäre die Frage nach der theologischen Kompetenz der Gemeinde sinnlos. Dem ist aber gerade bei Schleiermacher nicht so! Er hat sich aus guten theologischen Gründen in der Kirchenreformdebatte des frühen 19. Jahrhunderts auf die Seite einer modern anmutenden Presbyterial- und Synodalverfassung gestellt.[5]

Schleiermacher bestimmt „christliche Theologie" als den „Inbegriff derjenigen wissenschaftlichen Kenntnisse und Kunstregeln, ohne deren Besitz und Gebrauch eine zusammenstimmende Leitung der christlichen Kirche, d.h. ein christliches Kirchenregiment, nicht möglich ist" (§ 5)[6]. Christliche Theologie bringt entweder Theologen „im engeren Sinn" hervor, die „mehr

---

Grundlagen der theologischen Ausbildung und Fortbildung im Gespräch. Die Diskussion über die „Grundsätze für die Ausbildung und Fortbildung der Pfarrerinnen und Pfarrer der Gliedkirchen der EKD". Dokumentation und Erträge von 1988 bis 1993. Im Auftrag der Gemischten Kommission für die Reform des Theologiestudiums hrsg. v. W. Hassiepen u. E. Herms, Stuttgart 1993, 19–25 (Reform der theologischen Ausbildung 14): „‚Theologische Kompetenz' ist der Inbegriff der Fähigkeiten, die für die *auftragsgemäße* und *professionelle* Führung des Pfarramts erforderlich sind." (19).

5 Vgl. K. Nowak: Schleiermacher. Leben, Werk und Wirkung, Göttingen 2001, 356–371.

6 F. D. E. Schleiermacher: Kurze Darstellung des theologischen Studiums zum Behuf einleitender Vorlesungen. ²1830, in: Kritische Gesamtausgabe, Erste Abteilung, Schriften und Entwürfe, Bd. 6, hrsg. v. D. Schmid, Berlin 1998, 317–446, hier 328.

das Wissen um das Christenthum in sich ausgebildet" haben, oder „Kleriker", die „mehr die Thätigkeit für das Kirchenregiment" beherrschen (§ 10)[7]. In beiden Fällen ist Theologie für Schleiermacher eine Funktion der Kirchenleitung, und diese beruht „auf einer bestimmten Gestaltung des ursprünglichen Gegensatzes zwischen den Hervorragenden und der Masse" (§ 267)[8]. Was Schleiermacher hier deutlich erkennt, wird uns noch beschäftigen: Eine Gemeinde – als „Masse" – kann kein handelndes Subjekt sein. Es werden immer Einzelne sein, die in den Organen handeln.

Wichtig ist, dass dieses Handeln nach Schleiermacher eine wissenschaftliche Qualifikation voraussetzt. Aber: Kirchenleitung geschieht nach Schleiermacher nicht einseitig, als würden die „Hervorragenden" die „Masse" belehren, sondern in einem zirkulären Prozess durch die „Methode des Umlaufs, vermöge deren die religiöse Kraft der Hervorragenden die Masse anregt, und wiederum die Masse jene auffordert" (§ 268)[9]. Damit nähert sich Schleiermacher an die Erkenntnisse moderner Kommunikationsforschung an.

Die Frage ist nun: Wie wird die „Masse" befähigt, an diesem „Umlauf" kompetent teilzunehmen – und warum soll sie es überhaupt? Wieso reicht es nicht, die Kirche von professionellen „Theologen" und „Klerikern" leiten zu lassen? Antwort: Weil dies dem Wesen des Protestantismus widerspräche.

Schleiermacher unterscheidet bewusst zwischen ‚gebundener' Kirchenleitung (§ 312)[10], die organisiert, ordnet, beschränkt (§ 313), und ‚ungebundener' Kirchenleitung als der „freien Einwirkung auf das Ganze, welche jedes einzelne Mitglied der Kirche versuchen kann, das sich dazu berufen glaubt" (§ 312). Mit anderen Worten: Schleiermacher beschreibt sehr präzis, was heute „theologische Kompetenz" genannt wird – nämlich die Fähigkeit, über theologische Entscheidungen Auskunft zu geben –, und verankert sie in der kirchenleitenden Funktion, wobei er die Möglichkeit der prinzipiellen Beteiligung aller Gemeindeglieder mit einbezieht.

## 2. Martin Luther

Damit nimmt Schleiermacher einen reformatorischen Impuls auf und baut ihn aus, der sich schon bei Luther klar ausformuliert findet: in dessen kleiner, aber wirkmächtiger Schrift „Dass eine christliche Versammlung oder

[7] Ebd., 330.
[8] Ebd., 421.
[9] Ebd., 421.
[10] Ebd., 436.

Gemeinde Recht und Macht habe, alle Lehre zu urteilen und Lehrer zu berufen, ein- und abzusetzen, Grund und Ursach aus der Schrift"[11] aus dem Jahr 1523.

Keineswegs überraschend setzt Luther mit der Bestimmung ein, was eine Gemeinde sei: nämlich keine rein weltliche Institution, sondern „daran ... soll man die christliche Gemeinde mit Gewissheit erkennen, dass da das reine Evangelium gepredigt wird"[12]. Damit wird der Bezug auf die Heilige Schrift grundlegend, und zugleich ist die Quelle aller Kompetenz benannt.

Luther spitzt die Frage nach der Kompetenz auf die Frage nach der Überwachung der Lehre zu. Die bisherige Praxis, die Kompetenz zur Lehrbeurteilung einzig den Klerikern zu überlassen, stellt er mit Blick auf das Lehramt Christi in Frage: „Denn Christus bestimmt gerade das Gegenteil. Er nimmt den Bischöfen, Gelehrten und Konzilien sowohl das Recht wie die Vollmacht, über die Lehre zu urteilen und gibt sie jedermann und allen Christen insgemein."[13] Daraus folgt für Luther: „Darum sollen und müssen alle Lehrer dem Urteil der Zuhörer unterworfen sein mit ihrer Lehre"[14]. Es ist der Gedanke aus Luthers Freiheitsschrift von 1520, der auch hier auftaucht: „... unter den Christen ist ein jeglicher des anderen Richter und wiederum auch dem anderen unterworfen."[15]

Operativ beschreibt das einen Regelkreis. Die Ausübung dieser Kompetenz erweitert sie zugleich – und damit ist die Funktion von Lehrern und sozusagen der Anfang des Regelkreises genau beschreibbar: „Weil es aber christliche Gemeinde ohne Gottes Wort nicht geben soll noch kann, folgt aus dem vorigen ganz schlüssig, dass sie ja dennoch Lehrer und Prediger haben müssen, die das Wort ausrichten."[16] Denn das Wort Gottes ist die Quelle aller Kompetenz, und die Verständigung darüber ist der Erwerb der Kompetenz. Dazu ist eine christliche Gemeinde durch die Taufe verpflichtet. Dahinter steht, *expressis verbis*, das allgemeine Priestertum: „Denn das kann niemand leugnen, dass ein jeglicher Christ Gottes Wort hat und von Gott gelehrt und zum Priester gesalbt ist."[17]

---

[11] WA 11,408-416; hier zitiert nach: M. Luther, Ausgewählte Schriften, hrsg. v. K. Bornkamm u. G. Ebeling, Bd. 5: Kirche, Gottesdienst, Schule, Frankfurt a. M.1983, 7–18.

[12] Ebd., 8.

[13] Ebd., 9.

[14] Ebd., 11

[15] Ebd., 11.

[16] Ebd., 12.

[17] Ebd., 13.

Damit wird die Gemeinde zur Wächterin über die Lehre, aber auch zur ständigen Schülerin in der Lehre. Beide Funktionen haben ihre Quelle im Wort Gottes. Theologie ist bestimmt als Lehre vom Wort Gottes, zugleich aber – ganz im Sinne Schleiermachers! – als Reflexionsgestalt des Glaubens zum Zweck einer operativ verstandenen Kirchenleitung. Die Kompetenz, die allen Christen in der Taufe zugeschrieben ist, wird durch einen Bildungsprozess als Fähigkeit erworben und entwickelt. Diesen Bildungsprozess macht Luther – und übrigens dann auch Schleiermacher – am Begriff der „Lehre" fest. Die theologische Kompetenz der Gemeinde ist „Lehrkompetenz".

## 3. Kirchliche Lehre und das Wächteramt der Gemeinde

Nun muss zugestanden werden: „Lehre" hat es im modernen Protestantismus nicht leicht. Allein die Vorstellung, eine Gemeinde – vertreten z. B. durch den Kirchenvorstand – könne eine Aufsichts- und Wächterfunktion in Bezug auf die Lehre, am Ende gar auf die „rechte Lehre", haben, erzeugt trotz entsprechender Passagen in evangelischen Kirchenordnungen leicht Unmut.

Bevor man in die Diskussion über diese Frage eintritt, muss man im Deutschen beachten, dass der Begriff „Lehre" in mehrfacher Bedeutung verwendet wird, was sich mit einem Blick auf das Englische relativ leicht klären lässt. Dietrich Ritschl weist darauf hin, dass „Lehre" im Deutschen folgende Bedeutungen[18] hat:

- als „*Vermittlung* des Wissens" (*teaching*);
- als „*Feld* der Verortung eines Themas oder Problems in einem größeren Themen- und Sinnzusammenhang" (*discipline*);
- als „*Aussagenkomplex*" mit Anspruch auf Verbindlichkeit für eine Gruppe (*doctrine*)[19].

Es ist deutlich, dass alle drei Verwendungen in der deutschsprachigen evangelischen Theologie seit der Aufklärung problematisch sind, vor allem die dritte Bedeutung von Lehre im Sinne der „Doktrin".

Das hängt nach Ritschl damit zusammen, dass es im modernen Protestantismus ein Spannungsverhältnis von Verkündigung und Lehre gebe, in dem das aktive, lebendige und situationsgebundene Geschehen der Verkündigung unterschieden werde vom lehrhaften Auf- und Ausbau eines Systems wahrer Sätze.[20] Diese Differenz ist freilich biblisch nicht

---

18 Vgl. D. Ritschl, Art. Lehre, in: Theologische Realenzyklopädie 20 (1990), 608–621.

19 Ebd., 609.

20 Ebd.

haltbar, und auch für die Reformatoren wäre es eine schwer nachvollziehbare Unterscheidung gewesen. Und das hat gute, kommunikationstheoretisch untermauerte Gründe: Eine semantisch inhaltsleere Kommunikation ist gar nicht möglich – und schon gar nicht, wenn sie, wie es dem Evangelium eigen ist, auf Wiederholung und mithin auf Wiedererkennbarkeit angelegt ist.

Man kann den Akt der Verkündigung also nicht unterscheiden vom Inhalt dessen, was gesagt wird, und eine Glaubensgemeinschaft gründet sich nicht nur auf (vermeintlich) inhaltsindifferente Rituale, sondern auch auf ein Bündel von mehr oder weniger kodifizierten Überzeugungen, die klar inhaltlich bestimmt und für die Gemeinschaft konstitutiv sind. Gemeinschaften sind immer auch Überzeugungsgemeinschaften. Diese geradezu triviale Einsicht gilt für Fußballvereine ebenso wie für Kirchengemeinden.

Darin liegt die Funktion von Bekenntnissen, die in diesem Sinne eine Lehre enthalten[21]: Sie formulieren die inhaltlichen „Standards", an denen die Angemessenheit der verkündigten Lehre qualifiziert überprüft werden kann.

Dem vorgeordnet bleibt freilich die Heilige Schrift. Auch sie enthält nach protestantischem Verständnis keine eigentliche Lehre, aber es sind lehrhafte Sätze und Ensembles von Überzeugungen und Haltungen aus ihr ableitbar. Das ist ja gerade der Entstehungsgrund von Bekenntnissen: Sie sollen die Auslegung der Heiligen Schrift in Sinne der Kontinuität steuern, zugleich aber an ihr ständig überprüft werden.

Auch hier zeigt sich also ein hermeneutischer Zirkel, der sich als ein semantischer Regelkreis erweist. Er erlaubt es, Tradition und Erneuerung in einer dynamischen Spannung zu halten. Die Kompetenzerwartungen und -zumutungen an eine Gemeinde gehen dahin, über die evangeliumsgemäße und bekenntnisgesteuerte Verkündigung zu wachen. Dazu stehen den Gemeindegliedern die Bekenntnisse unterstützend zur Verfügung. Aus dem hermeneutischen Zirkel wird somit eine höchst praktische Herausforderung. Es stellt sich die Frage nach dem Erwerb theologischer Kompetenz im Spannungsverhältnis von Verkündigung und Lehre. Das ist Schleiermachers Frage!

Man kann das Problem darauf zuspitzen, ob eine Gemeinde in der Lage sein soll oder gar sein muss, zu erkennen und zu benennen, wenn in ihren Gottesdiensten in Wort und Handlung lehrmäßige Irrtümer verbreitet wer-

---

[21] Vgl. M. Hein: Was heißt: „... in der Vielfalt der überlieferten Bekenntnis der Reformation zu einer Kirche zusammengewachsen"?, in: Vernünftiger Gottesdienst. Kirche nach der Barmer Theologischen Erklärung. Festschrift für Hans-Gernot Jung, hrsg. v. F. Scholz u. H. Dickel, Göttingen 1990, 131–150, hier 136–139.

den. Allein diese Formulierung zeigt, dass die Frage nach der theologischen Kompetenz der Gemeinde in Bezug auf die Lehre (verstanden als „doctrine") eine ernste theologische Anfrage ist und ein gehöriges Konfliktpotential enthält.

Wie kann eine Gemeinde über die rechte Lehre wachen, wenn erstens der Begriff selber im Protestantismus hoch umstritten ist und zweitens gerade die Freiheit der Verkündigung ein Wesensmerkmal der aus der Ordination fließenden Rechte des geistlichen Amtes darstellt? Wie kann eine solche Kompetenz erworben werden, ohne zu erwarten, dass ein „kompetenter" Christenmensch zunächst ein Theologiestudium durchlaufen muss? Und schließlich gilt es zu bedenken, dass der Begriff der Lehre ja auch bei Nichttheologen und außerhalb der Kirche einen äußerst schlechten Klang hat: „Die Unschärfe im (evangelischen) Verständnis von Lehre verbindet sich mit der Klage über die Dürre und Irrelevanz von Lehre in ihrer verzerrten Form auf dem Hintergrund der problematischen Typisierung von Verkündigung und Lehre auf wenig glückliche Weise."[22]

Angesichts dessen sollte man sich stärker auf den Charakter der Lehre als „teaching" konzentrieren und „Lehre" begrifflich als ein Bildungsgeschehen deuten. Die Lehre ist dann nicht das starre System von als wahr erkannten Sätzen, die es zu übernehmen gilt, sondern ein Prozess der Aneignung, Vermittlung und Kommunikation von Inhalten in Reaktion und Reflex auf die Verkündigung.

Damit rückt der Gottesdienst als Ort des theologischen Kompetenzerwerbs für eine Gemeinde in den Mittelpunkt. Und der kirchliche Unterricht erscheint in dieser Perspektive als Ermöglichung, diejenigen Kenntnisse und Fertigkeiten zu erwerben, die es erlauben, an einem Gottesdienst kompetent teilzunehmen und eine kritische Urteilsfähigkeit zu entwickeln, um sich so in das innergemeindliche Gespräch über die Bedeutung des Evangeliums einbringen zu können.

Unter der Perspektive des allgemeinen Priestertums aller Getauften und der daraus resultierenden kirchenleitenden Verantwortung auch der – mit Schleiermacher gesagt – „Masse" wird dabei allen Gemeindegliedern eine prinzipielle Teilnahme an diesem Gespräch eröffnet – aber es wird ihnen auch zugemutet, diese Kompetenz weiter zu entfalten. Es ist Aufgabe der Gemeindeglieder, ihre theologische Kompetenz auszubilden und sich nicht auf die rein rezeptive und passive Rolle des Belehrtwerdens zurückzuziehen.

---

[22] Ritschl, a. a. O., 610.

Diese Verantwortung bedeutet zugleich, den Anspruch auf den faktischen Kompetenzvorsprung der ausgebildeten und aufgrund ihrer Ausbildung ordinierten Geistlichen anzuerkennen und ihn sowohl als Quelle wie als Gegenüber der eigenen Bildung zu nutzen. Pfarrerinnen und Pfarrer sind in diesem Sinne für Gemeinden eine Ressource zum Erwerb von theologischer Kompetenz, um diese auf die Lehre beziehen zu können.

So lässt sich der oben beschriebene Zirkel auflösen und in eine *Spirale* verwandeln. Im günstigsten Falle steigern Gemeinde und Pfarrerinnen bzw. Pfarrer ihre faktische Kompetenz aneinander so, dass sich die zugeschriebene Kompetenz immer weiter entfaltet. Auf diese Weise wird eine fundamentalistische Erstarrung der Lehre (mit der Tendenz der Exklusion von abweichenden Meinungen) ebenso verhindert wie deren Auflösung in bloße, letztlich unverbindliche Kommunikation („Hauptsache, wir sind zusammen"). Pfarrerinnen bzw. Pfarrer und Gemeinde(glieder) nehmen ihr gemeinsames, aus dem allgemeinen Priestertum abgeleitetes Lehramt auch gemeinsam wahr. Denn die Lehre ist kein Selbstzweck: Wie sie letztlich die inhaltlich-systematisierende Entfaltung des verkündigten Evangeliums ist (also ureigentlich aus dem Gottesdienst stammt), muss sie in die Verkündigung, also in den Gottesdienst zurückfließen. Gelungene Kommunikation erkennt man gemeinhin an der kompetent ausgeführten Anschlusshandlung: Das wäre in diesem Falle nicht das intellektuell nachvollzogene Rezitieren von Lehrsätzen, sondern das Gotteslob, die Doxologie als Antwort auf das Evangelium.

Nochmals sei betont: Es geht bei der Frage nach der theologischen Kompetenz der Gemeinde nicht darum, in jeder Gemeinde eine Evangelische Akademie zu gründen, sondern darum, einen innergemeindlichen Lehrdiskurs zu initiieren, der aus dem Gotteslob kommend in das Gotteslob zurückführt. So können Menschen *erleben*, wovon das Evangelium spricht, und werden zugleich in die Lage versetzt, über das Erlebte inhaltlich und verantwortet Auskunft zu geben.

Das ist eine hohe Herausforderung vor allem an die professionellen Theologinnen und Theologen. Ihnen kommt in diesem Prozess eine Bildungsaufgabe im ganz modernem Sinn zu: Sie setzen die Standards.

Wird aber Theologie als ein privilegiertes Herrschaftswissen verstanden, dem gegenüber jegliches nicht-professionelle Glaubensdenken als defizitär erlebt wird, verfehlt sie ihr Ziel ebenso, als wenn Theologie unter Verleugnung der eigenen akademischen Voraussetzungen als irrelevant für die Gemeinde hingestellt wird. Das bedeutet: Wenn eine Gemeinde – etwa unter Hinweis auf den Reichtum nicht näher explizierbarer spiritueller Erfahrung oder aufgrund von Misstrauen gegenüber jeglicher Institution – auf ihre theologische Kompetenzbildung verzichtet, verliert sie auch ihr Wächteramt. Damit aber geht ihr protestantisches Profil verloren![23]

## IV. Die Gestalt der Gemeinde

Bei den bisherigen Überlegungen stand ein rein theologischer Begriff der Gemeinde im Vordergrund, der sich mit der Formulierung von Artikel VII der Confessio Augustana erschöpfend beschreiben lässt: Die Gemeinde ist der Ort, „wo das Evangelium lauter und rein verkündigt und die Sakramente gemäß dem Evangelium verwaltet werden".

Ihre organisatorische Gestalt ist bis in die Gegenwart hinein nach wie vor die Parochie. Diese begegnet in der pfarramtlichen Praxis jedoch als ein höchst fragiles und manchmal fragmentiertes Gebilde aus Organen und Gremien, aber auch in einer Fülle von Begegnungen und Kommunikationen, die unterhalb der Ebene der Organisation angesiedelt sind.

Von einer „Gemeinde" als einem einheitlichen Gebilde und somit als Träger einer Kompetenz kann also kaum gesprochen werden. Die „Masse" erscheint immer in Gestalt von Gruppen oder Einzelnen – und das in der Form von organisierten oder freien Beziehungen.

In diesem komplexen Gebilde wird dem Kirchenvorstand eine hervorgehobene Rolle in der Kirchenleitung zukommen müssen, da er auch das „Kirchenregiment" ausübt. Das spiegelt sich in dem anfangs zitierten Art. 36 Abs. 1 der Grundordnung der Evangelischen Kirche von Kurhessen-Waldeck deutlich wider. Im Kirchenvorstand wird das von Luther beschriebene und geforderte Wächteramt als spezifische theologische Kompetenz operativ verortet.

Damit in einer Kirchengemeinde der „Dienst der Verkündigung und die Spendung der Sakramente, die christliche Erziehung der Jugend und der Dienst christlicher Liebe" (Art. 8 Abs. 1 GO) geschehen können und gewährleistet sind, gilt nach Art 13 Abs. 1 GO: „Es ist Sache der Kirchengemeinde, zur Erfüllung ihrer Aufgaben Gemeindeglieder als Mitarbeiter zu gewinnen und zuzurüsten sowie die notwendigen Ämter und Dienste einzurichten." Verantwortliches Organ dafür ist der Kirchenvorstand (unter Einschluss der

[23] Vgl. K. Barth, Einführung in die evangelische Theologie, München/Hamburg 1968, 38: „Theologie ist kein Unternehmen, das irgendein am ministerium Verbi Divini Beteiligter getrost – als wäre es ein Hobby einiger besonders Interessierter und Begabter – irgendwelchen Anderen überlassen könnte. Eine wache, ihres Auftrages und ihrer Aufgabe in der Welt bewusste Gemeinde wird – und das geht die besonders Beauftragten unter ihren Gliedern in erhöhtem Maße an – notwendig als solche eine theologisch interessierte Gemeinde sein."

Pfarrerinnen und Pfarrer, die nach kurhessischem Recht dem Kirchenvorstand qua Amt stets angehören!). Seine Aufgaben bestehen darin, über die Verkündigung zu wachen, für Erziehung und Unterweisung Sorge zu tragen, den diakonischen Auftrag umzusetzen und das *ius liturgicum* der Gemeinde wahrzunehmen. Das alles setzt nicht nur guten Willen, Kenntnisse und Fähigkeiten, sondern theologische Kompetenz voraus. Quelle dafür ist die vorausgehende Verkündigung und Lehre. Der schon mehrfach beschriebene Regelkreis taucht also erneut auf.

Bemerkenswert ist allerdings, dass die Grundordnung der Evangelischen Kirche von Kurhessen-Waldeck diese Aufgaben nicht allein dem Kirchenvorstand überlassen hat: Denn wer wacht über die „Wächter“? In den Artikeln 39 bis 40 wird das aus der Ziegenhainer Kirchenzuchtordnung von 1539 übernommene Amt der „Kirchenältesten“ beschrieben (mit einem deutlich seelsorglichen Schwerpunkt gegenüber Pfarrerinnen und Pfarrern), in den Artikeln 41 und 42 kommen der „Arbeitskreis der gemeindlichen Dienste“ und die „Gemeindeversammlung“ hinzu. Auf diese Weise soll eine Rückbindung des Leitungsorgans Kirchenvorstand an die Belange der Gemeinde gewährleistet bleiben – und damit an das, was auch alle, die nicht dem Kirchenvorstand angehören, an theologischer Kompetenz aus ihrer Sicht einbringen können.

## V. Theologische Kompetenz der Gemeinde: Ein Fazit

Die Frage, ob es eine theologische Kompetenz der Gemeinde gibt und ob es sinnvoll ist, davon zu reden, muss nach allem bisher Ausgeführten klar bejaht werden: Sie ist im allgemeinen Priestertum aller Getauften und dem mit ihm prinzipiell gegebenen Wächteramt begründet, das das Miteinander und Gegenüber, aber auch das Ineinander von Gemeinde und Leitung beschreibt.

Die sich daraus ergebende Frage lautet dann: Wie können Mitarbeiterinnen und Mitarbeiter, denen die Kompetenz des Wächteramtes zugeschrieben wird, auch die Befähigung zur Ausübung dieses Amtes erlangen? Das ist eine Bildungsaufgabe, zu deren Erfüllung es inzwischen viele Anregungen und Unterstützungsmaßnahmen gibt.

Auch wenn es ein ungewöhnlicher und nicht unumstrittener Blick auf den Gottesdienst ist, so spielt er dabei doch – wie bereits angedeutet – die vornehmste Rolle. Denn die hier stattfindende Verkündigung ist die Voraussetzung, dass Kompetenzen zugeschrieben und wahrgenommen werden können. Qualifizierte Verkündigung schafft qualifizierte Hörerinnen und Hörer, die ihrerseits neue Standards formulieren können – und so fort. Daraus ergeben sich ganz einfache Folgerungen: Gottesdienstbegleitende Veranstaltungen, gemeinsame Gottesdienstvorbereitung, Predigtvor- oder -nachgespräche können der Aufgabe einer Qualifizierung dienen. Sie dürfen nicht darauf verkürzt werden, aber sie sollten unter dem Blickwinkel der Kompetenzstärkung beachtet und geplant werden.

Ebenso trägt der Bereich gemeindlicher Erwachsenenbildung mit Bibelgesprächen, Themenabenden oder Seminarveranstaltungen zur Förderung theologischer Kompetenz in der Gemeinde bei. Es ist ein Irrtum zu meinen, an dergleichen Angeboten bestünde innerhalb der Kirchengemeinden kein Interesse. Eher ist das Gegenteil der Fall!

Auch im Rahmen der engeren Kirchenvorstandsarbeit lässt sich die theologische Kompetenz ausbauen.[24] Hier geht es um mehr als um die Andacht zu Beginn der Sitzungen! Theologische Kompetenz wirkt sich in den Formen der Auseinandersetzung und in der Gestaltung der konkreten Arbeit aus und zielt auf die gemeinsame geistliche Leitung der Gemeinde. Ganz wesentlich ist, dass von beiden Seiten – von Pfarrerinnen und Pfarrern wie von ehrenamtlich Mitarbeitenden – die Entwicklung theologischer Kompetenz gewollt wird, weil sie sich zur Leitung als unabdingbar erweist.

Den theologischen Kompetenzerwerb muss sich allerdings auch die Landeskirche selber auf die Fahne schreiben. Denn die planmäßige Fortbildung in Fragen der Kirchenvorstandsarbeit liegt in deren ureigenstem Interesse. Entsprechende Schulungen werden übergreifend angeboten. Wichtig dabei ist, dass sich diese Kurse oder Tagungen nicht auf das „Funktionale“ beschränken, sondern tatsächlich nach Orientierung in der Bibel und der kirchlichen Lehre fragen.

Insgesamt gilt bei all diesen Bemühungen die lakonische Regel: Je breiter das Wächteramt in der Gemeinde aufgestellt wird, umso weniger wird es Kontrolle, sondern wechselseitige Befruchtung sein!

Hat man erst einmal verstanden, dass theologische Kompetenz als Fähigkeit zur Gemeindeleitung (im Schleiermacherschen Sinn) keineswegs nur auf die Ordinierten oder die verfassten „kirchenregimentlichen“ Organe begrenzt ist, sondern jedem Christenmenschen zugeschrieben, dann aber auch zugemutet werden kann, weitet sich der Blick für die Möglichkeiten spezifisch theologischer Arbeit.

---

[24] Vgl. dazu etwa F. Hofmann: Evangelische Gemeindeleitung im Miteinander und Gegenüber von Pfarrerinnen/Pfarrern und Kirchenvorstand. In: Kirchliche Organisationen erfolgreich führen, hrsg. v. Chr. Lischke, Aachen 2007, Lieferung O – 1.09.

Solch eine Perspektive wird Kirchengemeinden für viele Menschen attraktiv machen, weil in unserer Gesellschaft sichtbar wird, wofür sie einstehen: für die Verkündigung des Evangeliums, die Feier der Gegenwart des lebendigen Gottes und die Befreiung zu einem Leben ohne Angst. Wir gewinnen, befähigen und stärken kompetente Mitarbeiterinnen und Mitarbeiter. Und das trägt dazu bei, dass „wir nicht mehr unmündig sind und uns von jedem Wind einer Lehre bewegen und umhertreiben lassen" (Epheser 4,14), sondern vielmehr „wachsen in allen Stücken zu dem hin, der das Haupt ist, Christus" (Epheser 4,15).

# Religion, Fanatismus und das Potential des trinitarischen Monotheismus[1]

*Paul-Gerhard Klumbies*

Das Thema der Theologie ist Gott, wie er sich im Glauben zeigt. Die Theologie reflektiert, wie Gott sich den Menschen sichtbar macht. Ihr Gegenstand ist die Offenbarung Gottes. Allgemeiner lässt sich auch sagen: Theologie bedenkt die gelebte Religion. Sie ist die intellektuelle Begleiterin des praktizierten Glaubens.

Seit längerem ist zu beobachten, dass weltweit die Religion als eine Triebfeder menschlichen Handelns zurückgekehrt ist. Fernsehbilder und Zeitungen sind schon seit geraumer Zeit voll von Meldungen über religiös motivierte Ereignisse. Nicht nur, aber häufig handelt es sich dabei auch um verbrecherische Geschehnisse.

In den traditionell christianisierten Kulturräumen scheint freilich die Phase solcher heißen Religiosität an ihr Ende gekommen zu sein. In Europa, in Deutschland zumal, ist es im religiösen Lager ruhig. Fast könnte man meinen, die christliche religiöse Betätigung in unserem Land befindet sich auf dem Rückzug. Kirchen und Theologie haben viel von ihrer einstigen Gesellschaftsrelevanz eingebüßt. Die Temperatur der Religionsausübung – jedenfalls in den christlichen Kirchen – liegt im blauen Bereich der Skala, ist also eher kühl.

In anderen Erdteilen und unter anderen religiösen Vorzeichen sieht das anders aus. Zumindest soweit uns die Welt medial zugänglich ist, wird deutlich: Heiße, kämpferische Religiosität hat ihre Temperatur sogar erhöht. An vielen Stellen der Welt ventiliert sich diese Erhitzung in zum Teil gewaltsamen Ausbrüchen. Seit dem Angriff muslimischer Attentäter vom 11. September 2001 hat das jeder und jede realisiert.

---

[1] Überarbeitete Fassung eines am 6.11.2012 unter dem Titel „Religion und Fanatismus" im Rahmen der „Seniorenuniversität" gehaltenen Vortrags in Bad Wildungen.

## 1. Kind Gottes und des Menschen: Die Religion

Poetisch formuliert ist Religion die Frucht aus der Liebesbeziehung Gottes mit dem Menschen. Religion ist das Kind der Begegnung Gottes mit den Menschen. Ihrem eigenen Selbstverständnis nach ist Religion das Resultat der Beziehung des Menschen zu Gott. Sie weist über ihre geschichtlich fassbaren Erscheinungsformen hinaus auf die Gottesbeziehung. Sie erschließt den Zugang zu Gott. Dabei trägt sie alle Züge ihrer menschlichen Herkunft. Dazu zählt, dass sie über die Sprache vermittelt wird, über Rituale, über den Kult. In der Religion begegnen uns beide Elternteile: Gott und der Mensch. Der Charakter, ja die Qualität einer Religion, hängt davon ab, in welchem Verhältnis eine Religion zu ihren beiden Elternteilen steht.

Manche Formen der Religionsausübung vermitteln den Eindruck, dass in ihnen der Elternkontakt auf die Beziehung zu einem Elternteil reduziert ist. Bei dem einen Teil dieser Fälle scheint es, als werde in der praktischen Religionsausübung ausschließlich auf Gott geschaut. Alle religiöse Energie wird in die Gottesverherrlichung und die Pflege der Gottunmittelbarkeit gesteckt. Dies führt zu einer erhitzten Religiosität, die aufputscht. Manche haben behauptet, eine solche Art von Religion sei eine Droge. Die Rede von der Religion als dem Opium für das Volk trifft eine einseitige Religiosität, der die Balance durch das Nachdenken fehlt.

Vom Gegenteil, der kalten Religion, war schon kurz die Rede. Die unterkühlte Religion ist so stark von nüchterner Rationalität gesteuert, dass sie wenig emotionale Ausstrahlung besitzt. Sie gilt als eine Funktion der Anthropologie. Religion ist nichts Schlechtes, heißt es im Milieu der Kaltreligiösen. Religion muss es geben. Sie ist für das moralische Rückgrat der Gesellschaft unentbehrlich. Sie dient als soziales Schmieröl der menschlichen Gemeinschaft. Sie hilft bei der Kontingenzbewältigung. Sie ist also dazu da, Menschen in gefährdeten und zerbrechlichen Lebenssituationen Halt zu geben. Sie wird als Rüstung gegen die Zufälle akzeptiert, die das Leben durcheinanderschütteln.

Besinnungsloser Hingabe an Gott auf der einen Seite steht die distanzierte Außenwahrnehmung unter anthropologischer und soziologischer Perspektive auf der anderen Seite gegenüber. Beide Stellungnahmen stimmen darin überein: Nach der Scheidung der Eltern – sprich: von Gott und Mensch – wächst das Kind namens Religion bei einem alleinerziehenden Elternteil auf. Im einen Fall wird es zur weiteren Erziehung in das Haus der vermeintlich direkten Gottesbindung verbracht. Unter der Annahme, die Religion habe ausschließlich und unmittelbar mit Gott zu tun, bekommt in diesem Fall die religiöse Lebensform selbst geradezu göttlichen Charakter. Der Glaubende in dieser Form der Religion lebt in absoluter Identifikation mit seinem Gott. Dieser füllt ihn aus und nimmt ihn total in Anspruch. Der Glaubende bzw. die Glaubende unterwirft sich vollständig. Sein bzw. ihr Bestreben richtet sich darauf, die Ansprüche Gottes direkt in der Welt umzusetzen.

Im anderen Fall wird die Religion dem Menschen als alleinerziehendem Elternteil zugesprochen. Unter seiner Obhut wirkt sie geradezu gezähmt. Kultiviert und gesittet, human und gebildet kommt sie daher. Sie erscheint sachlich, nüchtern, fast intellektuell. Sie ist durch die Schule menschlicher Vernunft gegangen. Sie ist als Kulturträgerin anerkannt, als Hort von Sozialverhalten, sie gehört zu den staatstragenden Instanzen vornehmlich in bürgerlichen westlichen Demokratien. Sie verkörpert den Geist der Aufklärung. Religiöser Eifer ist ihr peinlich. Sie tritt als moralische Instanz auf und für ethische Werte ein.

Überengagierte, irrational wirkende Gläubige auf der einen Seite, vornehm zurückhaltende und reflektierte Kirchenmitglieder auf der anderen Seite. Es ist unnötig, diesen Gegensatz auf die Differenz zwischen Islam und Christentum zu beziehen, auf den Unterschied zwischen vorderorientalisch muslimischer und europäisch-amerikanisch christlicher Religion. Denn schauen wir genauer hin, gibt es über Jahrhunderte und Erdteile hinweg in Islam wie Christentum beide Typen von Glaubenden: die heißgelaufenen Überidentifizierten und die unterkühlt Distanzierten. Ebenso verhält es sich auch bei den anderen Weltreligionen: Überspannte Heißsporne leben neben halbinteressierten Gewohnheitsglaubenden.

Zu erinnern ist in dieser Lage an die beiden Elternteile der Religion. Die Religion trägt ein doppeltes Erbe in ihren Genen: das Gottes und das des Menschen. Sobald diese Spannung nach einer Seite hin aufgelöst wird und entweder der göttliche oder der menschliche Anteil der Religion zurückgedrängt wird, kommt es zu den entsprechenden Folgen. Die Religion droht entweder fanatisch zu werden; oder sie gibt ihre religiöse Energie preis und wird langweilig. Tut man so, als sei die Religion bei einem alleinerziehenden Elternteil aufgewachsen, erliegt man einer doppelten Illusion. Man unterschätzt zum einen die Sprengkraft, die aus der Energie göttlicher Offenbarung resultiert und die in Destruktion umschlagen kann. Zum anderen ignoriert man, dass das Göttliche sich immer nur in Gestalt menschlicher Vorstellungen, Prägungen, Ausdrucksformen zeigt. Der Apostel Paulus hat in 2. Korinther 4,7 diesen Sachverhalt in die Formulierung gefasst: Wir haben diesen Schatz, gemeint ist: die Offenbarung Gottes, nur in irdenen Gefäßen.

## 2. Die Halbgeschwister der Religion

In der Religion kommen Gottes Selbstoffenbarung und die menschliche Wahrnehmung des Göttlichen zusammen. Insofern hat die Religion Verweischarakter. Sie will die Verbindung zu Gott offenhalten, und sie ist sich bewusst, dass sie das nur mit menschlichen Mitteln tun kann. Jede Erkenntnis Gottes ist an das menschliche Bewusstsein gebunden. Jede Aussage über Gott ist an die menschlichen Denk- und Sprachmöglichkeiten geknüpft. Außerhalb menschlicher Aneignungsmöglichkeiten gibt es keinen direkten Zugang zu Gott. Gott selbst zeigt sich immer nur in der Vielfalt menschlicher Gottesbilder. Zugleich weisen diese Bilder über sich hinaus.

Gott begegnet folglich in seinen Ausdrucksweisen. Er hat seine Selbstoffenbarung an Medien geknüpft. In Genesis 28 zeigt er sich Jakob in dem Traum von der Himmelsleiter, in Genesis 32 in Gestalt eines Unbekannten beim Gotteskampf am Jabbok. Mose hört Gott laut Exodus 3 aus dem brennenden Dornbusch heraus sprechen. Als er später Gottes Herrlichkeit direkt sehen will (Exodus 33), teilt Gott ihm mit, dass er ihm lediglich hinterhersehen darf. Der unverhüllte Blick ins Angesicht Gottes würde ihn töten. Weil die direkte Gottesbegegnung den Menschen tötet, bleibt nur die vermittelte Begegnung.

Die Religion hat es mit den Medien der Offenbarung zu tun. Sie sind der Ausdruck des jeweiligen Gottesverständnisses. In diesen Medien *haben* wir nicht „Gott“ in dem Sinn, dass wir über ihn verfügten. Allerdings lassen die vermittelnden Instanzen erkennen, wie die Beziehung zwischen Gott und den Menschen zu denken ist. Entsprechend kommt es darauf an, den Verweischarakter der Medien und Bilder offenzuhalten.

Die Religion besitzt Halbgeschwister. Diese Kinder wurden außerhalb der Liebesbeziehung Gottes zum Menschen gezeugt. Sie haben jeweils ein anderes Elternteil. Im Bild geblieben: Sie stammen aus der Beziehung des Menschen mit einem anderen Liebhaber. Streng genommen entspringen sie einem Ehebruch. Denn der Mensch hat, so die Perspektive des Glaubens, Gott mit anderen Partnern betrogen. Diese Seitensprünge haben Folgen gehabt.

Der Fanatismus ist ein machtvoller Halbbruder der Religion. Sein Vater ist der Minderwertigkeitskomplex. Der Minderwertigkeitskomplex wäre gern wie Gott. Er wünscht sich Größe, aber er hält wenig von sich. Der Minderwertigkeitskomplex giert nach Göttlichkeit. Wenn er sie schon nicht selbst erreicht, so glorifiziert er seine Phantasien von göttlicher Größe.

Der Fanatismus rivalisiert mit seiner Halbschwester, der Religion, um das richtige Verhältnis zu Gott. Die bei beiden Elternteilen aufgewachsene Religion hält die Balance zu Gott und Mensch als ihren Elternteilen und steht beiden gleich nahe. Der Fanatismus möchte das bessere Geschwisterkind sein. Er möchte es Gott zeigen. Er möchte auch seiner Schwester, der Religion, beweisen: Er ist das engagiertere Geschwisterkind. Er investiert mehr für seinen Glauben. Er eifert stärker. Er versucht mehr zu geben, höheren Einsatz zu zeigen. 150 % des Geforderten setzt der Fanatiker ein. Er will der wahre Glaubende sein. Das sollen alle sehen. Das übersteigerte Engagement kompensiert, dass der Fanatiker im Kern ein Verunsicherter ist, einer, der nicht in sich ruht, der sein Fundament beschreien und beschwören muss, dem die innere Souveränität fehlt. Der Fanatismus wird ständig von dem Mangel eingeholt, der von Geburt an auf ihm lastet: dass er das Kind des Minderwertigkeitskomplexes ist. Permanent kämpft er in seiner Lebensgeschichte um einen Ausgleich für das, was ihm an selbstverständlichem Glauben und friedlicher Gelassenheit fehlt. Der Fanatiker muss sich über seine Aktionen von außen die Bestätigung holen, die ihm im Inneren fehlt.

Diese Beschreibung deckt sich mit einer Definition des Psychotherapeuten Wolfgang Schmidbauer. Nach seiner Darstellung entsteht „Fanatismus ..., wenn die seelischen Vorgänge, welche das Selbstgefühl regeln, Ambivalenzen nicht tolerieren können, sondern sie spalten müssen. Nur wer über eine entwickelte Regelung des Selbstgefühls verfügt, ... kann akzeptieren, dass Menschen mit anderen Werten als den seinen nicht wertlos sind und nicht alle zur Hölle fahren sollen, die seine Überzeugungen nicht teilen."[2] Fanatiker „können an das Gute nur glauben, wenn sie etwas Böses bekämpfen"[3]. Die Polarisierung ist die Begleiterin des Fanatismus.

Ein weiterer Halbbruder der Religion ist an seiner Familienähnlichkeit zu erkennen. Er hat etwas mit dem Fanatismus gemeinsam. Er zeigt auch Berührungen mit der Religion. Sein Name lautet: Fundamentalismus. Der Vater des Fundamentalismus ist die Melange aus Verunsicherung und Sicherheitsbedürfnis.

Der Fundamentalist braucht absolute äußere Sicherheit. Er stützt seine Überzeugungen auf feststehende Tatbestände. Diese dürfen für ihn nicht zur Debatte stehen. Sie betreffen die Grundlagen seiner Auffassungen. In Buchreligionen wie dem Judentum, dem Christentum und dem Islam – um die

[2] W. Schmidbauer: Die Rache der Liebenden. Verletzte Gefühle und Wege aus der Hass-Falle, Reinbek bei Hamburg 2007, 80–81.

[3] Schmidbauer, ebd., 81–82.

drei in chronologischer Reihenfolge zu nennen – ist dies in der Regel die eigene heilige Schrift. Der Fundamentalist hält sich an ihren buchstäblichen Sinn. Jede Interpretation oder gar ihre Erklärung aus zeitgeschichtlichen Umständen heraus stellt für ihn eine Gefährdung dar. Er fürchtet, es könne zu Angleichungen an den Zeitgeist kommen. Die Autorität des Gotteswortes könnte in Gefahr geraten, und damit die Basis für das gesamte Überzeugungssystem. Der Fundamentalist wittert Nivellierung und Relativierung. Die Angst vor Verlust macht ihn hart. Er besitzt keine Interpretationsspielräume. Bei jedem Buchstaben steht für ihn das Ganze der Wahrheit auf dem Spiel. Nach dem Prinzip „wehret den Anfängen" sperrt er sich von vornherein einem Austausch. Im Gespräch mit dem Fundamentalisten gibt es nur die Möglichkeit, ihm zuzustimmen. Andernfalls wird er noch eine Weile versuchen, sein Gegenüber zu bearbeiten. Dann gibt er es verloren.

Defiziterfahrungen wie das Minderwertigkeitsgefühl hinter dem Fanatismus und die Verlustangst hinter dem Sicherheitsbedürfnis beim Fundamentalismus stützen autoritäre Konzepte. Aus innerer Verunsicherung werden Sicherungsinstanzen nach außen verlagert. Dieser Zug ist ein verbindendes Element zwischen den Halbgeschwistern der Religion.

Der Vollständigkeit halber ergänzt werden muss noch: Längst nicht alle Halbgeschwister der Religion sind labile Charaktere. Manche haben es sogar zu Ruhm und Ehre gebracht. Eine Halbschwester trägt den klingenden Namen „Kultur". Ihre Zierde ist die Bemühung, die natur- und triebhaften Vorgänge des Lebens einzufrieden und ihnen etwas Gestaltendes an die Seite zu stellen. Die Kultur ist schöpferisch tätig. Sie legt den Grund für das, was wir ein menschenwürdiges Leben nennen. Sie schafft die Grundlagen für ein zivilisiertes Zusammenleben. In einem entwickelten Stadium legt sie Wert auf die Verfeinerung der Lebensart. Neben dem Menschen ist ihr zweiter Elternteil die Kreativität. Die Fähigkeit zu denken und das Bedürfnis nach Entfaltung der Lebensmöglichkeiten sind die Gene, die dieses Elternteil seinem Kind mitgegeben hat.

Zu nennen ist auch die Wissenschaft. Ihre Mutter ist das Streben nach Erkenntnis, der Wunsch nach Entwicklung über das Bestehende hinaus. Ihre Cousine ist die Technik. Sie ist das praktisch ausgerichtete Familienmitglied.

Als ein weiteres der achtbaren Halbgeschwister der Religion ist die Liebe zu nennen. Für viele ist die Liebe sogar die leibliche Schwester der Religion. Sie sei der Liebling ihres göttlichen Vaters und ebenso geliebt von ihrer menschlichen Mutter. Die Religion und die Liebe, sie seien die legitimen Nachkommen derselben beiden Elternteile.

Diese Einschätzung lässt sich gut nachempfinden. Denn die Liebe entspringt dem Wunsch nach dem gelingenden Leben. Sie umfängt alles, was Menschen sich wünschen, wonach sie sich sehnen. Sie ist der Traum von der Harmonie, von der Zuwendung der Menschen zueinander, ohne Ansehen von Verdienst und Würdigkeit. Sie ist die Hingabe an die und an den anderen, ohne die Angst, verletzt zu werden. Sie ist das erfüllte wunschlose Glück, die Erfüllung des Traums von der besten aller Welten. In der Liebe wird alles gut, sie ist quasi so groß wie Gott selbst – und genau da liegt ihre Grenze. In ihrer Perfektion verführt die Liebe dazu, Gott geradezu zu ersetzen – und ist nicht sogar 1. Johannes 4,16 nahe daran, wenn er verkündet: Gott ist die Liebe und wer in der Liebe bleibt, der bleibt in Gott? Ja, Gott ist die Liebe, aber die Liebe ist nicht Gott! Diese Differenz bleibt bestehen, damit nicht von Seiten des Menschen eine Linie übertreten wird. Die Liebe ist das Kind der Sehnsucht nach Vollendung und Gelingen. Sie bleibt damit ein Menschenkind. Das zeigt sich gerade in ihrer Verletzbarkeit und in der Erfahrung ihrer Abwesenheit. Manchmal scheint es, dass die Liebe am intensivsten im Modus der Erwartung und Hoffnung gegenwärtig ist. Jedenfalls sehen wir in ihr am deutlichsten die Züge, die wir auch in der Gottesbeziehung wertschätzen: dass wir uns als von Gott geliebte Menschen glauben dürfen. Von allen Kindern des Menschen ist die Liebe die Gott am nächsten kommende Qualität, ohne dass sie mit ihm identifiziert werden müsste.

Fazit: Das Familienbild von der Religion und ihren Halbgeschwistern läuft darauf hinaus, der Religion einen Sonderstatus neben den übrigen genannten menschlichen Lebensäußerungen zuzuweisen. Man kann eine solche Sonderstellung mit guten Gründen zurückweisen. Auch die Religion lässt sich ganz auf die Seite menschlicher Lebensäußerungen bringen. Unter der Annahme, dass kein Gott um uns Menschen herum wirkt, kann selbstverständlich auch der Umgang mit Religion auf eine wissenschaftliche Beschreibung ihrer Phänomene reduziert werden.

Unter der theologischen Perspektive ist allerdings geltend zu machen, dass die Religion der von Gott bevorzugte Wirkungsraum auf Erden ist. Das soll vor allem die als Halbgeschwister bezeichneten Ausdrucksformen menschlichen Lebens davon entlasten, ebenfalls göttliche Qualität vorweisen zu müssen. Fanatismus, Fundamentalismus, Kultur, Wissenschaft und Technik, Liebe sind Lebensäußerungen von Menschen, die vor der Aufgabe stehen, sich zwischen Defizit- und Mangelerfahrungen sowie unter Druck zu behaupten, die gleichzeitig in Form von Sehnsucht um ein erlöstes Leben wissen und die sich Überfluss und Fülle des Lebens in Form weitreichender Phantasien erträumen. Fanatismus, Fundamentalismus auf der einen und

Kultur, Wissenschaft, Technik, Liebe auf der anderen Seite sind Haltungen bzw. Handlungen, um die Zerreißprobe zwischen dem, was das Leben Menschen vorenthält und dem, was sie sich erhoffen, zu bestehen.

## 3. Gewalt im Zentrum des christlichen Glaubens?[4]

Häufig ist gefragt worden, ob nicht im Zentrum des christlichen Glaubens selbst ein Gewaltpotential steckt. Die Geschichte der Kirchen bietet dafür genügend begründete Argumente. Das Christentum ist doch die Religion der Kreuzzüge. Judenfeindschaft und Hass gegen Muslime haben eine Blutspur im christlichen Kulturkreis hinterlassen.

Ein Gewaltakt steht sogar am Anfang der Geschichte des christlichen Glaubens. Jesus aus Nazareth wird am 14. Nisan, im Frühlingsmonat des Jahres 30, in Jerusalem von Soldaten der römischen Besatzungsmacht gekreuzigt. Der Hingerichtete wird kurze Zeit darauf von seinen Anhängern als Auferweckter verkündigt. Er sei der Christus, der Gottessohn. In ihm habe sich Gott selbst offenbart.

Hat mit diesem ersten Karfreitag die Gewalt selbst Einzug in das Christentum gehalten? Wenn schon im Kern Gewalt steckt, könnte man dann die weitere Geschichte nicht als ein ebenso fatales wie eindrucksvolles Zeugnis dafür lesen, dass die Saat aufgegangen ist? Gewalt zieht bekanntlich Gewalt nach sich. Wie sollte nicht nach der initialen Leidens- und Gewalterfahrung Jesu und vieler seiner Nachfolger das Pendel umgeschwungen sein! Die Opfer könnten durchaus ein paar Generationen später zu Tätern geworden sein.

Nicht fern von diesem Zugang steht eine heute verbreitete Monotheismuskritik. Ihr zufolge ist es der Exklusivitätsanspruch des Monotheismus, der das Gewaltpotential bereitstellt. Die Intoleranz sei mit dem eifersüchtigen Anspruch eines Gottes gesetzt, der beansprucht: Ich bin der Herr, dein Gott, ich allein bin der Herr dein Gott, du sollst keine anderen Götter neben mir haben.[5] Die Ursache für die Verbindung von Monotheismus und Gewalt liege in der „Mosaische(n) Unterscheidung'" „zwischen wahr und unwahr in der Religion". „Monotheistische Religionen ... lehnen alle älteren und anderen

[4] Die Ausführungen dieses Abschnitts stammen weitgehend aus P.-G. Klumbies: Gewalt im Zentrum der christlichen Religion. Die Hinrichtung Jesu, in: M. Leuzinger-Bohleber/P.-G. Klumbies (Hrsg.): Religion und Fanatismus. Psychoanalytische und theologische Zugänge, Schriften des Sigmund-Freud-Instituts Reihe 2, Göttingen 2010, 283-293, bes. 283-286 und 290-293.

[5] Vgl. Exodus 20,2-6 und Deuteronomium 5,6-10.

Religionen als ‚Heidentum' oder ‚Götzendienst' ab", kritisiert der Ägyptologe Jan Assmann.[6]

Peter Sloterdijk attackiert die Christen aus einer anderen Richtung. Sein Vorwurf lautet nicht, dass die Christen sich unerlaubterweise das Gewaltmonopol ihres Gottes angeeignet haben. Sloterdijk setzt die Christen neben die Psychoanalytiker auf die Anklagebank. Beide unterdrückten in fahrlässiger Weise gerade die Zornespotentiale Gottes bzw. der Menschen. Die einen, die Christen, täten dies moralisch, die anderen, die Psychoanalytiker, therapeutisch. Die Folgen dieses verwerflichen Treibens seien in gleicher Weise zerstörerisch. Sie führten zu einem Zornesstau, zu Zornesbanken, auf denen gewaltige Zorneskapitale aufgehäuft worden seien. Diese warteten nur darauf, einen Tages abgehoben zu werden. Laut Sloterdijk liegt das Problem der Christen gerade darin, dass sie das Gewalt- und Aggressionsmonopol Gott selbst überließen. Das führe zu Sublimierungen, die langfristig verheerende Entladungen nach sich zögen.[7]

Dem Vorwurf, der christliche Glaube selbst sei einer der großen Gewaltproduzenten der Weltgeschichte, wird hier die These entgegengestellt: Christlicher Glaube führt nicht zur Entstehung der Gewalt, die im Namen und unter dem Deckmantel des Christentums geschichtlich tausendfach verübt wurde. Die Geschichte der Gewalt im Christentum ist nicht die Fortsetzung eines Impulses, der durch die Hinrichtung des Protagonisten dieser neuen Religion, Jesus, entstanden wäre. Vielmehr betritt der christliche Glaube im Verlauf einer Jahrtausende alten Gewaltgeschichte unter den Menschen die Bühne der Weltreligionen und wird von Anfang an in die Dynamik gewalttätiger Verstrickung hineingerissen. Das Aufregende dabei ist, dass der christliche Glaube insofern nicht vor der Gewalt zurückweicht, als er keine Tabuzone schafft und sich nicht als Hort der Gewaltlosigkeit geriert. Vielmehr sind Gott selbst und sein Repräsentant Jesus, der Christus, von Anfang an in die Spirale der Gewalt, die die Signatur der gesamten Menschheitsgeschichte darstellt, hineingezogen.

Jesus aus Nazareth wird, obwohl aus heutiger Betrachtung persönlich unschuldig, zum Verbrechertod am Kreuz verurteilt und hingerichtet.[8]

---

6 J. Assmann: Moses der Ägypter. Entzifferung einer Gedächtnisspur, München/Wien 1998, 17 und 24. Vgl. auch J. Assmann: Die Mosaische Unterscheidung oder der Preis des Monotheismus, München/Wien 2003, 95: „Mit der monotheistischen Wahrheit kam zwar nicht ‚der' Haß, aber eine neue Art von Haß in die Welt, der ikono- bzw. theoklastische Haß der Monotheisten auf die zu Götzen erklärten alten Götter und der antimonotheistische Haß der durch die Mosaische Unterscheidung ausgegrenzten, zu Heiden erklärten Anderen."

7 P. Sloterdijk: Zorn und Zeit. Politisch-psychologischer Versuch, Frankfurt a. M. 2006, 32 und 154.

8 Zu den historischen Umständen vgl. W. Reinbold: Der Prozess Jesu, Biblisch-theologische Schwerpunkte 28, Göttingen 2006, hier 96–99.137.

Der nachösterliche Christusglaube verkündet den Gekreuzigten als seinen Kultherrn. Das offenkundige Scheitern des Nazareners wird zum Ausdruck seines Triumphes. Das Kreuz steigt zum Ort und Medium der Erlösung aller derer auf, die an ihn glauben. Die Niederlage gilt der christlichen Verkündigung als der Sieg.

Der christliche Glaube besticht ausgerechnet mit diesem Paradox durch sein Realitätsbewusstsein. Religion umfasst häufig ein utopisches Element. Abgekürzt gesprochen lässt sich mit aller Vorsicht als ein verbreitetes Kennzeichen von Religion die Konstruktion von Gegenwelten zu jeweils bestehenden Ordnungen auffassen. Angesichts einer Welt des Unfriedens und der Lebensfeindlichkeit werden in Gedanken wie zeichenhaften Modellen Vorstellungen eines Friedensreiches ohne Gewalt als Gegenwelt konstruiert. Darin werden die Schwerter zu Pflugscharen umgeschmolzen,[9] die Wölfe wohnen bei den Lämmern, und Löwen fressen Stroh wie die Rinder.[10] In bedrückenden Umständen können solche prophetischen Hoffnungen tröstlich sein. Dennoch ist für das Christentum der ersten beiden Jahrhunderte festzustellen: Im Großen und Ganzen verzichtet es darauf, sich an Phantasien von paradiesischen Zuständen zu orientieren. In den Hauptschriften des Neuen Testaments wird den Vorstellungen einer ungetrübten Zukunft oder eines idealen Jenseits keine motivierende Kraft für die Bewältigung der Gegenwart und des Diesseits zugeschrieben. In dieser Hinsicht ist das frühe Christentum in hohem Maße illusionsfrei. Stattdessen kommt den alltäglichen Erfahrungen von Gewalt, Leiden, Sterben und Tod und den mit ihnen verknüpften existentiellen Bewegungen wie Behauptungswille, Ehrgeiz, Streben nach Ruhm und Ansehen ebenso wie Sicherheitsbedürfnissen eine zentrale Rolle zu. Gewalt wird von den frühen Christen als Bestandteil des Lebens wahrgenommen. Weder die Christen noch Jesus oder Gott selbst bleiben von ihr verschont. Der Gottesglaube wird der Gewalterfahrung ausgesetzt.

Indem Gott von der Hinrichtung Jesu her bestimmt wird, entsteht ein spannungsvolles Verhältnis. In den Gottesgedanken zieht eine Ambivalenz zwischen Gewaltfreiheit und Gewalt ein. Ein sogenannter „lupenreiner“ Monotheismus traditioneller Art nimmt die Gewalt entweder komplett in den Gottesgedanken hinein. Gott gilt dann als der Alleinverursacher jeder Gewalt wie auch jeder Rettung vor Gewalt. Oder er spaltet die Gewalt von Gott ab. In diesem Fall wird die Gewalt einem widergöttlichen Prinzip zugeschrieben, und Gott selbst bleibt auf der Seite der Gewaltlosigkeit.

---

[9] Jesaja 2,4 und Micha 4,3. Vgl. aber auch die Umkehrung des Appells in Joel 4,10.

[10] Jesaja 11,6–7.

Gott von der Hinrichtung Jesu her zu bestimmen, erkennt Gewalt als eine bleibende Realität des Lebens an. Damit ist die Möglichkeit ausgeschlossen, „heile Welten“ zu erfinden. Dies gilt für die Konstruktion einer moralisch intakten Welt ebenso wie für die utopische Ausblendung von Gewalt. Der christliche Glaube integriert die Erfahrung von Gewalt in sein Gottesverständnis.

Das Christentum steht in der Tradition des Monotheismus. Diesen entwickelt es zu einem trinitarischen Modell weiter. Die trinitarische Entfaltung Gottes setzt voraus, dass die Gewalterfahrung, der Jesus in seiner Hinrichtung ausgesetzt war, nicht übersprungen, sondern in den Gottesgedanken hineingedacht wird. Das wurde in der Dogmenbildung der Alten Kirche wie unter den veränderten Bedingungen des interreligiösen Gespräches der Gegenwart häufig als Handicap angesehen. Manchen scheint es, als verfüge das Christentum gegenüber dem Judentum und dem Islam über eine weniger stabile monotheistische Basis. Es vertrete wegen seiner trinitarischen Gottesvorstellung einen „weichen“ Monotheismus. In der Folge empfanden auch viele Christen an dieser Stelle einen Mangel in der eigenen Religion und waren bereit, von Jesus lieber als von dem menschlichen Bruder und Vorbild zu reden als von Jesus Christus als einer Person der göttlichen Trinität. Als zusätzliche Bürde erweist sich, dass die Trinitätslehre auch innerchristlich als kompliziert und schwer vermittelbar gilt.

Der trinitarische Monotheismus nimmt die Erfahrung von Gewalt als Signatur menschlichen Lebens in den Gottesgedanken hinein. Er besitzt seinen Ansatzpunkt darin, dass Gottes Gottheit mit der Hinrichtung Jesu zusammengedacht wird. Das Sterben und der Tod Jesu werden zu einem Kennzeichen Gottes selbst. Mit der Vernichtungserfahrung Jesu ist das menschliche Scheitern in den Gottesgedanken eingegangen.

Im Blick auf den Vergleich mit anderen Religionen lässt sich sagen: Diejenigen monotheistischen Religionen, die einen sogenannten „reinen“ Gottesbegriff in den Mittelpunkt stellen, kennen zwar auch Offenbarungsmittler. Dies betrifft die Rolle des Mose für die israelitische und jüdische Religion, dies gilt für die Funktion Muhammeds im Islam. Aber Mose wie Muhammed bleiben außerhalb und unterhalb des von ihnen verkündeten Gottes. Für ihren Gott ist exklusiv eine „hohe“ Göttlichkeit reserviert. Sie stellt das Gegenteil der todgeweihten Existenz des Menschen dar.

Eine vergleichbare Tendenz ist im Christentum immer dann zu beobachten, wenn Jesus unter dem Gesichtspunkt seines Menschseins zum Propheten, zum sozialen Aktivisten oder zum ethischen Maßstab stilisiert wird. Das hat häufig Sympathien geweckt, weil dieser Jesus nicht hoheitlich göttlich und damit fern, sondern menschennah erscheint. Aber der Preis für diese vermeintliche Distanzüberwindung ist hoch. Die einem menschlich-brüderlichen Jesus zugeschriebene Gottesverkündigung steht unter dem Risiko, zum Einfallstor für menschliche Projektionen zu werden. Indem Gott alle Vorstellungen gelingenden Lebens und vollendeten Daseins zugewiesen werden, entsteht die Gefahr einer Aufspaltung der Wirklichkeit. Die Erfahrungen von Vorläufigkeit, Vergeblichkeit und Endlichkeit bleiben ausschließlich am Menschen hängen. Gott sei frei von solchem Ballast. Dies birgt die Problematik in sich, dass menschliche Ohnmachts- und Unwertempfindungen in Projektionen göttlicher Idealität umschlagen. Leicht stellen dann die Vorstellungen von Gott Spiegelbilder der Größenphantasien seiner Verehrer dar. Ein solcher Gott bleibt menschlicher Durchschnittserfahrung – gemeint sind das Erleiden von Gewalt, das Erleben von Niederlagen und die Sorge vor dem Sterben – gerade enthoben.

Ein derartiges Gottesverständnis führt zudem in dem Augenblick zu einer gefährlichen Eigendynamik, in dem die Gläubigen sich mit der ihrem Gott beigemessenen Größe identifizieren. Wenn die Glaubenden Gottes Interessen, seine Ehre, seinen Willen zu ihrer Sache machen und innerweltlich durchzusetzen beginnen, dann droht Aggression. Geradezu notwendigerweise muss Kritik an der Größe ihres Gottes von seinen Gläubigen als Kränkung der eigenen Person wahrgenommen werden. Die Folge sind die ebenso bekannten wie fatalen aggressiven Reaktionen auf den erlittenen Schmerz. Vorgeblich dienen sie dem Schutz und der Verteidigung der Ehre Gottes, in der Sache handelt es sich um das Ausagieren der Wut über den erlittenen Schmerz. In dieser Hinsicht ist eine Monotheismuskritik, die sich gegen die unkritische Identifikation der Gläubigen mit der Größe Gottes und die Aneignung der göttlichen Machtmittel richtet, angebracht und sachgemäß.

Nach christlicher Überzeugung erschließt sich Gott von den Tiefpunkten des Lebens her. Der christliche Glaube integriert den nach menschlichem Maßstab scheiternden Jesus in die Gottesvorstellung. Er erhebt paradoxerweise die offenkundige Nichtgöttlichkeit Gottes zur Signatur Gottes. Den gekreuzigten Jesus aus Nazareth zum Mittler der Offenbarung zu erklären, ist ein Plädoyer, Gott im Erleiden von Gewalt und bei den Opfern von Gewalt ausfindig zu machen. Dieser Vorschlag, von Gott zu sprechen, wurde schon in der Gründungsphase des Christentums als anstößig zurückgewiesen. Der Apostel Paulus muss sich in 1. Korinther 1,18-25 bereits dafür rechtfertigen. Er schreibt: Jüdische Hörer halten dieses Gottesverständnis für skandalös, griechische Hörer finden den Gedanken töricht. Aus christlicher Sicht trägt dagegen die Entwicklung des Gottesgedankens aus dem Scheitern des Gekreuzigten das Potential für einen projektionsresistenten Monotheismus in sich, der sich menschlichen Größenphantasien gegenüber sperrig zeigt.

## 4. Religion in den Grenzen des demokratischen Staates

Nach Aussage von Rainer Anselm sind „Religionen ... ambivalente Gebilde. Sie faszinieren und stoßen ab, ihnen eignet die Fähigkeit zur Integration des Verschiedenen, aber sie können auch desintegrierend wirken.“[11] Religionen besitzen ein doppeltes Gesicht. Sie können Menschen befrieden, sie können aber auch Bürger zu Todfeinden werden lassen.[12] Daher ist es von entscheidender Bedeutung, in welcher Beziehung sie zu den staatlichen Institutionen stehen.

Grundsätzlich bestehen dabei zwei Möglichkeiten: Entweder das Staatswesen ist den Regeln der Religion ein- und untergeordnet, oder die Religion fügt sich den Rahmenrichtlinien eines Staates ein. In der Tradition der europäischen Aufklärung ist es in Europa zu einer Verhältnisbestimmung gekommen, derzufolge die Religion im Rahmen der für alle Bürger geltenden Rechtsordnung praktiziert wird. Im Einzelfall gibt es Sonderregelungen, die den Religionen eine gewisse Autonomie in innerreligiösen Angelegenheiten einräumen.

In Deutschland haben wir zu einer prinzipiellen Trennung von Staat und Kirche gefunden. Allerdings haben sich Staat und Kirche dabei nicht zu zwei selbständigen Gebilden auseinanderentwickelt. Vielmehr sind durch ein vielfältiges Vertragsgeflecht Kirchen und Staat miteinander verkoppelt. Manche denunzieren das als eine Überprivilegierung der Kirchen. Vereinzelt wurde beispielsweise in der Vergangenheit nach der Berechtigung des Religionsunterrichts in staatlichen Schulen gefragt. Es ist gelegentlich kritisiert worden, dass das Theologiestudium, das auf das Pfarramt vorbereitet, an staatlichen Universitäten stattfindet. Von Zeit zu Zeit meldet sich auch Empörung über das Verfahren des Einzugs der Kirchensteuer zu Wort. Seit weltweit zu sehen

[11] R. Anselm: Polemogene Religion. Überlegungen zur Domestizierung von religiös induzierten Konflikten, in: M. Leuzinger-Bohleber/P.-G. Klumbies (Hrsg.): Religion und Fanatismus. Psychoanalytische und theologische Zugänge, Schriften des Sigmund-Freud-Instituts Reihe 2, Göttingen 2010, 325–338, 325.

[12] Vgl. Anselm, ebd., unter Verweis auf F. W. Graf: Die Wiederkehr der Götter. Religion in der modernen Kultur, München $^{3}$2007.

ist, welcher Wildwuchs von Religion stattfindet, wenn Religion jenseits der staatlichen Einflusssphäre praktiziert wird, wenn staatlicher Aufsicht entzogen ist, was in religiösen Ausbildungsstätten gelehrt und in Versammlungsräumen gepredigt wird, wenn man die Geldgeber von Religionsgemeinschaften im Hintergrund nur ahnen kann, sind solche Kritiken in Deutschland freilich leiser geworden.

Keine Lösung ist die Abschiebung des Religiösen in den rein privaten Bereich. Die völlige Privatisierung des Religiösen würde unter der Oberfläche und zunächst kaum beobachtbar zu einem Abflachen des intellektuellen Niveaus führen. Mittelfristig wäre eine Wiederkehr unreflektierter Ansprüche aus religiösem Überschwang zu gewärtigen.

Dass die Religion in Deutschland in den breiten Wissenschaftsdiskurs und die allgemeine schulische Bildung eingebunden ist, eröffnet den Religionen den gesellschaftlichen Raum und ist gleichzeitig eine Selbstschutzmaßnahme des Staates. Denn die institutionalisierte Religionsausübung hat sich in Deutschland an den allgemeinen Bildungsstandards auszuweisen: Wissenschaftsprinzip, Kommunikabilität, Sozialverträglichkeit. Dass die Kirchen in ein transparentes Geldverteilungsverfahren eingebunden sind und nicht in finanzieller Abhängigkeit von mächtigen Sponsoren ungenannter Herkunft stehen, begreifen immer mehr Menschen als eine Qualität.

Aus dem Wissen um die Vorzüge von Transparenz und Öffentlichkeit des religiösen Lebens in Deutschland erklärt sich auch, warum es derzeit so starke Bemühungen gibt, islamische religiöse Gruppen aus ihrer Anonymität herauszuholen. Es gibt inzwischen in einigen Bundesländern islamischen Religionsunterricht auf der Grundlage staatlich genehmigter Lehrpläne, der von muslimischen Lehrkräften, die an deutschen Universitäten den Islam studiert haben, erteilt wird. Die Vermittlung des Islam im Schulunterricht erfolgt dadurch unter den gleichen Bedingungen wie der christliche Religionsunterricht.

Gelebte Religion braucht einen Rahmen, damit sie ihre lebenspendende Kraft entfalten kann. Eine integrierte Religion ist eine Säule des gesellschaftlichen Zusammenlebens.[13] Ein nachdenklicher und freiheitlicher Glaube – christlich, jüdisch, muslimisch – setzt lebendig machende Impulse frei. Die Energie, die aus gelebter Gottesbeziehung fließt, kommt allen Menschen eines Staates zugute. Denn die Hingabe an Gott richtet sich nach dem Selbstverständnis der großen Religionen auf das Wohl aller Menschen.

---

[13] Vgl. Anselm, ebd., 332.

# Zwischen Wir-Gefühl und parochialer Eigenständigkeit

Der Kirchenkreis in seiner theologischen und funktionalen Bedeutung

*Volker Mantey*

## I. Fragestellung

„Menschen gewinnen" – so lautet die Überschrift über die vielfältigen Aktivitäten und Projekte, die im Kirchenkreis Melsungen in den vergangenen Jahren angestoßen wurden. Schwerpunktsetzungen wie die Werbung für die Taufe oder die Profilierung des Reformationstages dienen dazu, die Bedeutung der evangelischen Kirche in der Region „Melsunger Land" zu stärken. Die Verleihung des Innovationspreises „Goldenes Senfkorn" seit 2012 zeigt dabei exemplarisch, wie Angebote der Gemeinden bereichert werden können und sich gleichzeitig der Blick dafür schärft, an welchen Stellen Arbeitsaufwand und personelle Ressourcen so zusammengebracht werden können, dass etwas Neues entsteht, das besser als bisher auf die religiösen Bedürfnisse der Menschen eingeht.

Wenn ein Kirchenkreis auf diese Weise die „Kommunikation des Evangeliums"[1] zu seiner Sache macht, so nimmt er für sich in Anspruch, mehr als nur eine verwaltungsmäßige Organisationsebene zu sein. Worin dieses „Mehr" genau liegt, darüber muss eine Verständigung erzielt werden.

Dass ein Kirchenkreis im Gefüge kirchenleitender Organe eine wesentliche Rolle spielt, ist unbestritten. Die verwaltungsmäßige Aufgliederung der Kirche sieht regelhaft eine Dienstebene vor,[2] die in regionalen Verbünden eine bestimmte Anzahl von Kirchengemeinden zusammenfasst sowie für die zentrale Kirchenleitung bestimmte Aufgaben wahrnimmt. Aber wenn diese Dienstebene aus administrativer Sicht notwendig erscheint, hat sie damit

---

1 Vgl. zum Verständnis dieses Begriffs Chr. Grethlein: Praktische Theologie, Berlin/Boston 2012, 8–11. Der Begriff „Kommunikation des Evangeliums" entstammt der ökumenischen Bewegung (ebd., 139–142) und berücksichtigt die neuzeitlichen Gestalten des Christentums: „*Empirisch* greift ‚Kommunikation des Evangeliums' weiter aus als ‚Kirche', die durch die Marginalisierung der Institution bzw. Organisation an Bedeutung verliert." (ebd., 9).

2 Abzusehen ist hier von regional besonders kleinen Landeskirchen; vgl. D. Pirson: Art. Kirchenverfassung V. Gegenwart 1. Evangelische Kirche, in: RGG⁴ 4, 1343–1349, hier 1349.

unmittelbar auch eine Bedeutung für die Lehre der Kirche? Hat der Kirchenkreis eine geistliche Qualität? Und falls ja, worin liegt sie?

Ursprünglich bezog sich eine sogenannte „mittlere Ebene" auf den Amtsbereich eines Geistlichen, dem verschiedene Amtsbezeichnungen wie Dekan, Superintendent oder Propst beigelegt waren.[3] Seine Aufgabe bestand in der Aufsicht bzw. Visitation der ihm unterstellten Gemeinden bzw. Pfarrer und in der Gestaltung des gemeinschaftlichen Zusammenwirkens der Pfarrer seines Amtsgebietes. Die mittlere Ebene hat heutzutage eine körperschaftliche Struktur. Diese Korporation bilden die Kirchengemeinden, der Kirchenkreis stellt eine „körperschaftliche Ergänzung" (ebd.) der Kirchengemeinden dar, nimmt aber zugleich kirchenleitende Aufgaben als nach „unten verlagerte Institution der Kirchenleitung" (ebd.) wahr. Aber was bedeutet das genau?

Die Aufsätze, die dieser Band zusammenfasst, sind nicht alle aufeinander bezogen und sie entstammen auch nicht alle einem gemeinsamen Projekt. Sie beziehen sich aber alle auf die projekthafte Arbeit, die in den vergangenen Jahren im Kirchenkreis Melsungen geleistet wurde. Der Kirchenkreis Melsungen hat dabei für sich in Anspruch genommen, eine geistliche und nicht nur eine verwaltungsmäßige Aufgabe zu besitzen. Im Rahmen eines Leitbildprozesses seit 2003 formulierte die Präambel des Grundsatzpapiers: „Der Evangelische Kirchenkreis Melsungen ist Heimat für die evangelischen Gemeinden im Melsunger Land. Er lädt Menschen ein, gemeinsam den Glauben an Jesus Christus zu leben."[4]

Das Leitbild und der mit der Erarbeitung des Leitbildes verbundene Prozess resultierten aus der Notwendigkeit, den Erhalt des Kirchenkreises zu gewährleisten. Im Rahmen der Strukturreform in der Evangelischen Kirche von Kurhessen-Waldeck wurde für die Region des kommunalen Schwalm-Eder-Kreises eine Reduzierung der Anzahl der Kirchenkreise vorgeschlagen und die Zusammenlegung der Kirchenkreisämter (damals noch „Rentämter") von vieren auf eines. Gegen die damit verbundene Auflösung des Kirchenkreises Melsungen setzten sich die Kirchenvorstände und die Kreissynode Melsungen zur Wehr. Das Papier „Vertraute Heimat Kirche", das die Kreissynode Melsungen am 29. Januar 2003 als Antwort auf die Ergebnisse des Struktur- und Entwicklungsausschusses des Rates der Landeskirche der EKKW einstimmig beschlossen hatte, verlangte zunächst im Vorwort eine

---

[3] Hierzu und zum Folgenden Pirson, a.a.O., 1349.

[4] Grundsatzpapier des Leitbildprozesses (nicht veröffentlicht, zu beziehen über das Dekanat des Kirchenkreises), o. S.

klare theologische Begründung für die Strukturreformen.[5] Mit einer Vielzahl von Argumenten wurde die Auflösung des Kirchenkreises in eine größere Einheit mit Teilen des benachbarten Kirchenkreises Homberg problematisiert: a) Die Menschen in der Region identifizierten sich mit dem Kirchenkreis; b) der Kirchenkreis sei „die kirchliche Antwort auf regionale Zusammengehörigkeit" parallel zu anderen Organisationsstrukturen in Vereinen und Verbänden; c) der Kirchenkreis habe sich im Hinblick auf das örtliche Engagement in der Partnerschaftsarbeit mit Indien sowie als Ausrichter von Landesjugendfest, Landesposaunentag und Landeskirchentag als „Solidargemeinschaft mit Innovationspotential bewährt". Die vom Struktur- und Entwicklungsausschuss der Landeskirche gewünschte Kooperation zwischen den kirchenkreisamtlichen Aufgaben werde begrüßt und in Teilen schon jetzt vollzogen. Eine Zusammenlegung von Kirchenkreisen lehne der Kirchenkreis mit Hinweis auf die damit verbundenen geographischen Entfernungen ab. Durch eine vergleichende Darstellung von Mitgliederbindung, Teilnahmeverhalten an kirchlichen Angeboten und der Spendenbereitschaft im Kirchenkreis Melsungen zeige sich die Leistungsfähigkeit dieser Struktur. Schließlich hält das Papier „Vertraute Heimat Kirche" fest: „Wir bestehen darauf, dass kirchliche Strukturmaßnamen der Bezeugung des Evangeliums in Wort und Tat sowie der Feier der Sakramente dienen und so die Gemeinschaft der Glaubenden fördern muss. Alle Ziele und Ergebnisse müssen an diesem Ziel messbar sein." (Ebd.) Unter den Vorschlägen für eine weitere Strukturreform findet sich dann unter 5.2. die Forderung, die ekklesiologische Bedeutung des Kirchenkreises im Unterschied zur Wahrnehmung des Kirchenkreises als reiner Verwaltungseinheit zu fördern. Die Begründung dieser Forderung lautet wie folgt: „Eine Ortsgemeinde für sich allein ist noch keine Kirche. Eine Kirche entsteht erst dadurch, dass die eine Gemeinde von der anderen Gemeinde Kenntnis erlangt und Beziehungen zu ihr unterhält. Daraus ergibt sich die Notwendigkeit einer überlokalen Strukturbildung. Das bedeutet aber zugleich, dass die verbindende Struktur des Kirchenkreises eine eigene ekklesiologische Bedeutung hat, weil er für *‚die Gemeinschaft der in einem Kirchenkreis verbundenen Gemeinden'* gemäß Art. 72, Abs. 1 GO der EKKW und die daraus folgenden Solidarmaßnahmen sorgt und sowohl die konziliaren Strukturen gemeinsamer Beratung und Willensbildung (z.B. Synode), als auch die kooperativen Strukturen zur Wahrnehmung gemeinsamer Aufgaben (z.B. Diakonisches Werk) bereitstellt." (Ebd.) An dem Ergebnis

[5] Vgl. hierzu und zum Folgenden „Vertraute Heimat Kirche" (nicht veröffentlicht, zu beziehen über das Dekanat des Kirchenkreises), o. S. Der Titel dieses Textes stellt sich bewusst in Gegensatz zum Titel der EKD-Untersuchung „Fremde Heimat Kirche" (1997).

des Struktur- und Entwicklungsausschusses der EKKW kritisiert „Vertraute Heimat Kirche" daraufhin, dass dort „der ekklesiologische Stellenwert des Kirchenkreises ... nicht in ausreichendem Maße berücksichtigt" werde, weil die Ebene des Kirchenkreises nur als Verwaltungsebene in den Blick komme (ebd., Anm. 22). Das Verhältnis des Kirchenkreises zur Ortsgemeinde sei „weder mit einer Subsidiärfunktion (Unterstützung) noch mit einer Funktionsdelegation (Ergänzung) hinreichend beschrieben". Im Unterschied dazu sei „der Kirchenkreis der primäre Erfahrungsraum für die Ortsgemeinden, ‚dass wir über unsere Gemeindegrenze hinaus Kirche sind'".

Die Inanspruchnahme einer geistlichen Bestimmung sagt noch nichts über ihre Sachgemäßheit aus. Es könnte ja auch sein, dass hier nur eine kirchentheoretische Unbestimmtheit genutzt wird, um einem Kirchenkreis eine Bedeutung zu verleihen, die er nicht notwendig haben muss. Wenn das der Fall sein sollte, wäre über die Konsequenzen dieses Modells für das kirchenleitende Gefüge nachzudenken.

Dieser Beitrag kann nur ein Anstoß für die Diskussion sein,[6] ob denn das, was ein Kirchenkreis leistet, nur nach sozialräumlichen oder verwaltungsmäßigen Gesichtspunkten erfolgt und ein geistliches Geschehen mehr oder weniger zufällig aus den gegebenen Strukturen entsteht oder ob es eine theologisch fassbare Eigenschaft der sogenannten „mittleren Ebene" gibt.

Folgende Fragen werden beleuchtet: Welche Bedeutung nimmt die Kirchenkreisebene in einzelnen innerkirchlichen Reformprozessen ein (II)? Wie ist es historisch überhaupt zu einer „mittleren Ebene" im Gefüge der Kirche gekommen (III)? Welche Bedeutung hat der Kirchenkreis nach der Verfassung einer evangelischen Landeskirche in Deutschland, hier am Beispiel der Grundordnung der Evangelischen Kirche von Kurhessen-Waldeck (IV)? Abschließend werden Thesen zur ekklesiologischen Bedeutung des Kirchenkreises formuliert.

6 Die Theologische Kammer der Evangelischen Kirche von Kurhessen-Waldeck ist mit einer gutachterlichen Stellungnahme zu einer ähnlichen Frage beauftragt, deren Ergebnisse bei Abfassung dieses Beitrags noch nicht vorlagen: „Kirche in der Region. Der Kirchenkreis als Gestaltungsraum evangelischer Kirche".

## II. Der Kirchenkreis als Ort, an dem sich die Zukunft der Kirche entscheidet? – Beobachtungen zu zwei Begleitstudien zum Strukturwandel in evangelischen Landeskirchen

Ist der Kirchenkreis (nur) eine „Erfolg versprechende Größenordnung" für die Umsetzung notwendiger innerkirchlicher Reformen, weil die Ebene des Kirchenkreises einerseits verhindert, dass die inhaltliche Auseinandersetzung in unfruchtbare globale Diskussionen abgleitet, und andererseits den Gemeinschaftssinn der Beteiligten gewährleistet, die sich noch einem Sozialraum zugehörig fühlen?[7]

Die Verfasser der Studie „Lernende Organisation Kirche", einem Beitrag zum Reformprozess von Kirchenkreisen im Gebiet der Evangelisch-lutherischen Landeskirche Hannovers, machen frühzeitig auf die „Irritation" aufmerksam, welche Funktion und Bedeutung der sogenannten „mittleren Ebene" im Reformprozess der Landeskirchen überhaupt zukommen kann (11). Ein Ziel des Projektes ist es dann auch, „die KK-Ebene als unterschätzte und überschätzte oder widersprüchliche Ebene kirchlichen Handelns in den Blick zu nehmen" (14). Dabei kennzeichnet die Studie den Bedeutungszuwachs der mittleren Ebene zutreffend: „Gewollt oder nicht gewollt, ist in den letzten Jahren der Kirchenkreis zu einer wichtigen Planungs-, Entscheidungs- und Handlungsebene geworden" (45). Das Verhältnis zwischen einem Kirchenkreis und seinen Gemeinden ist dabei ambivalent: Einerseits kann der Kirchenkreis ein „Wir-Gefühl" für eine Region vermitteln, das eine höhere Wirksamkeit in der Öffentlichkeit besitzt als nur in einer Gemeinde, andererseits sorgen sich die Gemeinden um den Verlust ihrer Eigenständigkeit (57). Ist der Kirchenkreis als Verwaltungseinheit also „nur Geldgeber" oder „auch Kirche?" (57), so stellen Teilnehmer der Untersuchung die Frage. Dabei ist die Beantwortung von aktueller Dringlichkeit: „Die zunehmende Instabilität der Einzelgemeinde und der funktionalen Bereiche innerhalb eines Kirchenkreises scheint die Frage nach einem ‚neuen Ganzen' voranzutreiben: Es wird nach Leitbildern, Kirchenbildern, Identifikation und ‚Wir-Gefühl' auf der Ebene des Kirchenkreises gesucht"[8].

---

7 So Lernende Organisation Kirche. Erkundungen zu Kirchenkreis-Reformen, hrsg. v. d. Projektgruppe „Lernende Organisation Kirche", Leipzig 2004, 7.

8 Ebd., 62.

Für die Verfasser der Studie entsteht aus dieser Frage die „Nötigung zur theologischen Legitimation des Kirchenkreises“, genauer: „Lassen sich beide kirchlichen Sozialformen, Kirchenkreis und Einzelgemeinden, gleichermaßen geistlich würdigen“ (58)? Sie beantworten dies mit „Ja“, da sie das Verhältnis von Kirchenkreis und Einzelgemeinde nicht nur hierarchisch verstehen, sondern als „Miteinander geistlich gleichrangiger, aber unterschiedlich organisierter Sozialformen der Gemeinde“ (63). Ausschlaggebend ist dabei die Gemeinsamkeit des Evangeliums und seiner innerweltlichen Sichtbarwerdung in Predigt und Sakrament und nicht so sehr die tatsächliche Struktur. Die Wirkung des Kirchenkreises als „Gemeinde“ ist laut der Studie a) nach außen und b) nach innen gerichtet: a) zunehmende Mobilität, abnehmende örtliche Bindung, Ausdifferenzierung der Milieus und Individualisierung erfordern ein differenziertes Angebot, das die Einzelgemeinde nicht, wohl aber der Kirchenkreis leisten kann; b) ist blumiger formuliert: Der Kirchenkreis ist hier „mehr als eine Verwaltungseinheit“, nämlich „ein Ermöglichungsgrund von Glauben“, indem er einen „Bestätigungs- und Vergewisserungsrahmen“ für haupt- und ehrenamtlich Mitarbeitende darstellt. Hierzu gehören gemeinsame Fortbildungen auf der mittleren Ebene genauso wie die Visitation.

Der Kirchenkreis ist im Bewusstsein der Menschen „zwar eher eine interne Ebene kirchlichen Handelns, die Kirchengemeinde dagegen eher die nach außen wirkende Erscheinungsform der Kirche“ (7). Dabei geht die Studie von zwei Leitfragen aus, deren erste eine klare theologische Bestimmung hat: „Was ist zu tun, um die missionarische Kraft der Kirche zu stärken? Was ist zu tun, um die ‚Ehrenamtstauglichkeit‘ von Aufgaben, Arbeitsweisen, Rechtsnormen, Organisationsformen, etc. zu fördern?“ (8).

Für die zweite Frage könnte man in Anspruch nehmen, dass es um einen geeigneten Rahmen der sichtbaren Kirche (*ecclesia visibilis*) geht, in der sich das protestantische Priestertum aller Gläubigen entfalten kann. Die vorliegende Studie zeigt, wie offen die Wesensbestimmungen eines Kirchenkreises verstanden werden kann. Sie sucht hier nach einer Klärung. Zugleich macht sie auf das Dilemma aufmerksam, dass bestimmte Aspekte kirchengemeindlicher Aktivitäten heutzutage durch die Einzelgemeinde nicht mehr vorgehalten werden können und aus diesem Grund zentrale Hilfe vonnöten zu sein scheint. An dieser Stelle bleibt die Frage offen, ob eine Kirchengemeinde in ihren Wesensmerkmalen tangiert oder gar gefährdet ist, wenn der „Ermöglichungsgrund von Glauben“ zukünftig verstärkt auf einer übergemeindlichen Ebene zu suchen sein wird.

Die Frage, mit der die Verfasser der Studie „Kirche am Ort und in der Region. Grundlagen, Instrumente und Beispiele einer Kirchenkreisentwicklung“ (2010) ihr Werk über die kirchliche Entwicklung in der „Region“ Berlin-Wilmersdorf eröffnen, bezieht sofort den Kirchenkreis auf die für die Ekklesiologie alles entscheidende Frage: „Hat die Kirche eine Zukunft?“[9]. Dabei schreiben sie der Region – in der ganzen Unbestimmtheit des Begriffes – eine „Schlüsselrolle“ in der zukünftigen Entwicklung zu (ebd.).

Die Studie beginnt mit einer theologischen Ortsbestimmung, in der das gemeinsame Wirken Gottes und der Glaubenden mit Gottes Hilfe für die Kirche herausgearbeitet wird.[10] Aus den weitgehend biblischen Begründungszusammenhängen werden „Erkenntnisse und Konsequenzen“ für die „strategisch planmäßige Entwicklung eines Kirchenkreises“ gewonnen. Sie reichen von der Gewissheit, dass das Wohl und Wehe der Kirche nicht allein am Handeln des Menschen liegt (14), über die ökumenische und interreligiöse Ausrichtung der Arbeit von Kirche (15 f.) bis hin zu einer einladenden und für alle Menschen offenen Grundhaltung aller Mitarbeitenden (17). Kirche ist demzufolge weniger Institution als vielmehr ein „Kommunikationsprozess“, in dem sie ihre Gestalt immer wieder in der Auseinandersetzung mit der Heiligen Schrift und im Diskurs mit anderen Christen und ihren Lebenserfahrungen finden muss (und wird).[11]

Die Gültigkeit der Erkenntnisse und Konsequenzen für die Ebene des Kirchenkreises werden (zunächst nur) postuliert. Allein an einer Stelle wird ein unmittelbarer Zusammenhang hergestellt, indem die strategische Entwicklung des Kirchenkreises „am großen Ziel der Auftragserfüllung ausgerichtet sein“ muss (17). Die Frage, ob ein Kirchenkreis ein „Ermöglichungsgrund von Glauben“ sein kann, wird in dieser Studie stillschweigend mit Ja beantwortet, und man geht zur konkreten Ausgestaltung der Arbeit über. Das ist vielleicht doch etwas schnell: In einer städtischen Region mag sich die Identität einer einzelnen Kirchengemeinde nicht so stark zeigen wie im ländlichen Raum. Aber gerade für diesen muss die Frage nach der theologischen Bedeutung des Kirchenkreises beantwortet werden.

---

9 H. Lindner/R. Herpich: Kirche am Ort und in der Region. Grundlagen, Instrumente und Beispiele einer Kirchenkreisentwicklung, Stuttgart 2010, 11.

10 Ebd., 13. Die theologische Ortsbestimmung gliedert sich in die Punkte 1. Gott sorgt für seine Welt, 2. Gott gründet seine Kirche in Jesus Christus, 3. Gott gibt seiner Kirche einen Auftrag, 4. Gott beruft Menschen zur Mitarbeit.

11 Ebd., 20. Vgl. zum Verständnis der Kirche als Raum für die „Kommunikation des Evangeliums“ Grethlein, 9.

## III. Die sozialräumliche Gestaltwerdung einer mittleren kirchenleitenden Ebene in der Geschichte

Wie ist es historisch zur Bildung einer „mittleren Ebene" gekommen und welche theologische Qualifizierung kann diese besitzen? Ein Blick ins Neue Testament gibt darauf keine Antwort: Eine theologische Favorisierung gemeindlicher bzw. kirchlicher Sozialformen wird nicht vorgenommen, verschiedene Gestalten stehen dabei ohne normativen Anspruch nebeneinander.[12] Auch die reformatorische Grundlegung der sichtbaren Kirche in CA VII enthält keinen Hinweis auf die Sozialgestalt: Kirche ist „die Versammlung aller Gläubigen, bei denen das Evangelium rein gepredigt und die Sakramente recht verwaltet werden". Diese Wesensbestimmung von Kirche bildet immerhin das protestantische Kriterium ab, was als Kirche bezeichnet werden kann und was nicht.[13] Anders herum aber lässt sich kein Sachzwang begründen: Die äußere Ordnung einer christlichen Gemeinde kann nicht auf ihren theologischen Kern übergreifen und ihn modifizieren: „Daran aber soll man die christliche Gemeinde mit Gewissheit erkennen, daß da das reine Evangelium gepredigt wird. ... Daher sind wir sicher, dass es unmöglich ist, daß da, wo das Evangelium im Gang ist, keine Christen sein sollten, wie wenige es auch immer sein und wie sündlich und mangelhaft sie auch sein mögen; gleichwie es unmöglich ist, daß da, wo das Evangelium nicht im Gang ist und Menschenlehren regieren, Christen und nicht bloß Heiden sein sollten, wie viele es auch immer sein mögen und wie heilig und gut auch immer ihr Wandel sei"[14]

Für die Kirchengemeinde lässt sich nach Luther das Kirche-Sein unproblematisch feststellen, für einen Kirchenkreis ist das nicht so ohne weiteres der Fall. In der Offenheit der Definition kann natürlich der Kirchenkreis auch als „Ermöglichungsraum"[15] für das Gestaltwerden von Kirche dienen. Aber seine Aufgaben sind doch funktionaler, als dass sie sich auf die Predigt des

---

[12] Vgl. Lindner/Herpich, a. a. O., 58. Zur Entwicklung erster Ausdifferenzierungen in der Gemeinde s. Grethlein, a. a. O., 381.

[13] Zum Verhältnis des Bekenntnisses zur ausgestalteten Verfasstheit einer Kirche vgl. Markus B. Büning, Bekenntnis und Kirchenverfassung, Europäische Hochschulschriften. Reihe II. Rechtswissenschaft, Bd. 3371, Frankfurt a. M. u. a. 2002.

[14] M. Luther: Daß eine christliche Versammlung oder Gemeinde Recht und Macht habe, alle Lehre zu urteilen und Lehrer zu berufen, ein- und abzusetzen, Grund und Ursache aus der Schrift (1523), in: M. Luther: Ausgewählte Schriften V. Kirche, Gottesdienst, Schule, hrsg. v. K. Bornkamm u. G. Ebeling, Frankfurt a. M. 1990, 8.

[15] Herpich/Lindner, a. a. O., 57.

Evangeliums und die schriftgemäße Darreichung der Sakramente konzentrieren würden.

Welche unterschiedlichen Funktionen dem Kirchenkreis in der Geschichte zugeschrieben wurden, kann hier nur in einer groben Skizze nachgezeichnet werden.[16] Mit dem Ausbleiben einer zeitlich unmittelbaren Wiederkunft des Herrn stellte sich für die frühesten Gemeinden die Notwendigkeit, die Überlieferung der ersten Zeugen Jesu zu tradieren. Es bildet sich eine apostolische Hierarchie, die man möglichst dem Willen des Herrn entsprechend zu bilden versuchte.[17] Für die Witwen- und Waisenversorgung wurden einzelne Diakone beauftragt. Mit dem „Aposteldekret" Apostelgeschichte 15,23–29 wurden erste Visitationsbestimmungen erlassen. Das Ende der charismatischen Wandermission führte zur Bildung von Ortsgemeinden neben denjenigen, die durch die paulinische Heidenmission in den Städten der mediterranen Welt gegründet wurden. Es entstand die zunächst noch mit „genossenschaftlichen Elementen durchsetzte Gestalt der Bischofskirche" (ebd., 39). Zunächst wurden die von einer Stadt verwalteten Gebiete einem städtischen Bischofssitz zugeordnet (97), mit dem Vordringen christlicher Gemeinden auf das Land stellte sich die Frage ihrer hierarchischen Zuordnung. In der Regel traten auch selbständige Gemeinden unter die Aufsicht einer Bischofskirche, womit eine priesterliche Versorgung auf dem Lande gewährleistet wurde (98 f.). Unter Kaiser Diokletian (284–305) wurde das römische Reich mit einer durchgängigen Provinzialgliederung versehen, die auch für die kirchliche Gliederung wirksam wurde (100).

Die Christianisierung Germaniens brachte eine Fülle von Organisationsformen hervor (Taufkirchen, Großpfarreien, Genossenschaftskirchen usw.), die dem Zweck dienten, weitere Gemeinden gründen zu können und dennoch eine Einheitlichkeit der Lehre und den Zusammenhalt zwischen den einzelnen Geistlichen zu erhalten.[18] Zunehmend war dabei die Bildung von Pfarrsprengeln bzw. Kirchspielen erforderlich (187).

---

[16] Vgl. hierzu u. a. W. Läwen: Der Kirchenkreis als Handlungsebene. Praktisch-theologische Feldstudie zur Erprobung neuer Arbeits- und Organisationsformen im Kirchenkreis Celle der Evangelisch-lutherischen Landeskirche Hannovers, Göttingen 1982 (Diss.). Vgl. die Zusammenfassung in Lernende Organisation Kirche, 60 f.

[17] Vgl. zum Folgenden H. E. Feine, Kirchliche Rechtsgeschichte. Die Katholische Kirche, Köln/Wien $^{5}$1972, 35 f. Daneben auch W. Löhr, Art. Kirchenverfassung I. Alte Kirche, in RGG$^{4}$ 4, 1307–1315.

[18] Feine 182 ff. „Das eigentliche Kernstück der Kirchenverfassung blieb das Bistum (episcopium, episcopatus, diocesis, parochia), bestehend aus der Bischofsstadt als dem ursprünglichen Ort der Gemeinde und kirchlichem Zentrum mit Dom bzw. Kathedrale sowie dem umliegenden, allmählich für das Christentum gewonnenen Land" (I. Dingel, Art. Kirchenverfassung II. Mittelalter, in RGG$^{4}$ 4, 1315–1320, hier 1316).

Die Eigenkirchen der Grundherren nach germanischem Recht verdrängten daneben mehr und mehr die Tauf- und Urkirchenorganisation (ebd.), die Dekanate bildeten sich als Zusammenschluss kleiner Pfarreien (Konzil von Toulouse 844), geleitet durch einen Dekan, der durch den Bischof bzw. Archidiakon eingesetzt wurde.[19] Aufgabe des Dekans war vor allem, „die Landgeistlichen regelmäßig zu sogenannten Kalenderkapiteln zu gemeinsamer Beratung und Überwachung des Sprengels, besonders in Bußangelegenheiten" zu versammeln (ebd.). Er hatte damit eine abgeleitete Autorität aus der Gewalt des Bischofs, dessen Aufgaben die Weihe, die Lehre und die Rechtsprechung umfassten.[20]

Mit der Ablösung der römisch-katholischen Hierarchien in den protestantischen Territorien im Zuge der konfessionellen Streitigkeiten des 16. Jahrhunderts stellte sich die Frage der Funktionalität der mittleren Ebene neu. Durch den veränderten Kirchen- und den neu gefassten Amtsbegriff kann die römisch-katholische Kirchenverfassung in ihrem theologischen Gehalt nicht in Geltung bleiben.[21] Die Kirche ist *communio sanctorum*, nun aber nicht abgeleitet aus der Stellvertreterschaft des Papstes für Christus auf Erden,[22] sondern als wirkliche Gemeinschaft der Christen, die demzufolge auch nicht nach Geistlichen und Laien zu unterscheiden ist - nur hinsichtlich der Beauftragungen in der Gemeinde. Die geistliche Kirche (*ecclesia spiritualis*) ist durch die Aufhebung des Papstprimates nicht mehr unmittelbar verwirklicht in der sichtbaren Gestalt der Kirche, sondern sie ist verborgen unter weltlichen Bedingungen und gewinnt nur immer wieder aktuelle Gestalt in der öffentlichen Predigt des Evangeliums und der rechten Darreichung der Sakramente. Die sichtbare Kirche (*ecclesia visibilis*) muss dagegen immer ihre verfassungsmäßige Gestaltung an der Kirche als *creatura Evangelii* bzw. *creatura verbi Divini* orientieren.[23]

---

[19] Feine, 201, sowie ebd., 427; Dingel, Mittelalter, 1317.

[20] *Postestas ordinis, potestas magisterii* und *potestas iurisdictionis* (Dingel, Mittelalter 1316). Darüber hinaus war der Dekan aus den Pfarrern einer Region genommen und wurde zeitlebens bestellt (Feine, 427). Im Zusammenhang mit der Organisation der Dekanate spricht Feine, 427 f., von einem mittelalterlichen „Drang zu genossenschaftlichen Bildungen", der das Leben und das Aufgabenspektrum der Landkapitel erheblich erweiterte.

[21] Vgl. zum Folgenden I. Dingel, Art. Kirchenverfassung III. Reformation, in RGG$^4$ 4, 1320-1327, hier 1320 f.

[22] Vgl. hierzu die Auseinandersetzung um die *potestas papae* und ihre Legitimation *iure humano* oder *iure divino* in Luthers Leipziger Disputation mit Johann Eck 1519 in V. Mantey, Zwei Schwerter - zwei Reiche. Martin Luthers Zwei-Reiche-Lehre vor ihrem spätmittelalterlichen Hintergrund, Spätmittelalter und Reformation. Neue Reihe 26, Tübingen 2005, 185-189.

[23] Statt des hierarchischen Gefüges trat in das wesensmäßige Zentrum der Kirche ein „kommunikatives Geschehen", das sich durch die Predigt, Taufe und Abendmahl, die Einführung der Landessprache in die Gottesdienste und das gemeinsame Singen von Liedern zum Ausdruck brachte (so Grethlein, a. a. O., 384).

Verändert sich die theologische Begründung der sichtbaren Strukturen der Kirche, so ist damit nicht gleichzeitig gesagt, dass sich die äußeren Strukturen grundlegend ändern. Die parochiale Struktur des Landes, beispielsweise im Kurfürstentum Sachsen, blieb auch in der Reformation erhalten.[24] Um die Neuausrichtung der Kirche auf das protestantische Glaubensverständnis zu gewährleisten, wurde das Amt des Superintendenten (oder Dekan, Senior, Propst bzw. Inspektor) geschaffen, dem die Aufsicht über die Gemeinden sowie die Amts- und Lebensführung der Pfarrer und ihre Lehre zukam. Dazu wurden die Pfarrer zu Synoden einberufen, allerdings ist die Synode hier noch kein Organ, das die Gemeinden repräsentiert.[25]

Im Fortgang der Reformation war nun die Frage des Umfangs und der Ausgestaltung des landesherrlichen Kirchenregiments bedeutsam, das aus der Einrichtung der „Notbischöfe" hervorging. Die theologische und verwaltungsmäßige Funktion der mittleren Ebene war gesetzt, aber eine konkrete kirchentheoretische Begründung nicht erforderlich.[26] Man lebte mit der Doppelbestimmung, Versammlung regional verbundener Gemeinden und zugleich Ausführungsorgan kirchenleitender Aufsicht zu sein.

Interessant ist hier ein Blick in die Wahrnehmung dieses Sachverhaltes bei Friedrich Schleiermacher.[27] Zunächst unterstreicht er die Bedeutung der Einzelgemeinde: „Die örtliche Gemeine, als ein Inbegriff in demselben Raum lebender und zu gemeinsamer Frömmigkeit verbundener christlicher Hauswesen gleichen Bekenntnisses, ist die einfachste vollkommen kirchliche Organisation, innerhalb welcher eine leitende Tätigkeit stattfinden kann" (107; § 277). Die Kirche baut sich bei Schleiermacher mithin, gut

---

24 Hierzu Dingel, Reformation, 1322.

25 Zur geplanten, aber nicht wirklich durchgeführten Verlagerung der Zuständigkeit für die Kirchenzucht auf die Institution der Synode im Homberger Reformationsentwurf des Franz Lambert von Avignon vgl. Dingel, Reformation, 1323.

26 Vgl. hierzu Grethlein, a. a. O., 385, der noch einen Schritt weiter geht: „Die enge Verbindung mit der staatlichen Obrigkeit [führte] zur Stabilisierung der an äußerer Ordnung interessierten Verwaltung." Vgl. zur historischen Entwicklung auch L. Richter, Geschichte der evangelischen Kirchenverfassung in Deutschland, Leipzig 1851, der insbesondere aus den Schriften und Aussagen der Reformatoren Hinweise erhebt, welche verfassungsrechtlichen Strukturen denn nun der kirchlichen Gestalt gemäß dem reformatorischen Verständnis des Evangeliums angemessen und wie diese Ansichten mit einer vorfindlichen kirchlichen Wirklichkeit zusammenzubringen seien. Zur Geschichte der kirchlichen Strukturen unterhalb der Kirchenleitungsebene ist eine detaillierte Studie ein Desiderat der Forschung. Vgl. zum gegenwärtigen Wandel und der Perspektiven für die Kirchengemeinden R. Roosen: Die Kirchengemeinde – Sozialsystem im Wandel. Analysen und Anregungen für die Reform der evangelischen Gemeindearbeit, Arbeiten zur Praktischen Theologie 9, hrsg. v. K.-H. Bieritz/W. Engemann/Chr. Grethlein, Berlin/New York 1997, insbesondere 315–416.

27 Vgl. zum folgenden F. D. E. Schleiermacher, Kurze Darstellung des theologischen Studiums zum Behuf einleitender Vorlesungen, kritische Ausgabe hrsg. v. H. Scholz, Bibliothek klassischer Texte, Darmstadt 1993.

protestantisch, von unten auf. Dass über die Einzelgemeinde hinaus die gemeinsame Übung der Frömmigkeit noch gewährleistet sein kann, bezweifelt er.[28] Unter den „Grundsätzen des Kirchenregimentes" (§§ 309–334) finden sich Schleiermachers Überlegungen zu einer Verhältnisbestimmung zwischen dem Kirchenregiment und den Einzelgemeinden. Das Verhältnis muss dabei a) mit dem Wesen des Christentums übereinstimmen und darf b) die wesensmäßige Bedeutung der Einzelgemeinde nicht einschränken.[29] Eine nähere Bestimmung über wenige Grundsätze hinaus ist aber aufgrund der Mannigfaltigkeit der Beziehungen der kirchlichen Institutionen untereinander und auch hinsichtlich des Gegensatzes zur römisch-katholischen Lehre nicht möglich, die historisch überlieferte Gestalt der Kirche ist dabei „zweckmäßig" zu verwenden.[30]

## IV. Die Aufgaben und das Beziehungsgefüge des Kirchenkreises nach der Grundordnung der EKKW

Zunächst einmal stellt die Grundordnung in Art. 64 nüchtern fest, dass mehrere Kirchengemeinden einen Kirchenkreis bilden.[31] Seine Gestalt gewinnt ein Kirchenkreis durch die verfassungsmäßigen Instrumente Kreissynode, Kirchenkreisvorstand und Dekan. Die Zusammensetzung der Kreissynode (Art. 65, Abs. 2) leitet sich aus dem Zusammenschluss der Gemeinden ab, im Wesentlichen gehören ihr die Geistlichen des Kirchenkreisgebietes sowie gewählte Vertreter aus den Kirchenvorständen an. Der Zusammenschluss ist dabei nicht einfach parlamentarisch bestimmt, sondern rekurriert in einem von den Kreissynodalen zu leistenden Gelöbnis auf die Konstituierung der

[28] Ebd.: „Der Sprachgebrauch gibt noch Landesgemeine, Kreisgemeine; aber hier findet nicht immer eben eine gemeinsame Übung der Frömmigkeit statt."

[29] „Es wird nämlich vorausgesetzt, daß die Gestaltung eines solchen Zusammenhanges weder dem Wesen des Christentums widerspricht, noch die Selbsttätigkeit der Gemeinen aufhebt." (118; Zusatz zu § 309). In Hinsicht auf a) muss das Kirchenregiment Streitigkeiten in oder zwischen Gemeinden lehrhaft entscheiden (123; § 320).

[30] Ebd., 118 f.; § 310: „Die Lösung muß einerseits auf dogmatische Sätze zurückgehen, und kann andererseits nur durch zweckmäßigen Gebrauch der Kirchengeschichte und der kirchlichen Statistik gelingen". Mit „kirchlicher Statistik" ist bei Schleiermacher die „Darstellung des gesellschaftlichen Zustandes der Kirche in einem gegebenen Moment" gemeint (ebd., 40; § 95).

[31] Der Kirchenkreis ist rechtlich ein Verband (Gebietskörperschaft), vgl. die Regelung aus der Kirchenverfassung von 1923, in: V. Knöppel: Miteinander und Gegenüber. Zur Verfassungsgeschichte der Evangelischen Kirche von Kurhessen-Waldeck, Monographia Hassiae 23, hrsg. v. K. Röhring u. H. Kemler, Kassel 2000, 57.

Kirche in Wort und Sakrament.[32] Aus der Konstituierung der Kirche leitet sich auch der Wirkungskreis der Kreissynode ab (Art. 72 GO)[33]: Gemeinschaftsförderung zwischen den Kirchengemeinden und mit den kirchlichen Werken des Kirchenkreises, Unterstützung übergemeindlicher kirchlicher Aufgaben, öffentliche Stellungnahme zu kirchlichen Belangen, aber auch zu solchen allgemeinen „wichtigen Vorgängen und Zuständen", die auf das Wirken der Kirchengemeinde Einfluss haben. Über den theologischen Zusammenhang hinaus ist die zweite Säule der Arbeit einer Kreissynode die haushalterische (Kreisumlage, Haushaltsplan Kirchenkreis, Entlastung für die Rechnungslegung).[34] Dabei wird der Auftrag der Kreissynode als „Mitverantwortung" für den Dienst an Wort und Sakrament gekennzeichnet (Art. 72), und dieses „Mit" bezieht sich offensichtlich auf die Kirchengemeinden des Kirchenkreises, die hierin ja ihre Hauptaufgabe haben.

Soweit die Konstituierung eines Kirchenkreises aus den ihn bildenden Gemeinden. Der Kirchenkreis als abgeleitete regionale Instanz der bischöflichen Kirchenleitung tritt in anderem Zusammenhang ins Blickfeld: So können nach Art. 69, Abs. 2 GO „der Bischof, der Propst und die vom Landeskirchenamt entsandten Vertreter ... an den Sitzungen der Kreissynode teilnehmen, jederzeit das Wort erhalten und Anträge stellen." Die Kreissynode hat nach Art. 72 GO eine weitere Aufgabe in der Förderung des Zusammenhalts mit der Landeskirche – was auch immer genau unter dem sehr offen formulierten „Zusammenhalt" zu fassen ist –, wählt aus ihrer Mitte die Vertreter des Kirchenkreises für die Landessynode und kann Anträge an die Landessynode stellen. Im Hinblick auf die geistliche Konstituierung der Kirche soll die Kreissynode nach Art. 73 GO „zu Entwürfen, die der Landessynode über Agenden, sonstige liturgische Ordnungen, Katechismen und Gesangbücher vorgelegt werden, Stellung nehmen." Sichtbarster Ausdruck einer abgeleiteten bischöflichen Autorität auf der mittleren Ebene ist das Dekansamt.[35] Die

[32] „Neue Mitglieder legen ein Gelöbnis ab. Auf die Frage des Vorsitzenden der Kreissynode: ‚Gelobt Ihr vor Gott, Euer Amt als Kreissynodale gemäß dem Evangelium zu führen, die Ordnungen der Kirche zu achten und nach Kräften dazu beizutragen, dass im Kirchenkreis Glaube und Liebe wachse?' erklären sie einzeln nach namentlichem Aufruf mit Handschlag: ‚Ja, ich gelobe es vor Gott.'" (Art. 66a, Abs. 1 GO). Das Übergewicht stimmberechtigter Laien im Vergleich zu den Pfarrern des Kirchenkreises (Art. 66, Abs. 1 GO ) setzt die reformatorisch geprägte Gesamtverantwortung der Christen für ihre Gemeinde im Sinne des allgemeinen Priestertums aller Gläubigen um.

[33] Vgl. Knöppel, a. a. O., 58.

[34] Diese zweite Säule ist auch maßgeblich für die Arbeit des zwischen den Kreissynoden die Geschäfte des Kirchenkreises führenden Kirchenkreisvorstands (Art. 80 GO).

[35] Es handelt sich um ein „dem Bischof zugeordnetes Leitungsamt" (Knöppel, a. a. O., 60), für das allerdings die bereits besetzte Bezeichnung „kirchenleitend" gemäß dem Abschlussbericht des Ausschusses für die Überprüfung der GO 1996 unzutreffend ist (ebd.). „Wer im Dekansamt tätig ist, soll das Vertrauen des Bischofs haben" (ebd.).

Berufung des Dekans erfolgt zwar unter Beteiligung des aus Vertretern des Kirchenkreises zusammengesetzten Findungsausschusses,[36] wird aber durch den Rat der Landeskirche auf Vorschlag des Bischofs ausgesprochen (Art. 81, Abs. 1 GO). Seine Aufgabe als *primus inter pares* verdeutlicht die regelhafte Zuordnung einer Pfarrstelle zum Dekansamt,[37] der größte Teil seiner Aufgaben bezieht sich aber auf seine visitatorische Funktion für Gemeinden und Pfarrer sowie die Förderung des Bildungsstandes der Pfarrer und des Zusammenhalts der Gemeinden und Dienste.[38] Als Vorsitzender des Kirchenkreisvorstandes ist er gemeinsam mit diesem für die Haushalts- und Rechnungsaufsicht der Kirchengemeinden verantwortlich (Art. 80, Abs. 5 GO).

Der Dekan bildet also im Wesentlichen die Schnittstelle zwischen den Gemeinden und der Kirchenleitung. Er verkörpert die traditionelle Visitationspraxis der Gesamtkirche für die Region und ist zugleich unter Beteiligung örtlicher Vertreter des Kirchenkreises in sein Amt gelangt. Daneben ist er aber auch „Durchleitungsbehörde" für Verwaltungsvorgänge zwischen den Kirchengemeinden und der Landeskirche in beide Richtungen sowie Ausführender in der „Erledigung von Verwaltungsvorgängen, die ihm das Landeskirchenamt überträgt" (Art. 84, Abs. 2 Buchst. g GO). Hier zeigt sich bereits strukturell eine Aufgabenverdichtung, die nicht die geistlichen von den Verwaltungsaufgaben trennt.

Geistlich qualifiziert sind die Institutionen des Kirchenkreises gemäß der Grundordnung der Evangelischen Kirche von Kurhessen-Waldeck am deutlichsten durch die Kreissynode im Sinne einer Gestaltwerdung von Kirche über parochiale Grenzen hinaus, wobei das Dekansamt durch seine zahlreichen Verflechtungen mit Bischof, Kreissynode und Kirchenkreisvorstand davon nicht zu trennen ist.

Die mittlere Ebene hat in Kurhessen-Waldeck in den vergangenen Jahren und insbesondere im Kirchenreformprozess an Bedeutung gewonnen. In der Folge des Struktur- und Entwicklungsausschusses II der EKKW (2003–2006) und der Präzisierung der Überlegungen zur mittleren Ebene, die bereits der Vorgängerausschuss I formuliert hatte, wurde durch Gemeindekonvente und jährliche Personalgespräche zwischen Dekan und Pfarrer die inhaltliche Qualität der Kirchengemeinden und ihrer Pfarrer ins Blickfeld gerückt und mit der Verlagerung von Entscheidungen und Finanzmittel auf die mittlere

36 Zur Erklärung der Regelung siehe Knöppel, a. a. O., 61.

37 Vgl. Art. 83 GO, wobei die Einrichtung und Aufhebung dieser Pfarrstelle dem Bischof obliegt (Art. 51, Abs. 1 GO).

38 Vgl. Art. 84, Abs. 2 GO. Zugleich hat der Dekan auch das Recht der Teilnahme und Antragstellung in allen Kirchenvorständen seines Kirchenkreises sowie deren außerordentlicher Einberufung (Art. 29, Abs. 8 GO).

Ebene deren administrative Funktion erweitert.[39] Die Landschaft der bestehenden Kirchenkreise und damit zusammenhängend auch die Zuständigkeitsbereiche der Kirchenkreisämter sollen dabei weiterhin neu geordnet werden, allerdings nach der Maßgabe regionaler Erfordernisse und nicht mittels eines einheitlichen Rezepts der Landeskirche. „Regionale Kooperationsräume“ sollen kirchenkreisübergreifend bestimmte Aufgaben bündeln (z.B. Aus-, Fort- und Weiterbildung Ehrenamtlicher, diakonische und kirchenmusikalische Aufgaben usf.).

Interessant ist hier der Blick auf die Verfassung der (nunmehr in der Nordkirche aufgegangenen) Nordelbischen Kirche, weil hier der Kirchenkreis deutlicher als in Kurhessen-Waldeck als selbständige, auch theologisch qualifizierte Einheit wahrgenommen wird. Der Kirchenkreis ist „eine eigenständige Einheit des kirchlichen Lebens“[40]. Er „ordnet und verwaltet seine Angelegenheiten im Rahmen des geltenden Rechts in eigener Verantwortung“ (ebd.). Mit „Angelegenheiten“ sind hier die Aufgaben gemeint, die den Wirkungsbereich einer einzelnen Kirchengemeinde überschreiten (Art. 25,2). Die Aufgabe des Kirchenkreises besteht dabei in der Unterstützung und Ergänzung der kirchlichen Arbeit in den Einzelgemeinden (Art. 25,3). Neben dieser dienenden Funktion ist der Kirchenkreis in Nordelbien zugleich „Aufsichts- und Verwaltungsbezirk“ der Landeskirche gewesen (Art. 26). Seine geographische Erstreckung sollte dabei „raum- und situationsgerecht“ sein (Art. 27,1). An der Verfassung für die aus dem Zusammenschluss mehrerer kleiner Landeskirchen 1977 hervorgegangenen Nordelbischen Kirche ist die Stärkung des Kirchenkreises „das eigentlich Neue“, so Blaschke in seinem Kommentar.[41] Es zeigt sich hier also ebenfalls ein wachsendes Bewusstsein für die Bedeutung der mittleren Ebene im Gesamtgefüge der Kirche.

## V. Schlussfolgerungen

Das, was bisher zur rechtlichen Verfasstheit von Kirchenkreisen und zu ihrer aus dem Gefüge der Kirche abgeleiteten theologischen Qualifizierung gesagt wurde, wird mit einem Blick auf die soziologische Situation der Kirche noch verkompliziert. Neben-, mit- und gegeneinander finden sich organisations-

[39] Vgl. hierzu Reformprozess der Evangelischen Kirche von Kurhessen-Waldeck. Abschlussbericht des Struktur- und Entwicklungsausschusses II mit dem Beschluss der Landessynode der Evangelischen Kirche von Kurhessen-Waldeck (Herbst 2006), Abschnitt III. Weitere Ausgestaltung der mittleren Ebene.

[40] Vgl. hierzu und zum Folgenden K. Blaschke, Das Verfassungsrecht der Nordelbischen Evangelisch-Lutherischen Kirche, Kiel $^{4}$1995, 36 (Art. 25,1 Verf. NEK).

[41] Ebd., 119.

soziologisch „eine parochiale, eine landeskirchliche, eine vereinskirchliche, eine konvents- und eine funktionskirchliche Grundstruktur“[42]. Diese gewachsene Vielfalt ist ein Aspekt des Übergangs von der „Institution Kirche“ zur „Organisation Kirche“[43]. Gleichzeitig ist wahrzunehmen, wie die Kirchenmitglieder überhaupt das Konglomerat kirchlicher Strukturen und die damit verbundene jeweilige Aufgabenstellung wahrnehmen, wenn sie selber in der (bisweilen als Dilemma empfundenen) Situation stecken, zugleich als Getaufter und als Kirchensteuerzahler Mitglied einer *ecclesia visibilis* sein zu müssen.[44]

Die Einrichtung einer „mittleren Ebene“ in der Geschichte der Kirche verfolgte immer schon einen theologischen und einen funktionalen Zweck. Zwischen den Parochien und der Bischofskirche sollte bei zunehmender Entfernung und zunehmender Komplexität der Beziehungen eine regionale Ebene vermittelnd tätig werden, um die „Kommunikation des Evangeliums“ (auch wenn sie früher diese Bezeichnung nicht erhalten hätte) so in der Fläche zu gewährleisten, wie es der Überzeugung des Bischofs entsprach. Für den Ortsgeistlichen bedeutete diese visitatorische Funktion zugleich auch eine Hilfestellung in der Ausübung seines Dienstes.

Friedrich Schleiermacher mahnt einen „zweckmäßigen Umgang“ mit den kirchlichen Organisationsformen an.[45] Die heutige Situation macht es einerseits grundsätzlich notwendig, sich über die Gestalt und die Aufgabengebiete der kirchlichen Strukturen Gedanken zu machen. Die Strukturreformen der Landeskirchen zielen dabei unter anderem darauf ab, die Effektivität und Effizienz kirchlicher Strukturen zu erhöhen. Oftmals werden Kirchenkreise zu größeren Einheiten zusammengelegt, um Kirchenkreisämter und Leitungspersonal einzusparen. Damit wird ein wirksamer haushalterischer Beitrag geleistet.

Allerdings sollten diese Reformen nicht zulasten der geistlichen Aufgabe einer mittleren Ebene gehen. Die geistliche Bestimmung eines Kirchenkreises in ihrer ganzen Unbestimmtheit ist nicht als zu beseitigende Unklarheit wahrzunehmen, sondern als Chance in der modernen gesellschaftlichen Diversität, der die Kirche ausgesetzt ist: In einer vielfältigen kirchlichen Wirklichkeit liegt eine Chance, weil der Kirchenkreis helfen kann, die Kom-

---

[42] Vgl. J. Hermelink, Kirchliche Organisation und das Jenseits des Glaubens. Eine praktisch-theologische Theorie der evangelischen Kirche, Gütersloh 2011, 169; vgl. auch Grethlein, a. a. O., 380.

[43] Vgl. ebd., 378 ff.

[44] Siehe hierzu J. Hermelink: Praktische Theologie der Kirchenmitgliedschaft. Interdisziplinäre Untersuchungen zur Gestaltung kirchlicher Beteiligung, Arbeiten zur Praktischen Theologie 38, Göttingen 2000.

[45] Vgl. Anm. 30.

munikation des Evangeliums so zu gestalten, wie es eine einzelne Kirchengemeinde mit ihren personellen Ressourcen nicht vermag. Insofern sollte in geistlicher Hinsicht unter allen Umständen an der sozialräumlichen Orientierung von Kirchenkreisen festgehalten werden. Eine nur verwaltungsmäßige Vergrößerung der mittleren Ebene im Sinne einer Effizienzsteigerung befördert nur die institutionelle bzw. organisationelle Aufgabe des Kirchenkreises und verändert seine Funktion zulasten der geistlichen Dimension.

Eine Alternative bestünde darin, verwaltungsmäßig größere Einheiten zu schaffen und die geistliche Aufgabe in regionalen Kooperationsräumen angebunden zu halten. Zwei oder mehr Dekane bzw. Pröpste oder Superintendenten pro Kirchenkreis würden daraus resultieren. Ob das nicht der kompliziertere Weg einer Reform wäre, kann nur unter den jeweils spezifischen regionalen Gegebenheiten entschieden werden. Über den Zweck der Reform und über ihre inhaltliche Begründung sollte nur Klarheit herrschen: Nach CA VII ereignet sich Kirche eben immer da, wo das gepredigte Wort Gottes und die Sakramente öffentlich zu Gehör und zu Gesicht kommen, oder, wie Luther sagt, „da, wo das Evangelium im Gang ist“[46]. Das vermag auch eine Gemeinschaft von Kirchengemeinden unter ihrem Leitungsorgan zu leisten, in bestimmten Zusammenhängen auch eher als eine einzelne Gemeinde. Die parochiale Struktur verliert dadurch nicht ihr Kirche-Sein, jedenfalls nicht im protestantischen Verständnis von Kirche, sondern gewinnt an Vielfalt und Profil.

[46] Vgl. Anm. 14.

# Die Taufe als Sakrament der Mission

Ökumenische Erfahrungen und Reflexionen zur Weitergabe des Glaubens

*Wilhelm Richebächer*

## 1. Es geht um Lebenseröffnung, nicht um Kulturverbreitung
Hinführung

Auf welche Weise und in welchem Ausmaß können bzw. dürfen Menschen ihre Religion an andere weitergeben, ohne dass dies als ein Akt unwürdiger Bevormundung oder gar Menschenrechtsverletzung erlebt wird? Und welche Rolle spielen in diesem Zusammenhang Handlungen von prinzipiell irreversiblem Charakter?

Diese Fragen gehören in die altbekannten Diskussionen um Notwendigkeit und Stil von Mission und Taufe generell und insbesondere um die Berechtigung der Säuglingstaufe. Als solche pflegten sie bis vor kurzem abgesehen von der Fachtheologie allenfalls für junge Eltern und ihre Familien, nicht aber für weitere gesellschaftliche Kreise ein Diskussionsgegenstand zu sein.

Dies könnte sich aufgrund verschiedener Entwicklungen der jüngsten Zeit ändern: Da staunen plötzlich Kirchenmitglieder, die sich ihrer Gemeinde und dem Glauben stark entwöhnt haben, über das ernsthafte und sie irgendwie ansprechende religiöse Leben in der muslimischen Nachbarsfamilie. Sie werden womöglich von den eigenen Kindern gefragt, wie sie selbst zu Christinnen und Christen geworden seien und was ihnen das wirklich bedeute bzw. ob sie ihnen das nicht einmal attraktiver nahebringen könnten. – Oder es hält sich ein zunächst scheinbar wie eine Sommerloch-Meldung vorüberstreifendes Thema wie die Diskussion um das Urteil des Kölner Landgerichts zur vermeintlichen Gesetzeswidrigkeit der Knabenbeschneidung überraschend lange in der öffentlichen Diskussion.

Derartige Vorgänge laden die Kirchen förmlich zur Diskussion über die Tradierung des christlichen Glaubens im Spannungsfeld zwischen Weitergeben-Müssen und Nur-Selbst-Erfahren-Können ein. Liegen denn, so könnte man fragen, die Zumutungen einer Säuglings- oder Kleinkindtaufe, auch wenn es sich dabei nicht um einen schon rein körperlich erkennbaren und bleibenden Akt der „Versehrung“ handelt, wirklich weit weg von der

Beschneidung, wenn es um die Bevormundung und Rechtsbeschränkung des noch lange unmündigen Individuums, an dem sie vollzogen wird, geht? Oder haben wir es theologisch da leicht mit der Behauptung eines großen Unterschieds, wenn wir nur auf die beliebte Formulierung in zahlreichen Taufansprachen zurückgreifen, hier gehe es ja vor allem um den Zuspruch des Jas des liebenden Gottes zu diesem Kind und weniger um eine Art sozial oder rechtlich verbindlicher Vereinnahmung?

Solche theologischen Verflachungen in der Abgrenzung der Taufe von den viele heutige Westeuropäer eher archaisch anmutenden Zugehörigkeitsriten der Beschneidung sind höchst bedenklich. Sie drohen den christlichen Glauben samt Taufe zu einer *religion light* zu verbilligen. Statt Christentum zu einer leichten Option im postmodernen Religionsmenü werden zu lassen, die ja Persönlichkeiten immer nur fördere und niemals einschränke, ist es ehrlicher, einmal darzulegen, was an diesem Glauben tatsächlich weitergegeben werden kann, ja muss – und was nicht weitergegeben, sondern nur frei ergriffen, ja errungen werden kann von jeder und jedem Einzelnen. Dabei kann gleichzeitig aufgearbeitet werden, dass Mission, recht verstanden, keineswegs in äußerer Beeinflussung, Überredung oder emotionaler Provokation zur Annahme einer Religionskultur besteht. Und es kann wieder plausibel werden, dass Taufe weit mehr initiiert als eine Geburtsfeier bzw. mehr bedeutet als nur die Aufnahme in eine Religionsgemeinschaft.

Mit einer positiven Neubegründung von Mission einerseits und Taufe als sakramentalem Fokus eines freien und kommunikativen Missionsgeschehens andererseits gewinnen Theologie und Kirche wieder einen von Begeisterung und Ernst gleichermaßen geprägten Zugang zum Thema Weitergabe des Glaubens. Diesem Ziel soll der nachfolgende Beitrag dienen. Er ist für einen Bruder im kirchlichen Dienst bestimmt, dem in seinem Berufsleben als Pfarrer, Dekan und Präses der Landessynode die authentische Wahrnehmung des primären Auftrags der Kirche in Verkündigung und Sakramentsteilgabe sehr am Herzen liegt und der stets das theologische Sensorium seiner Kolleginnen und Kollegen im Kirchenkreis in diese Richtung geschult hat.

Für die eilige Leserschaft sei bereits hier das Ergebnis auf den Punkt gebracht: Es geht in der Mission gerade *nicht* darum, die anderen so zu machen, wie man als Christ oder Christin selbst ist, auch wenn man sich in bestimmter Weise und Form so sehr beschenkt weiß, dass man genau davon am liebsten so viel wie möglich an geliebte Menschen weitergeben möchte. Ebenfalls ist es nicht Hauptziel, einen Menschen an ein institutionelles System anzuschließen, wenngleich bei jeder religiösen Werbung der Reiz jahrhundertealter Traditionen und tragfähiger Riten mitschwingen muss und immer wieder begeistert. Im Tiefsten geht es vielmehr darum, Menschen Räume zu erschließen, in denen ihnen eine eigene Begegnung mit Gottes Wort und Wirklichkeit möglich wird. Das geschieht für alle, die noch eigenmotiviert oder liebevoll eingeladen zur Kirche kommen, in den Räumen von Verkündigung durch Gottesdienst und Ansprachen, vom Vorleben des Glaubens durch Kirchenmenschen und von der Anleitung zum Selbstlesen der Heiligen Schrift zuhause und in der Schule. Für distanziert Fragende und Skeptiker in unserer Gesellschaft kann ein erster Schritt hinein in diese Räume aber nur vorbereitet werden, wenn die Motive des Christseins und sakramentale Zeichen wie das der Taufe (und vergleichbare Riten in ihnen fremden Religionen) neu beleuchtet und erklärt werden. Insgesamt reicht es jedenfalls nicht, wenn Kirche und Theologie heute von Mission als einem Bildungsprozess (etwa als „Herzensbildung") oder in Anlehnung an die Werbe- und Konsumwelten vom „Mitglieder gewinnen" oder „lebendiger Traditionspflege" sprechen. Das klingt nach Appetitanregung. Wenn es aber um den Kern der Sache geht, kommt es beim Christwerden nur vordergründig auf das „Weitergeben" eines Traditionsschatzes an. Im Tiefsten empfinden alle Beteiligten, einschließlich Missionarin und Täufer, wie leer ihre Hände sind. Und dass es um die Annahme der im täglichen Umgang mit sich und anderen sich selbst schenkenden Gottesgnade geht, schließlich aber mehr noch um deren Tragfähigkeit angesichts von Endlichkeit und Tod in einer unvergänglichen Hoffnung.

## 2. „In seinen Tod getauft ..., damit, wie Christus auferweckt ist ..., auch wir in einem neuen Leben wandeln." (Römer 6,3b–4)

Neutestamentliche Grundlagen

Wann immer im Neuen Testament von der Taufe die Rede ist, bezieht sich diese einerseits auf den Umbruch in einem Menschenleben, der durch das Leben und Wirken Jesu Christi unumkehrbar angestoßen wird. Andererseits werden die existentiell neu auf das Friedensreich Gottes ausgerichteten Getauften ihrerseits in die trüben Lebensverhältnisse der Welt als Boten des Neuanfangs gesandt.

Die Dimension des Umbruchs und der Buße hat die christliche Taufe in der Tradition der alttestamentlichen Propheten mit der *Johannes-Taufe* in der Wüste gemeinsam. Das Volk, dem Gott den Treuebund gestiftet hat, wird seinerseits auf den Weg der Treue zu Gott zurückgerufen. Nicht zufällig grenzt der neutestamentliche Geschichtstheologe Lukas den Zeitraum, in dem authentische Zeugen für das Heilswirken Gottes in Jesus von Nazareth (zunächst im Apostelamt anstelle des Judas Iskariot) mandatiert wurden, auf die Phase von der Johannestaufe bis zu Auferstehung Christi ein (Apostelgeschichte 1,22).

Die für die christliche Taufe charakteristische und nicht auflösbare Verbindung von persönlicher Neuausrichtung und Sendung bzw. Bevollmächtigung wird allerdings nach den Evangelien an der *Taufe Jesu* festgemacht. Diese ist mehr als eine Bußtaufe im genannten Sinne. Sie steht selbst für den Initiationsakt der Herabsenkung des Geistes Gottes und sein Bleiben auf dem endzeitlichen Heilsbringer. Als solche wird sie im Sinne einer Aufnahme in die Kindschaft Gottes zum Prototypen der Taufe der Nachfolger Christi. Ihr Leben wird zum bleibenden Wirkungsraum des Heiligen Geistes (Apostelgeschichte 2,17–21.33).[1]

Ob beim Apostel Paulus, dessen Taufe Anfang der 30er Jahre unserer Zeitrechnung gewiss ein früher Beleg für die unmittelbare Taufpraxis der Urgemeinden ist, oder nach dem lukanischen Geschichtswerk: Immer symbolisiert die Taufe den Vollzug eines Lebensumbruchs und Neuanfangs aus der Begegnung Einzelner und ganzer Gemeinschaften mit dem Gekreuzigten als Auferstandenen. Sie findet statt, weil ein Mensch mitten im eigenen, als verwirkt und verloren angesehenen Leben überwältigt wird von einer ganz neuen Erfahrung mit Gott durch dessen Handeln an Jesus Christus. Das geschieht beispielsweise in Apostelgeschichte 8, wenn der afrikanische Kämmerer und Eunuch sein quasi verschnittenes Leben in der von Gott neu geschaffenen Würde des auferstandenen Geschlachteten zu völlig neuer Ehre kommen sieht und sich taufen lässt. Es widerfährt (vgl. Apostelgeschichte 9) dem blind gewordenen Saulus, der eben noch Gottes Gericht vollziehen wollte, in der Geraden Straße in Damaskus aber durch Christi Boten geheilt wird und erfährt, welche Kraft sehen und zum Frieden schaffen lässt, und sich dann umgehend taufen lässt. Ähnliches widerfährt dem römischen Gefängniswärter nach Apostelgeschichte 16. In existenziellen Umbruchs- und Neuschöpfungsvorgängen werden, das symbolisiert die Taufe, Nachfolger und Nachfolgerinnen Jesu zu Gliedern des Gemeinschaftsleibes Christi geformt. Sie müssen nicht mehr Sklaven und Sklavinnen der Sünde sein.[2] Konsequent spricht Paulus darum vom doppelten Vorgang der Selbst-Enteignung und aus der Kraft der Auferstehung heraus der erneuten Selbst-Übereignung

---

[1] Vgl. hierzu wie zum ganzen Thema die hilfreiche, gemeinverständlich geschriebene Studie: Rat der Evangelischen Kirche in Deutschland, Die Taufe. Eine Orientierungshilfe zu Verständnis und Praxis der Taufe in der evangelischen Kirche, Gütersloh 2008, 34 f.

[2] Vgl. Fr. Avemarie: Art. Taufe II, 3, RGG$^4$ 8, Sp. 54, sowie im Ganzen H. Umbach, In Christus getauft – von der Sünde befreit, Göttingen1999.

des Menschen an Christus: „Ich lebe, doch nun nicht ich, sondern Christus lebt in mir.“ (Galater 2,20) Angesichts dieses existentiellen Eintretens (als *martys*) für das Lebenszeugnis Christi kann man Taufe mit Andrew Walls durchaus als „Ordination zur Mission“[3] bezeichnen. Im Anschluss an Martin Kähler[4] spricht Carl-Heinz Ratschow in seiner enzyklopädischen Monographie *Die eine christliche Taufe* durchgehend von der Taufe als *Missionssakrament*[5].

*Vor diesem Hintergrund ist der Auftrag zur christlichen Mission und Taufe nicht so sehr eine Frage des historischen Zeitpunkts und Befehls, wie traditionell Matthäus 28,18-20 als historischer Terminus a quo der Mission ausgelegt wurde. Mission erwächst vielmehr aus dem Gesamtleben und -wirken Jesu Christi in der aus der Auferstehung sich empfangenden Kirche als Gemeinschaft der gerechtfertigten Sünder und fortgesetzt Wandlungsfähigen wie Wandlungspflichtigen.* Gerechtfertigt und Sünder zugleich sein heißt missionstheologisch: den Begegnungsakt mit Gott in Christus selbst immer wieder mit vollziehen, also mit anderen immer wieder neu beginnen, die selbst einen Neuanfang mit Gott durch Christus erfahren, und so in einem missionarischen Lernprozess bleiben.[6] Die Taufe markiert dabei exakt den Tiefpunkt des Buß- und Sterbeprozesses des alten Lebens und gleichsam des Anfangs in der Neuschöpfung durch Gottes Geist allein.

## 3. Siegel der Befreiung oder Instrument der Versklavung

Missions- und Kirchengeschichtliches

### 3.1 Freisetzung! Einmaliger Akt und notwendige Erneuerung bzw. Erinnerung

Wir haben also die theologische Einsicht erneuert, dass es sowohl bei der Taufe wie in der christlichen Mission um die unauflösbare Korrelation zwi-

3 So A. Walls: Art Taufe VIII Missionstheologisch, RGG⁴ 8, Sp. 90.

4 Vgl. M. Kähler: Angewandte Dogmen II, Leipzig 1908, 340-486.

5 Vgl. C. H. Ratschow: Die eine christliche Taufe, Gütersloh, 1972, ⁴1989, 12 f.27 f., insbes. 221-232. Die starke Verbindung von Taufe und Mission wird bisweilen in der kirchlichen Kunst trefflich in Bild, Holz und Stein gesetzt. Hierauf weist z. B. das Relief auf dem zeitgenössischen Taufstein in der Prämonstratenser-Kirche von Germerode in Nordhessen hin: Die Taufe geschieht als Wasser-Salbung des Menschen, der Gottes Willen entspricht, während er vom Heiligen Geist (symbolisiert in der Gestalt der Taube) geküsst, lebendig gemacht und in seiner Berufung bestätigt wird.

6 Vgl. Klaus Schäfer, Wie die Kirche die Mission entdeckte, in: Evangelisches Missionswerk in Deutschland (Hrsg.) Weltmission heute 40, Hamburg 2000, 7-19.

schen einmaligem Zueignungsakt und wiederholtem, ja lebenslangem Aneignungsprozess geht.[7]

Die *Taufe* steht als der einmalige Grund-Akt des Sich-an-Gott-Abgebens und Wieder-Empfangens für die Dokumentation der Lebenserneuerung aus dem Evangelium. Dieser ist nicht mit einem kurzen Augenblickserlebnis Vergangenheit. Im Gegenteil: Seine Kraft liegt darin, dass ein Mensch sich ein Leben lang auf diesen Augenblick des Beschenkt-Werdens berufen und beziehen darf und kann. Dies macht Taufe zu einem Sakrament.

Im Einklang mit diesem sakramentalen Verhältnis von Zueignung und Aneignung verläuft der Kommunikationsprozess der *Mission* nicht nach einem Schema bestimmter Schritte bzw. Bekehrungsbedingungen. Vielmehr ist auch dieser Prozess je nach Individuum und sozialem Umfeld einmal kürzer und abrupter, ein anderes Mal sehr lang und verwickelt. Mission gestaltet sich als ein Erneuerungsprozess, in dem Gott seine ganze Kirche nach innen und außen lebendig erhält und baut.

In den verschiedenen Epochen der Kirchen- und Missionsgeschichte, insbesondere in den westlichen Kulturen seit der Aufklärung, finden wir nun zahlreiche Widersprüche gegen eine sakramentale Taufauffassung. Sie kamen spätestens im 19. Jahrhundert in den deutschen evangelischen Kirchen zum Tragen. Vorwürfe der klerikalen oder religionserzieherischen Gewalt oder wenigstens Vereinnahmung[8] mittels der Säuglingstaufe wurden gegen Eltern, Paten und Familien und freilich gegen die Täufer vorgebracht.

Gerade die Erwachsenentaufe[9] wurde immer wieder als Akt der bewusst erlebten Befreiung betrachtet. Nur so, wurde argumentiert, wäre Taufe stets verbunden mit einem intensiv erlebten Prozess des Herrschaftswechsels. Nur so ginge sie einher mit einem öffentlich dokumentierbaren und somit schwer umkehrbaren Schritt, der Eröffnung einer neuen Lebensgemeinschaft wie aber auch dem Sieg über Ohnmachts-, Unterdrückungs- und Todesstruktu-

---

7 Auf dieser Einsicht gründen auch erste Schritte der Annäherung in den Taufverständnissen zwischen den europäischen Baptisten und den evangelischen Kirchen in Europa, dokumentiert in „Der Anfang des christlichen Lebens und das Wesen der Kirche“, in: Dialog zwischen der Europäischen Baptistischen Föderation (EBF) und der Gemeinschaft Evangelischer Kirchen in Europa (GEKE) zur Lehre und Praxis der Taufe, Leuenberger Hefte 9, Frankfurt a. M. 2005, 30–52, bes. Teil II, Nr. 3 u. 4, 40 f. Vgl. hierzu: Rat der Evangelischen Kirche in Deutschland, a. a. O., 38.

8 In dieser gemäßigten Form wirkt die Kritik an einer undifferenzierten Sakramentspraxis berechtigterweise nach bis in die Lima-Erklärung der Kommission für Glauben und Kirchenverfassung des Ökumenischen Rates der Kirchen 1982 zu Taufe, Eucharistie und Amt (dort Nr. 16, sowie Kommentar zu Nr. 21b). Vgl. hierzu ebenso kurz und gut zusammengefasst: Rat der Evangelischen Kirche in Deutschland, a. a. O., 27 f.

9 Diese wurde teils als solche schon ‚Missionstaufe‘ genannt, was eine unsachgemäße Einschränkung ist, da jede Taufe die grundlegende Todesbedrohung, aber auch höchste Lebensverheißung um Christi Auferstehung willen im Leben eines Menschen symbolisiert, nicht nur die Erwachsenentaufe.

ren. Nur so begleite sie das feste Vertrauen, den rettenden Gott zu kennen, was im Leben auch immer komme.

Gegenüber solchen Engführungen soll im Folgenden anhand von Beispielen illustriert werden, welch vielfältige und kontextuell unterschiedliche rituelle Formen die christliche Taufpraxis entwickelt hat. Sie können in unterschiedlichen Kulturen des Christentums auftreten, bringen aber alle auf je ihre Weise den Dreischritt der theologischen Grundbedingungen der Taufe zur Geltung, nämlich: (1) das alles ermöglichende Handeln Gottes, (2) die Antwort des beschenkten Menschen und (3) die neu gestiftete Lebensgemeinschaft. Was hier zur Ausführung kommt, wird zeigen, dass Christwerden und Taufe als lebenslange Schulung im Gottesgeheimnis und im Umbruch des eigenen Selbst sowohl von den als Erwachsenen als auch von den als Säuglingen Getauften erlebt werden. Dies gilt, auch wenn in beiden Biographien Umkehr, Taufe und Bundeserneuerung in verschiedener Reihenfolge erfahren werden.

### *(1) Gott ermöglicht neues Leben und ruft zur persönlichen, aber nicht unvorbereiteten Entscheidung*

Die völlig neue Begegnung mit Gott durch Jesus Christus wird als Prozess voller Überraschungen, ja Paradoxien erlebt. Da weiß sich ein Mann im Nachhinein bewahrt vor Fehlern gerade nach Zeiten, in denen nichts mehr unter seiner Kontrolle und kein Ratgeber verfügbar zu sein schien. Oder eine Frau erfährt nie gekannte Gottesnähe in Zeiten, in denen immer mehr Menschen sie marginalisieren und verabscheuen. Auf so etwas ist kein Mensch je perfekt vorbereitet und damit wird auch niemand je „fertig“. Ihr Leben lang schöpfen Christinnen und Christen aus dem Geheimnis der Erneuerung des Ostermorgens. Sie kommen von da her und wenden sich dem wieder neu zu, um seine Tiefe zu ermessen. Darum soll der Weg zur Quelle, und zwar als Vorbereitung zur bewussten Erstbegegnung mit Christus, wie als Pfad der bewussten Erinnerung und Rückkehr klar bezeichnet bleiben.

Welch große Rolle dieses Geheimnis besonders unter den Umständen eines Minderheiten-Christentums spielt, zeigen die Praktiken der Taufe im Urchristentum bis ins Frühmittelalter, immer wieder aber auch in pioniermissionarischen Situationen: Im Buch der Didache 7,1 ff. (zeitlich nur kurz nach der Entstehung der Apostelgeschichte) wird verlangt, dass der Taufe eine intensive Katechese über Glaubensregel, Kenntnis der Sakramente und christliches Verhalten vorausgehen muss. Dazu gehört dann auch eine mehrtägige Fastenperiode und schließlich (bald darauf meist in der Osternacht vollzogen) eine Taufe mit fließendem kalten Wasser und im Namen des dreieinigen Gottes. Extrem war die bis auf den indischen Subkontinent wirksame syrisch-nestorianische Missionskirche im 2.–3. Jahrhundert n. Chr. in ihrer Taufpraxis von Askese geleitet. Es galt der Grundsatz, nur Ehelosen, d.h. in „geistlicher Ehe“ Lebenden, die Taufe zu spenden.[10] Hier war das Anliegen sachgemäßer Vorbereitung auf den Taufempfang gewiss in Richtung eines unakzeptablen Ideals vom Christsein als Exklusivstatus für Elitemenschen verzerrt und überschritten. In den meisten frühen Missionskirchen aber herrschte eher Unsicherheit über die lebensumbrechenden Bedingungen der Taufe. So kam auch Winfried Bonifatius auf seinen Missionsreisen durch Franken und Hessen immer wieder an Orte, an denen seines Erachtens „zu schnell getauft“ wurde[11] und sich traditionale Religion und Christentum auf unreflektierte Weise vermischten.

Auf sehr verschiedene Weise sind Empfänger der Evangeliumspredigt in geschichtlichen Missionssituationen auf die Begegnung mit dem Wort Gottes in Christus vorbereitet worden. So können in Träumen und Visionen Gerichtsszenen mit Entscheidungsaufforderungen oder Botschaften von Ahnengeistern, die zum Christwerden raten, empfangen werden, die dann das Gewissen stillschweigend bearbeiten.[12] Meist geht die Art der *preparatio* sehr spezifisch auf den bisherigen Lebenskontext der betroffenen Menschen ein. Heil muss auf das konkrete Leben antworten und nicht abstrakt und unverbindlich bleiben.

Immer wieder aber tritt ins Bewusstsein, dass eine völlig neue Existenz vom Täufling empfangen wird, der auch die Annahme eines neuen Namens entspricht. Wie sehr die Taufe als heilige Lebenspromotion verstanden werden konnte, für die man sich gerne Härten (etwa der Schule) unterwarf, zeigen Beispiele aus der Haya- und Ilyamba-Missionsgeschichte in Tanganyika/ Ostafrika im Zeitraum zwischen 1900 und 1940, die u.a. der schwedische Missionar und afrikanische Kirchenvater Bengt Sundkler[13] aufgezeichnet hat. Getauft wurde in den Anfangsjahren der Mission erst am Ende der Schulzeit, wenn sich eine Jugendliche oder ein Jugendlicher darauf vorberei-

---

10 Vgl. W. Hage: Das orientalische Christentum. Die Religionen der Menschheit, hrsg. v. P. Antes u.a., Stuttgart 2007, 29 f.; sowie: <http://de.wikipedia.org/wiki/Syrisch-Orthodoxe_Kirche_von_Antiochien>.

11 Vgl. L. E. von Padberg: Bonifatius. Missionar und Reformer, München 2003, 37.

12 In den Usambarabergen im nordöstlichen Tanganyika gingen den Missionaren in den Bergen, wohin sie noch nicht gekommen waren, die Gerüchte voraus, da seien afrikanische Ahnen („weiße Geistwesen“) zur Erde gestiegen, die mit einem „Schmetterling“ (gemeint war die von weitem gesehene aufgeschlagene Bibel in den Händen der Prediger) heilten und segneten.

13 Vgl. B. Sundkler: Bara Bukoba. Church and Community in Tanzania, London 1980, 83 ff.

tet hatte. Zur Schule aber gingen Jugendliche nicht nur, um nicht als Unzivilisierte zu gelten, sondern weil sie ‚nicht ohne rechten Namen leben wollten'. Dieser ‚rechte Name' sollte aber nicht nur von geschichtlichen Ereignissen bestimmt sein, sondern von der himmlischen Heimat für alle Menschen. So bedeutsam war also die Namensgebung, die bei der Taufe vollzogen wurde.[14] Der Wechsel zum Christentum umfasste damit sinnenfällig mehr als einen Glaubens- oder Kultpraxiswechsel, nämlich eine Veränderung im Sein, in der persönlichen Identität. Dieser Schritt wurde für die Beteiligten nachhaltig dokumentiert durch eine gut, d.h. von den Gemeinden zusammen mit den Täuflingen und ihrer Familie, vorbereitete Taufe.

Wie wichtig eine person- und familienbezogene Vorbereitung des Taufaktes und des diesen umgebenden Festes ist, belegen gerade in der gegenwärtigen Situation in deutschen evangelischen Kirchen neue Formen von Taufen während großer gemeinschaftlicher Taufgottesdienste.[15] Offensichtlich wird die in unserem Kulturkreis seit vielen Jahrzehnten praktizierte Taufe in der gemeindeangelehnten *Familienfeier* allmählich abgelöst durch eine zwar auf die Einzelperson eingehende, aber gleichzeitig in einem *event*-artigen Gottesdienst begangene Taufe. Es legt sich nahe, das Interesse junger Eltern und Familien, in einem gemeindezentrierten Gottesdienst ihr Kind taufen zu lassen, als starkes Zeichen für eine Sehnsucht nach religiöser Identität und Zugehörigkeit, gerade auch über die Familie hinaus, zu lesen.

### (2) *Freie Annahme des neuen Lebens heißt: Klare Absage an alte Lebensprinzipien*

An der Taufe beweist es sich, dass der christliche Glaube mit geschichtlichen Ereignissen untrennbar verbunden (und keine bloße überzeitliche Offenbarung) ist und sich Menschenleben von daher konkret in ihrer Existenzart verändern. Gleichzeitig muss klar bleiben: Zur neuen Gottesbegegnung kommen Menschen nicht, weil andere ihnen Gott in ihre vermeintliche Gott-Losigkeit hintragen, sondern weil sich durch die Konfrontation mit der

[14] Ein zeitgenössisches Bild des Malers Charlie Mackesy aus Großbritannien zeigt sehr schön (<http://charliemackesy.com/paintings/fiveminutesbeforebaptism.jpg.php>, image 127 of 166), wie erwartungsfroh Taufe oft gerade von jungen Menschen in Missionskirchen erlebt wurde und immer noch wird.

[15] Allein im August 2012 wurden solche Tauffeiern im Rahmen von großen Freiluftveranstaltungen in Kassel zweimal mit sehr positiver Resonanz praktiziert; vgl. „Neun Taufen am Opferberg" (Hessisch-Niedersächsische Allgemeine (HNA-Kassel), 15. August 2012) sowie „75 Taufen auf einen Streich" /HNA-Kassel, 27. August 2012.

Person und Geschichte Jesu von Nazareth die bereits vorhandene Gottesbeziehung grundlegend verändert. Dieser Wandel muss allerdings gewollt und in Freiheit zugelassen, ja ersehnt werden. Nur so können Mission wie Taufe öffnende Perspektiven auf Gott, Welt und eigenes Leben hervorrufen.

Dennoch kommt es bisweilen zu starken Abstoßbewegungen zwischen der neuen Orientierung und alten Orientierungsmustern. In den ersten Jahren einer Kirche in einer bis dahin dem Christentum fremden Kultur geht mit der Taufe als Symbol des *Identitätswandels* auch ein starker, für einheimische Kulturformen oft kaum erträglicher *Autoritätswechsel* einher. Für Jugendliche implizierte Taufe oft einen Bruch mit der Ältesten- und Ahnen-Autorität im traditionalistischen Haus. So lehnten es in Ostafrika selbst Familienoberhäupter, die ein rasches Ja zum Besuch der Missionsschule durch ihre Kinder fanden, ab, dass diese sich taufen ließen. Auch kamen christliche Rituale wie die Taufe schnell mit religionsgeschichtlich vergleichbaren traditionalen Ritualen in Konflikt, etwa mit familiären Übergangsriten mit Wasser zur Initiation, Reinigung und Sühnung. Für Konvertierte wurde dagegen die Abgrenzung vom Alten unter Kenntnis und sogar veränderter Zuhilfenahme der Argumente des Alten wichtig.

Dazu ein paar geschichtliche Beispiele: Orthodoxe wie römisch-katholische Taufverständnisse, aber auch von früheren europäischen Mutterkirchen und Missionen unabhängige, von traditionaler afrikanischer Kultur geprägte Kirchen wie die „African Initiated Churches“[16] haben Taufliturgien mit ganz bewussten Abschwörungsversprechen gegenüber dem Bösen geformt. Diese sind allerdings ebenso in protestantischen Kirchen der Südhemisphäre (wie etwa der Swahili-Taufliturgie der Evangelisch-Lutherischen Kirche in Tansania, ELCT) enthalten. Dort versprechen Eltern und Paten bis heute im Taufgottesdienst unmittelbar nach dem apostolischen Glaubensbekenntnis vor der Taufe anstelle des noch unverständigen Täuflings: „Ich sage dem Satan ab und allen seinen Werken und Versuchungen!“ Ein erwachsener Mensch bekennt analog dazu vor dem apostolischen Glaubensbekenntnis vor seiner Taufe wie folgt: „Ich lehne sämtliche alten, mit dem Glauben unvereinbaren Lebensformen ab und entsage dem Satan und allen seinen Machenschaften.“[17] Zeichenhaft unternehmen Menschen vieles, um deutlich zu machen, was sie jetzt nicht mehr wie früher beherrscht. Vor einigen Jahrzehnten noch verbrannten in diesem Zusammenhang im Gebiet der Ilyamba-Kirchen in Zentraltansania Katechumenen kurz vor ihrer Taufe demonstrativ die Amulette

---

16 Vgl. A. Walls, a. a. O., 90.

17 So nach der offiziellen Liturgie der ELCT im liturgischen Kompendium „Mwimbieni Bwana“, Arusha 1988, 236.239 (Übersetzung Swahili/Deutsch durch Vf.).

und Utensilien traditionaler Religion und Heilkunst, um damit anzuzeigen, dass sie sich in Zukunft in Krisenzeiten allein auf das christliche Gebet und die neue Medizin verlassen wollten.[18]

Nicht selten allerdings wurden und werden Menschen, die sich so klar und in aller Öffentlichkeit von früheren Lebensprinzipien distanzieren bzw. zu deren Erneuerung in Christus bekennen, im Gegenzug auch mit dem Tode bedroht. Beispiele haben wir heute in der arabischen Welt oder in Indien, wo sich Mitglieder ‚nichtchristlicher Familien' oft kaum trauen, sich taufen zu lassen. Wie mit dieser Situation umzugehen ist, muss diskutiert werden. Es wird wenig helfen, für Bedrängungs- und Verfolgungssituationen eine etwaige Ausweichregel von „Geheimtaufen" oder dergl. vorzuhalten, da dies die Situation der Menschen nicht wirklich klärt. Wohl aber ist der lebensgeschichtliche Kontext so weiter zu begleiten, dass sich die soziale Situation, die für eine Taufannahme geeignet wäre, ergeben kann. Grundsätzlich verzichtbar sollte die äußerlich und wo immer möglich öffentlich vollzogene Taufe als Akt der Selbstübergabe an den Geist der neuen Schöpfung nicht werden. Damit würde allein der Aspekt des Zustimmungsglaubens (*cognitio*) und nicht auch des Übergabe-Vertrauens (*fiducia*) postuliert.[19] Das würde christlicher Existenz nicht hinreichend gerecht.

### *(3) Grenzüberschreitende Lebensgemeinschaft – im konkreten Lebenskontext bewährt*

Der evangelische Missions- und Religionswissenschaftler Hans Werner Gensichen erklärte einmal[20] unter besonderer Bezugnahme auf die religionssoziologische Situation in Japan und Indien im ausgehenden 20. Jahrhundert, dass sich ohne praktizierte Taufe keine wirkliche Gemeinschaft in einer Kirche bilden würde. Damit sprach er die Aspekte zur Taufe an, die in diesem dritten Schritt zu bedenken sind: Taufe führt nicht eine alte natürliche Gemeinschaft fort, sondern befähigt zu einer neuen Gemeinschaft der Freien jenseits und doch in Verbundenheit mit allen naturwüchsigen Gemeinschaften, zu denen Menschen bereits gehören. Nur so kann die neue Gemeinschaft auch diesen Gemeinschaften dienen. Auf welche Art die zu einer grenzübersteigenden neuen Gemeinschaft gehörenden Christen gleichzeitig verant-

---

18 Vgl. hierzu wie zur gesamten Wechselwirkung von Religionswechsel und existentieller Kontinuität in Ostafrika W. Richebächer: Religionswechsel und Christologie, Erlangen 2003, bes. 158.

19 Vgl. hierzu das Gespräch des Missionswissenschaftlers W. Freytag mit dem indischen Gemeindeleiter K. Chetty bei Ratschow, a.a.O., 227.

20 H. W. Gensichen: Art. Taufe in der Mission, RGG³ 6, 657–660, 659.

wortliche Bürger ihrer Herkunftsgemeinschaft und Weltbürger zugleich wurden, zeigen folgende Beispiele:

Bis in die Gegenwart werden einem Kind bei der Taufe in Buhaya/Tansania gerne westliche Namen, dabei vor allem aus der Bibel, der römischen Antike, aber bisweilen auch von berühmten Persönlichkeiten in der Weltpolitik gegeben. Sie sind sehr oft mit traditionellen Haya-Namen als Erst- oder Zweitname kombiniert. Im gesamten Namen spiegelt sich die doppelte religiös-kulturelle Prägung des Menschen. Schon in der traditionellen afrikanischen Namensgebung wurden die Ereignisse oder Gegebenheiten im Leben der Gemeinschaft, in der ein Kind geboren wurde, bei dessen Namensgebung mit berücksichtigt. Nach Haya-Tradition gab die Großmutter einem neugeborenen Kind diesen der Situation wahrhaft entsprechenden Namen. Das konnte dann ein auf Kihaya völlig neu gebildeter Name sein wie z.B. ‚*Mujunwa*' (dt.: ‚dem geholfen ist') oder auch der einer beispielhaften Person, nicht selten auch eines Missionars oder einer Missionarin. Der neue Name muss aber in jedem Fall die neue Verpflichtung, die aus der Nachfolge Christi erwächst, ausdrücken. Er ist ein existentielles Programm, aber ein solches, das die alte Identität ebenso zur Erfüllung bringt.

Wie die Christwerdung zu einer alternativen Friedens- und Versöhnungsethik verpflichtet, verdeutlicht ein weiteres Beispiel aus der Missions- und Taufgeschichte der Kiewer Rus im 10 und 11. Jahrhundert: Chleb und Boris, die Söhne des erstgetauften Fürsten Vladimir, bringen es fertig, den naturwüchsigen Anforderungen ihrer Umwelt, dass der Stärkere den Sieg davonträgt und alles andere niedermacht, zu widerstehen. Als ihr Vater stirbt, versuchen sie als die beiden Einzigen nicht, ihre anderen leiblichen Brüder aus dem Weg zu räumen, um den Thron zu ersteigen. Stattdessen werden sie vom späteren Thronbesteiger ermordet, leben aber als Heilige in der Russisch-Orthodoxen Kirche fort und bestimmen die Ethik über Jahrhunderte. Nicht selten wurde 1988, ein Jahr vor der politischen Wende in Europa, anlässlich der Tausendjahrfeier der Christianisierung Russlands an diesen Vorgang erinnert. Und tatsächlich empfanden viele Russen diese Tausendjahrfeier wie ein Startsignal für die Rückbesinnung auf ihre christliche Identität: Gorbatschow, selbst getauft[21], gab dies in aller Öffentlichkeit immer wieder an. Auch regte er Neugründungen von Klöstern an.

Als eine geregelte Form der Tauferinnerung und -bestätigung hat sich – von der Ziegenhainer Kirchenzuchtordnung 1539 auf dem heutigen Gebiet der Evangelischen Kirche von Kurhessen herkommend – die Konfirmation in

[21] ‚... wie es normal ist', so der Präsident, vgl. Der Spiegel 38/1990, 196.

vielen evangelischen Kirchen weltweit durchgesetzt. Das rechte Verhältnis von Glaube und Taufe muss gerade im Sinne der sakramentalen Geschenkvorgabe immer bedacht werden, damit aus der Taufe weder ein bloßes Zeichen menschlicher Zugehörigkeitsentscheidung noch ein magisches Instrument von Heilung oder Heil wird.

An diesem Punkt wird auch noch einmal deutlich, dass die Katechese des denkenden Glaubens niemals – gerade auch nach der Taufe nicht – abgeschlossen ist. Nur eine Kirche, die mit der Taufe Ernst macht, setzt die Religionsfreiheit in dieser Welt dem vollständigen Test aus, der ihr als einer Form *positiver* Freiheit gebührt: als Freiheit des Einzelnen und der Gemeinschaft, eine religiöse Überzeugung ausbilden zu können; als Freiheit des Einzelnen und der Gemeinschaft, diese Überzeugung öffentlich und werbend verbreiten zu können, sowie als Freiheit des Einzelnen (und der Gruppe, Familie etc.), sich verbindlich zu einer Religionsgemeinschaft bekennen zu dürfen und diese ggf. auch zu wechseln.

### 3.2 Gefahren bei Missverständnissen und Missbrauch der Taufe

Dass die Taufe in der Missionsgeschichte und -theologie leider auch durch ihren Missbrauch oft zum Thema wurde und gewiss auch künftig im Gespräch mit Menschen anderer Religion noch werden kann, ist hier auch noch einmal aufzugreifen. Bis in die neuzeitliche Geschichte hinein waren konfessionskulturelle Borniertheit und scheinfromme Selbstgefälligkeit, gemischt mit politischem Kalkül, hierfür der Grund, wenn sich z. B. „christliche Herrscher" (in einschlägiger Auslegung von Lukas 14,23) biblisch mandatiert sahen, andere Menschen in die „christliche Zivilisation" hinein zu nötigen. Solche Borniertheit greift in Religionen häufig dann Platz, wenn verbindlicher Kulturprägung keine Toleranz einer religiösen Alternativkultur, die zum Anderen öffnet, zur Seite tritt.[22]

Neben Beispielen politisch motivierten gibt es aber auch solche religiös-magisch motivierten Missbrauchs von Taufe. Hier kommt es – zumal in Zeiten anwachsenden charismatischen Frömmigkeitsprofils in christlichen Kirchen – zu Taufpraktiken, die Exorzismen und Therapie fast selbstverständlich einschließen. Ein Bespiel aus den Anfängen evangelischer Maasai-Gemeinden in Tansania/Ostafrika sei hier angeführt:

[22] Vgl. A. Walls, a.a.O., 87 f.

> Es glich einer Serie von Mirakeln, als die ... in den 60er und 70er Jahren epidemisch auftretende *Pepo-Krankheit* besonders offensichtlich Linderung und schließlich Heilung fand, wenn die Frauen, die davon fast ausschließlich heimgesucht wurden, in christlichen Gottesdiensten gesegnet wurden. Wo kein afrikanischer Heiler anhaltend half, wirkte das Handauflegen, Beten und Singen der Christengemeinschaft in der lutherischen Kirche heilend. Man wurde zunächst auf diesen Zusammenhang aufmerksam, als Maasai-Frauen ihre Besessenheitsanfälle in Gottesdiensten und auch vor Taufen bekamen. Sie gingen jeweils einher mit dem Verlust an Bewusstsein und Körperkontrolle und dem Reden der Opfer in einer ihnen im Wachzustand gar nicht zugänglichen Stimme oder gar fremden Sprache. Diese Stimme gab sich als Stimme der das Opfer besetzenden Kraft aus. Wenn dann der Pastor zur Taufhandlung kam oder in anderen Gottesdiensten für die Betreffenden betete und sie segnete, beruhigte sich deren Gesamtzustand und sie kamen bald zu Bewusstsein. Der offensichtliche positive Zusammenhang von Segnungshandlung und Beruhigung führte einige Evangelisten in der Folgezeit zu der Strategie, die christliche Taufe als exorzistisches Mittel einzusetzen. Dem traten dann allerdings zwei zentrale Einsichten entscheidend entgegen. Einmal weigerten sich die meisten der lutherischen Theologen in den verantwortlichen pastoralen Ämtern als Pfarrer oder Evangelisten, die Taufe vor jeglicher katechetischen Instruktion zu vollziehen und wiesen darauf hin, dass selbst eine Handauflegung mit Gebet ohne Taufe, vollzogen in der Gemeinschaft der Kirche, eine heilende Wirkung gezeigt hatte. Schließlich wurde zweitens die diese Vorsicht unerwartet klar bestätigende Beobachtung gemacht, dass bei Frauen, die gesegnet worden waren, ob im Zuge einer ‚Nottaufe' oder nicht, die Besessenheitsphänomene bald wiederkehrten, während andere, die den neuen Glauben mit Bewusstsein angenommen hatten und sich getragen wussten von der kirchlichen Gemeinschaft in Gebet, Lehre und Leben, nur selten wieder von der Krankheit belästigt wurden.[23]

Hier kann festgestellt werden: Die aufgrund mirakulöser Vorgänge entstandene Versuchung, die christliche Taufe als eine sakramentale Medizin magisch zu instrumentalisieren, war auf gleichzeitig wunderbare wie vernünftige Weise abgewehrt worden. Darin aber offenbart sich die für den Prozess des Religionswechsels zum Christentum oben bereits mehrfach festgestellte Wahrheit, dass es dabei immer um einen in jeder Hinsicht freien, langfristigen Entwicklungsprozess, eben um ein Christ*werden* geht. Auch wird deutlich, dass in diesem Prozess die Selbstvergewisserung über das und vor allem über den, woran der Religionswechsler bzw. die Religionswechslerin gewiss glauben kann, wie etwa in der katechetischen Unterrichtung oder sozial-seelsorgerlichen Begleitung, eine unentbehrliche Rolle spielt.

---

[23] W. Richebächer, a. a. O., 196 f.

## 4. Wasser – Dicker als Blut. Die Wesensverbindung zwischen Taufe und Mission als theologische Bedingung der Ökumene

Wenn Menschen durch Christus miteinander verbunden sind, sind sie immer schon in weit größerem Ausmaß verbunden, als sie je wieder getrennt werden könnten. Grund dieser Wahrheit ist die Teilhabe der Christusglieder am neuen Schöpfungsakt Gottes, für den die Taufe als realsymbolische Handlung steht. Wasser, nämlich Taufwasser, verbindet insofern fester als Blut, da es in der Lebenshingabe für Gott und Mensch, wie Christus sie lebte, also in einer neuen „Blutsverwandtschaft" vereint.

Nach den traditionellen dogmatischen Auffassungen in Orthodoxie, römisch-katholischer Kirche wie in den evangelischen Kirchen konnte der Taufe auf unterschiedliche Weise Realitätswirksamkeit durch Wort und Materie zugesprochen werden. Bei Reformierten konnte sie eigentlich, nur als Zeremonial-Zeichen im Gottesdienst dienend, auch unterbleiben, weshalb man sich auch nicht zur Nottaufe veranlasst sah.

Heute, nach den ökumenischen Prozessen des 20. Jahrhunderts, in denen klar wurde, dass Kircheneinheit nicht nur Einheit vor uns ist, sondern auch uns vorausliegende Einheit in Christus, müssen wir anders reden. Die Taufe als Band der Einheit im Leib Christi, als solches auch nur einmalig und nicht wiederholbar zu feiern, ist Vollausdruck ökumenischer Identität des Christseins in einer globalisierten Lebensgemeinschaft aller Menschen und Völker. Mit der Erklärung zur gegenseitigen Anerkennung der Taufe haben die Mitgliedskirchen der ACK in Deutschland 2007 in *Magdeburg* einen wichtigen Schritt zur Vertiefung der gemeinsamen christlichen Identität getan. Sie erkennen damit an, dass die Taufe als Heilsakt Gottes, als Hineinnahme des Menschen in die Gemeinschaft des Leibes Christi ein Band der Einheit ist und dass damit das Wesen der Kirche als einladendes Wort Gottes an alle Menschen in seiner Zeugniskraft gestärkt wird und werden muss.

Folgende Kirchen haben die Erklärung unterzeichnet:

- Die Äthiopisch-Orthodoxe Kirche
- Die Armenisch-Apostolische Orthodoxe Kirche in Deutschland
- Die Orthodoxe Kirche in Deutschland
- Die Römisch-Katholische Kirche
- Das Katholisches Bistum der Alt-Katholiken in Deutschland
- Die Arbeitsgemeinschaft Anglikanisch-Episkopaler Gemeinden in Deutschland

- Die Evangelisch-altreformierte Kirche in Niedersachsen
- Die Evangelische Brüder-Unität – Herrnhuter Brüdergemeine
- Die Evangelische Kirche in Deutschland
- Die Evangelisch-methodistische Kirche
- Die Selbständige Evangelisch-Lutherische Kirche

Zur Versprachlichung dieses Einheitsbandes in der Taufe gibt es interessante religionsgeschichtlich bedingte und in kontextueller Theologie wirksame Paradigmen. So verstand der Bischof der Nord-West-Diözese der Evangelical Lutheran Church in Tanzania und langjährige Präsident des Lutherischen Weltbundes *Josiah Kibira* aus Bukoba Kirchengemeinschaft in Analogie zur Blutsbruderschaft (Luhaya ‚*omukara*') in der traditionalen Jungmännergesellschaft seiner ethnischen Gruppe, der Bahaya. Dieses sehr selbstbewusste und kulturell eigengeprägte Christentum hat die Bethel-Mission mit ihren Pionieren in der Region, u.a. Ernst Johanssen, die interkulturell lern- und höchst dialogfähig waren, für einige Zeit mit betreut.

Exakt diese Dimension der weltweit grenzüberschreitenden Verbindung wurde im Jahr 2011, welches zahlreiche EKD-Gliedkirchen auf dem Weg zum Reformationsjubiläum 2017 als *Jahr der Taufe* begingen, in einer Broschüre der Vereinten Evangelischen Mission zur Taufe folgendermaßen in Worte gefasst:

- Gottes Kinder haben Schwestern und Brüder auf der ganzen Welt, ohne die sie nicht die Familie sein können, die sie sind.
- Gott hält zu mir: Ich kann ihm alles (alle diversen Lebens- und Schicksalsgeschichten der Welt) erzählen.
- Wir können Jesus Christus folgen, der uns der Zugehörigkeit zu Gott vergewissert.
- Ich will „groß werden": Der Heilige Geist lässt mich im Glauben wachsen.

# 5. Frei sein und doch dazu gehören: Gegenwärtige Taufwirklichkeiten und Herausforderungen

## 5.1 Wie begründen wir heute im westeuropäischen Kontext die Säuglingstaufe ?

Machen wir es wie der lutherische Theologe *Paul Althaus*, der Säuglinge einfach über ihre christlichen Eltern zu den Anspruchsberechtigten der Taufspendung zählte? Diese Argumentation ist weder ganz überzeugend noch wird sie durch die milieubezogene Volkskirchenstruktur, die sich auch in Deutschland sehr verändert hat und noch ändert, abgedeckt und damit eine Dauerantwort sein können. Wie aber sonst?

Offensichtlich kommen wir nicht ohne jede Anleihe bei traditionalistischen Kulturvorstellungen aus, wonach der *pater familias* (wie schon in Apostelgeschichte 16) für das Familienglied stellvertretend optieren darf, vorbehaltlich dessen eigener Verifikation oder Falsifikation zu einem späteren Zeitpunkt.

Die theologische Grundeinsicht, dass Gott allein der Handelnde ist im Taufgeschehen, darf die Praxis der Säuglingstaufe (ab einer zweiten Generation von Christen in einer Kirche) nicht zu einem selbstverständlich im Sinne von „automatisch" wirkenden Ort der Geistbegabung machen. Dabei hilft vor allem eine Sicht von Taufe, die einen lebenslangen Wachstumsprozess in der Einübung des denkenden Glaubens mit sich bringt, wie wir sie aus der traditionellen an Mission gebundenen Taufpraxis in der Geschichte kennen.

Wenn die klassische „Missionstaufe" etwas für die erste Generation von Christen in einer Kirche an Lebensübergabe-Prozess verdeutlichte, heißt das nicht, dass dies nicht in anderer Modifikation (zeitlich erstreckt bis zu Konfirmation und weiterhin) auch mit der Säuglingstaufe verbunden geschehen würde. Hier übernehmen nur die Familie bzw. die Eltern weit mehr die Begleitrolle des Katechumenats, als es in den klassischen Missionssituationen die Gemeinde tat.

Zentral ist aber die Einsicht, dass allein ein Aufschub von Säuglingstaufe zum Erwachsenenalter hin die Taufe nicht authentischer bzw. die Entscheidung für sie nicht eindeutiger, wahrhaftiger oder nachhaltiger werden lässt. Wo dies angenommen wird, lauert vielmehr die Gefahr eines synergistischen Missverständnisses. Denn, ob Säuglings- oder Erwachsenentaufe, in beidem geht es vor allem um den reinen Empfang von Glauben, der dann lebenslang der Annahme und Verwirklichung bedarf.

## 5.2 Wie und wo kommt Taufe in den Glaubenskursen (etwa „Erwachsen glauben") vor?

Zunächst einmal halte ich die derzeitige sozio-kulturelle Lebenswelt in Deutschland für ein ausgezeichnetes Erfahrungsfeld, um das deutlich zu machen, was die Taufe im Blick auf das Christsein ist: Die meisten unter uns machen sozio-biographisch fortwährend Entfremdungserfahrungen: „Die Kinder aus dem Haus bringen ..." ist schon lange nicht mehr allein Initiationsübung um die Lebensjahre 14 bis 17 (als man früher „aus der Schule kam" und gleichzeitig „aus dem Haus ging"). Der Slogan könnte heute allenfalls den Alltags-Normalfall von jungen und älter werdenden Familien beschreiben. Man ist immerzu ‚außer Haus'. Und doch kann die Dauer-Peregrinatio nur ertragen werden, wenn ihr eine Identität und Heimat als Gegengewicht gegenübersteht.

Unsere Lebenswege sind Dauer-Wanderschaften, aber eben von der ewigen Heimat her und wieder zu ihr hin, mitten im einmal vollen und dann wieder dürren Lebensalltag. Da ist die Vergegenwärtigung des ganz besonderen in der Taufe einmal von Gott zugesprochenen Jas im Sterben und Auferstehen mit Jesus Christus lebensnotwendig. Dieses „Ja, ich halte dich trotz allen Leidens und in der Vergebung, die du bei noch so großer Schuld und Verfehlung bekommen hast aus dem Grund der Hingabe Christi für Mensch und Gott ...!" geht mit und ist übersetzbar, ja übersetzungspflichtig in alle Sprachen, Gewohnheiten und Kulturen. Getaufte können es bei sich tragen und sich immer wieder des Anfangs ihres Lebens aus dem Vertrauen erinnern.

So heißt es trefflich im neuen Konzept der bildenden Glaubenskurse der EKD „Erwachsen glauben": „... Bildung (ist) in der Kirche immer Bildung auf dem Grund der Taufe ... Die Taufe ist das Grunddatum des menschlichen Glaubensweges. Der Glaube lebt aus ihr und führt auf sie hin."[24] Damit ist auch von denen, die um die Begleitung und Schulung der Menschen im Blick auf Annäherung zum Glauben oder Sprachfähigkeit des Glaubens geht, deutlich gemacht, dass die Taufe „das Grundritual christlicher Initiation"[25] ist und mit ihr (ob als Erinnerung oder als einmaligem Vollzug) stets die Inszenierung einer Glaubensantwort, ohne die der Taufweg unvollständig ist, einhergeht.

[24] Arbeitsgemeinschaft missionarischer Dienste (AMD) (Hrsg.), Erwachsen glauben. Missionarische Bildungsangebote, Gütersloh 2011, 69.

[25] Ebd., 65.

Wer von Taufe als Grunddatum des Glaubens und gleichzeitig als Inszenierung der der Gnade Gottes korrespondierenden Bejahung und Antwort des Menschen spricht, hat eben keinen einseitig rational oder auch sakramentalistischen Glaubensbegriff. Er wird nicht einfach von christlicher Erziehung als „Weitergabe des Glaubens" reden, sondern Kontingenz der Nachfolge sowie Nichtmachbares betonen in der heutigen Debatte um Kirchenschrumpfung und -wachstum sowie das Einhergehen solchen Taufverständnisses mit verschiedenen heutiger Gesellschaft adäquaten Missionsmodellen suchen.

Unserer derzeitigen religionssoziologischen Situation adäquat ist z.B. die Annahme, dass es mehr und mehr Menschen gibt, in deren Biographie sich auch nach einer Säuglingstaufe eine große Lücke persönlicher religiöser Erfahrung ereignet hat. Dort wird ein Neuanfang in Glaubensfragen gewiss bald den Wunsch nach einem totalen Neuanfang bringen. Dann aber ist darauf zu achten, „dass bei der Inszenierung immer der Bezug zur (schon stattgefundenen) Taufe hergestellt wird. Denn die Taufe behält ihre Gültigkeit als grundlegender Zuspruch Gottes. Der erlebte Einschnitt ist deshalb aus theologischer Sicht kein Anfang, sondern ein Neuanfang bzw. eine Anknüpfung."[26]

Also: Ob nun die Inszenierung einer Glaubensantwort, etwa durch einen Bekehrungsakt oder ein Bekenntnis nach Glaubenskurs auf die Taufe hinführt oder gar in ihr dokumentiert wird (so die klassischen Erwartungen an die ‚Erwachsenentaufe') oder von ihr herkommt (so verbunden mit der ‚Säuglingstaufe'); immer gehören beide – die einmalige Zuspruchssahrnehmung und Inszenierung und die Wiedereinkehr in dasselbe Geschehen in der Erinnerung – zueinander.

## 6. Abschliessende Thesen zur Diskussion

(1) Die Offenbarungs- und Heilsvorstellungen des Christentums sind unauflösbar mit geschichtlichen Ereignissen verbunden. Das kommt sowohl in der Kommunikations- und Vermittlungsweise dieses Glaubens in der Mission als auch im sakramentalen Ausdruck desselben, in der Taufe, zur Geltung. Dort in der Bindung des Gottesgeistes an die Erzählung vom Sieg des Lebens über den Tod in der Auferweckung Jesu von Nazareth; hier im Eintreten für die tatsächliche Umwertung der naturwüchsig herrschenden Werte und Mächte im Leben eines getauften Menschen.

---

[26] Ebd., 64 f.

(2) Weder in der Taufe noch in der Mission geht es allein um neue religiöse Sichten oder Überzeugungen, sondern um Umbruch und Neuanfang einer vom Wort Gottes zur Versöhnung bewegten menschlichen Existenz.

(3) Wer Taufe und Mission zusammenhält, wird sich vorsichtig in der oft ins Beliebige gehenden Kultur des Paradigmenwechsels beim Missionsverständnis bewegen; Indizien für diesen Wechsel sind die prominent herangezogenen neutestamentlichen Belegstellen: Früher Matthäus 28,18–20, heute öfter 1. Petrus 3,15.

(4) „Säuglingstaufe" und „Missionstaufe" sind konzeptionell nicht zu trennen. Jede Taufe ist Sakrament der Mission. Ob man die Säuglingstaufe als minderwertige oder traditionalistisch-rückständige Form der Taufe diskriminiert oder wie jede Taufe wertschätzt, hängt vor allem von der Anerkennung ganzheitlicher Aneignungswege des christlichen Glaubens (nicht nur durch Verstehen) ab.

# Herausforderung *Kirchenmanagement*

Eine kurze Skizze zu Problemen und Ansatzpunkten

*Freimut Schirrmacher*

## I. Problemskizze

### 1.1 Gesamtsituation

Die evangelische Kirche befindet sich heute in einer problematischen Gesamtsituation, auch wenn die Mitgliederbindung ausweislich diverser regelmäßiger Mitgliedschaftsumfragen seit den 70er Jahren erstaunlich stabil ist.[1] Diese Stabilität ergibt sich im Wesentlichen aus relativ konstanten Erwartungen an Seelsorge und Lebensbegleitung. Die Mitgliedschaftsumfragen weisen gleichwohl Erosionserscheinungen nach und zeigen – zusammen mit früheren Untersuchungen[2] – auch, dass Bindekraft und Relevanz theologisch-dogmatischer Sprachformen zur Wirklichkeitsdeutung bis in den Kreis der am engsten verbundenen Mitglieder nachlassen. Alles in allem zeigt sich so eine *Krise der Kirchlichkeit*, jedoch offensichtlich nicht von Religiosität als solcher.[3] Die für die evangelische Kirche aufgewiesene relative Stabilität darf also nicht darüber hinwegtäuschen, dass sich die wesentlichen Kennzahlen kirchlichen Lebens stetig verschlechtern. Verstärkend wirken sich auch die Folgen früherer Austrittswellen und der seit vielen Jahren deutliche zahlenmäßige Überhang von Austritten gegenüber Eintritten aus.[4] Es macht einen Teil der Problematik dieser Situation aus, dass durch die Mitgliedschaftsuntersuchungen eine Art Beruhigung suggeriert worden ist, obwohl die genannten Trends weiter wirksam sind. Insbesondere im Wahrnehmungshorizont der Ortsgemeinden und in der Perspektive des Gemeindelebens bzw. des Gemeindeanteils von 25–30% hochverbundener Mitglieder sind

1 Vgl. hierzu und zum Folgenden zusammenfassend J. Hermelink/Th. Latzel (Hrsg.): Kirche empirisch. Ein Werkbuch zur vierten EKD-Erhebung über Kirchenmitgliedschaft und zu anderen empirischen Studien, Gütersloh 2008.

2 Z.B. K.-P. Jörns: Die neuen Gesichter Gottes. Die Umfrage „Was die Menschen wirklich glauben" im Überblick, Neukirchen-Vluyn 1997.

3 W. Nethöfel: Unternehmen Kirche? Bedeutung und Perspektiven einer Begriffsbestimmung, 1998, in: M. Thomé (Hrsg.), 58–66, 63 (s. Anm. 23).

4 Vgl. so M. N. Ebertz: Kirche im Gegenwind. Zum Umbruch der religiösen Landschaft, Freiburg i. Br. 1997, 21.

sie nur abgeblendet wahrnehmbar,[5] insofern Austritte und auch demographische Entwicklungen wie Sterbeüberschuss hier kaum auffallen.[6] Bedenkt man eine eher steigende Zahl an Ehrenamtlichen und eine gegenüber früher zum Teil bessere Rekrutierung zu Gottesdienstbesuch und Abendmahlsteilnahme[7], verstärkt sich die Gefahr einer *Wahrnehmungstäuschung* hinsichtlich der Situation der Kirche in der Gesellschaft insbesondere in Gemeinden mit steigenden Aktivenzahlen. Dies gilt umso mehr, als sich Entscheidungsgremien auf Kirchenkreis- und Landeskirchenebene in der Regel aus eng verbundenen Gemeindemitgliedern zusammensetzen. Die Wertberücksichtigung in den kirchlichen Gremien ist eingeschränkt auf einen sehr geringen Kreis an Aktiven, die dem faktischen Gemeindeleben überdurchschnittlich positiv gegenüber stehen. Die Interessen der überwiegenden Mehrheit der Kirchenmitglieder finden allenfalls indirekt Eingang in den Meinungsbildungsprozess und – aufgrund einer sehr geringen Wahlbeteiligung – auch nur sehr bedingt in die Entscheidungsgremien.[8] Diese Situation redupliziert sich auf den höheren kirchlichen Ebenen, also Kirchenkreisen und Landeskirchen, weiter, insofern sich neben Ehrenamtlichen, die programmatisch in der Regel die Mehrheit stellen, auch die Theologen vorwiegend aus dem engeren Gemeindemilieu rekrutieren.

Auch die nach wie vor maßgebliche Einnahmeform ‚Kirchensteuer' verdeckt die sukzessiv erodierende Gesamtlage der Kirche, insofern die Kirchensteuer in keinem Zusammenhang zu der von den Mitgliedern erfahrenen Wertigkeit und konkreten Leistungsqualität kirchlichen Handelns vor Ort steht und auch keine Rückschlüsse auf Stabilität oder Qualität kirchlicher Dienstleistungen erlaubt.[9] Die kirchliche Finanzlage ergibt sich vielmehr

---

5 Vgl. hierzu H. Lindner: Kirche am Ort. Ein Entwicklungsprogramm für Ortsgemeinden, Stuttgart [2]2000, 72 ff.

6 Bei den eng verbundenen Kirchenmitgliedern zeigt sich dabei ein Zugang zu Kirche als „Gemeindekirche" (vgl. L. Stempin: Ordnung als Prozess. Veränderte Orientierungs- und Steuerungskonzepte christlicher Lebensgestaltung am Beispiel der „Leitlinien kirchlichen Lebens" der VELKD, Gütersloh 1999, 223). Diese Pointierung der Gemeinde als Basiseinheit kann auch als Folge wesentlicher theologischer Entscheidungen des Kirchenkampfes im 20. Jahrhundert angesehen werden. Gemeinde bezeichnet so einen wichtigen Zugang zu Kirche, der Kontinuität und Geborgenheit für hochverbundene Mitglieder verspricht. Zu „kirchlichen Orten"; vgl. U. Pohl-Patalong: Ortsgemeinde und übergemeindliche Arbeit im Konflikt, Göttingen 2003.

7 Von 25.121 weiblichen und 11.349 männlichen Ehrenamtlichen etwa in der Evangelischen Kirche von Kurhessen-Waldeck im Jahre 2000 sind die Zahlen auf 28.864 weibliche und 14.599 männliche Ehrenamtliche im Jahr 2007 gestiegen; vgl. „Zahlen zu Ev. Kirche von Kurhessen-Waldeck, Stand 1.1.2008".

8 Hinzu kommt auch noch eine de facto hinsichtlich des (männlichen) Geschlechts, des Alters (vorwiegend ab Mitte 40) und der Milieuherkunft (bildungsbürgerlich) eingeschränkte Zusammensetzung der meisten Synoden und Entscheidungsgremien.

9 Vgl. zum „meritorischen Charakter" religiöser Dienstleistungen B. Halfar/A. Borger (unter Mitarb. v. A. Schuck): Kirchenmanagement, Baden-Baden 2007, 33 f.

im Wesentlichen aus allenfalls mittelbar kirchlich beeinflussbaren Faktoren, nämlich der staatlichen Einkommenssteuergesetzgebung und der Wirtschaftslage. Die Steuerungswirkung der Kirchensteuer ist auch dadurch eingeschränkt, dass innerhalb der Landeskirchen unterschiedliche – und auch immer wieder novellierte – Verteilungssysteme gelten. Diesen Systemen ist in der Regel eigen, dass sie keinen direkten Zusammenhang zur tatsächlichen qualitativen Ausgestaltung kirchlichen Handelns vor Ort voraussetzen oder herstellen. In einigen Landeskirchen (z.B. Rheinland) wird das gesamte örtliche Kirchensteueraufkommen (unter Abzug diverser Umlagen und Pfarrbesoldungspauschalen etc.) direkt an die jeweilige Kirchengemeinde ausgeschüttet. In anderen Landeskirchen wird die Kirchensteuerzuweisung einer Gemeinde dagegen anhand von „Schlüsselzahlen" festgelegt, die einen vor allem durch Mitgliederzahl, Gebäudeaufwand und Pfarrstellen ausgerichteten fiktiven Finanzbedarf konstruieren. Die Höhe der Finanzzuweisung steht so jedenfalls in der Regel weder in einem Zusammenhang zu möglichen Erfolgsfaktoren bzw. der Qualität kirchlicher Arbeit (außer allenfalls der Mitgliederzahl als solcher) noch in Zusammenhang zu strategischen Zielen, Projekten oder Innovationsperspektiven von Kirchengemeinden. In Bezug auf stark frequentierte Kirchengemeinden mit hohem Gottesdienstbesuch oder stark in Anspruch genommenen bzw. kostspieligen Arbeitsbereichen (z.B. Kirchenmusik, Sozialarbeit) lässt sich sogar eine Bestrafungswirkung feststellen: Solche Gemeinden müssen derartige Mehrkosten in der Regel selbst verkraften und können so strukturell eher in eine Unterfinanzierungssituation geraten.

Dem zurückgehenden Finanzaufkommen wird in den letzten Jahren neben Spenden zunehmend durch die Einführung lokal eingenommener freiwilliger Kirchenbeiträge und Fundraisingaktivitäten Rechnung getragen, die so Kompensationsfunktionen einnehmen. De facto werden so zum Teil Ungleichheiten des auf die Einkommenssteuer bezogenen Kirchensteuersystems ausgeglichen, zu dem nur etwa ein Drittel der Kirchenmitglieder beitragen. Allerdings vergrößern sich so die aufgrund von unterschiedlichen sozialen Kontexten bestehenden Ungleichheiten von Gemeinden bzw. Arbeitsbereichen (vgl. Ev. Akademie vs. Familienbildungsstätte), so dass sich entsprechende Spannungen und Konkurrenzen innerhalb der Kirche verstärken.[10]

Alles in allem lässt sich so von einer Krisensituation sprechen, die alle Bereiche und vor allem auch die Handlungsfähigkeit der kirchlichen Orga-

---

[10] So entsteht z. T. eine Lenkungswirkung auf Projekte und Arbeitsbereiche mit besonders hoher Aktivierung zahlungskräftiger Bevölkerungsschichten, etwa Kirchensanierung o. ä., während andere Projekte oder Arbeitsbereiche, wie diakonische Arbeit mit Asylbewerbern, zurückstehen.

nisation betrifft und die evangelische Kirche auch in den nächsten Jahren belasten wird.[11] Diese schwierige Situationslage der evangelischen Kirche zeigt sich nicht nur in den zurückgehenden Finanzressourcen, sondern auch einer Art mentaler „Misserfolgsorientierung" bei eng verbundenen Mitgliedern im Blick auf die Kirche.[12]

## 1.2 Erklärungsansätze

Verantwortlich für diesen negativen Trend ist aber ein Mix unterschiedlicher Ursachen, die nur z.T. kirchlich beeinflussbar sind und auch weit über die Ebene der konkreten Gemeindearbeit hinausreichen:

Hierzu gehört sicher eine für die evangelischen Kirche besonders ungünstige demographische Entwicklung mit Überalterung. Evangelische haben statistisch auch weniger Kinder, und die Kirchenaustrittsneigung liegt etwa um ein Drittel höher als bei katholischen Christen. Zudem zeigen sich geringere Zuwanderungsgewinne als bei der katholischen Kirche. Insgesamt wirken sich so Pluralisierung und Individualisierung vielfältig aus und tragen nicht nur in Großstädten zum Mitgliederrückgang der evangelischen Kirche bei. *Bindekraft und Faszination des Glaubensthemas* scheinen dabei erschöpft gegenüber dem Interesse an vielfältigen religiösen oder esoterischen Angeboten. Auch Ausdrucks- und Sozialformen des christlichen Glaubens (Gottesdienste, Bibelarbeit u.a.) verlieren zunehmend an Akzeptanz. Der Kirche gelingt es offenbar auch nicht, entsprechende „Bedürfnisse zu erzeugen"[13]. So lässt sich eine Erosion bzw. *Auflösung klassischer konfessioneller Kernmilieus* und Lebensstile, aber auch bildungsbürgerlichen Einflusses feststellen. Es zeigt sich eine Krise der Kirchlichkeit in dem Maße, wie diese bis in die Gegenwart eine deutliche „Milieuverengung" und Selbstreferenzialität entwickelt hat.[14]

Aber auch ein *verändertes gesellschaftliches Klima* nach der deutschen Wiedervereinigung ist zu nennen. Durch die Deutsche Einheit ist mit der Bevölkerung der vormaligen DDR ein Bevölkerungsanteil hinzugekommen, bei

---

[11] Vgl. Halfar/Borger, 15 ff. (s. Anm. 9).

[12] Vgl. G. Wegner: Auf dem Weg zur „Organisation Kirche"? Aktuelle Strukturfragen der Evangelischen Kirche in Deutschland, in: M. Brocker/H. Behr/M. Hildebrandt (Hrsg.): Religion – Staat – Politik. Zur Rolle der Religion in der nationalen und internationalen Politik, Wiesbaden 2003, 275–292, 275.

[13] G. Wegner: Leiden als Bedingung der Freiheit. Kirchliche Organisation und geistliche Entscheidung, in: PTh 92 (2003), 411 (Anm. 15).

[14] Halfar/Borger, 27 (s. Anm. 9).

dem es „in der Zeit der DDR gelungen zu sein scheint, Religion und religiöse Kommunikation als kulturelle Selbstverständlichkeit weitgehend zu beseitigen" ebenso wie vormalige „Anschlussstellen für religiöse Kommunikation außerhalb der Kirchen"[15]. So zeigt sich ein Säkularisierungsschub, der sich gesellschaftlich und politisch auch in West-Deutschland auswirkt.

Bedeutsam für den negativen Trend sind aber auch Auswirkungen der Mediengesellschaft, insofern der *Zugang zur Wirklichkeit für den einzelnen Menschen weit mehr über Medienkonsum* gewährleistet wird, als dies in vormaligen Generationen der Fall war. Dies muss eine nach ihrem Selbstverständnis als „Gemeindekirche" aufgebaute evangelische Kirche empfindlich treffen. Negativ wirkt sich dabei eine unterhalb der Wahrnehmungsgrenze liegende Medienrelevanz der evangelischen Kirche aus. Offenbar gelingt es der evangelischen Kirche bzw. den Leitungspersonen – weniger noch als der katholischen Kirche, die stärker hierarchisch aufgebaut ist und mit dem Papst über eine globale Repräsentationsfigur verfügt – nur sehr bedingt, Personen, Themen und Anliegen zu kommunizieren und zu platzieren, geschweige denn entsprechende Medienkampagnen strategisch anzulegen.

## 2. EVANGELISCHE KIRCHE ALS *besondere Organisation*

Die evangelische Kirche ist ihrem Selbstverständnis nach keine „normale" Organisation, sondern versteht sich zugleich als von Gottes Geist gewirkte *Nachfolgegemeinschaft*, auf die die biblischen Einsichten zum Auftrag der Kirche in der Welt Anwendung finden. Dabei versteht sich die Kirche als unsichtbare Heilsgemeinschaft *und* „weltlichen" Maßstäben folgende Organisation. Sie unterliegt ihrem Anspruch nach der fortwährenden Reformation, um den Anliegen, Evangelium zu verkündigen, Taufe und Abendmahl zu verwalten sowie Seelsorge, Diakonie, pädagogische Arbeit etc. zu leisten, jeweils zeitbezogen nachzukommen. „Ecclesia semper reformanda" – so lautet eine ekklesiologische Forderung im Anschluss an die Reformation.[16] Sie ist theologisch begründet. Denn sie ergibt sich aus der Einsicht, dass die „Form" von Kirche „dem Inhalt" der christlichen Botschaft zumindest

[15] M. Wohlrab-Sahr: Religiöse Kommunikation in Ostdeutschland. Vorläufige Thesen einer „Zugereisten", in: W. Ratzmann/J. Ziemer (Hrsg.): Kirche unter Veränderungsdruck. Wahrnehmungen und Perspektiven, Leipzig 2000, 91–96, 91.

[16] Auf die Geschichte dieses Satz soll hier nicht näher eingegangen werden; vgl. hierzu Th. Mahlmann: „Ecclesia semper reformanda". Eine historische Aufklärung, in: Hermeneutica Sacra. Studien zur Auslegung der Heiligen Schrift im 16. und 17. Jahrhundert, Hrsg. v. T. Johanson/R. Kolb/J. A. Steiger. FS B. Hägglund, Berlin u. a. 2010, 381–442, 401 ff.

„nicht widersprechen (darf)“[17]. *Beide* sind vielmehr auf den einen kirchlichen Auftrag der Bezeugung des Evangeliums zu beziehen. Insofern gibt es zum einen keinen Bereich von Kirche, der nicht theologisch relevant und reflektierbar ist. Zum anderen unterliegt die Kirche ihrem Selbstverständnis nach allerdings auch ganz pragmatischen Klärungsnotwendigkeiten. Entsprechend besteht die latente Gefahr, beide Perspektiven gegeneinander auszuspielen.[18] Die Evangelische Kirche in Deutschland ist dabei nicht zu verstehen ohne ihre Geschichte: die Entstehung der „Volkskirche“ aus der im Gefolge der Reformation in Deutschland existierenden Staatskirche bis 1919. Die heutige rechtliche Lage der Evangelischen Kirche in Deutschland als „öffentlich-rechtliche Körperschaft“ erklärt sich bekanntlich aus der Fortführung der in der Weimarer Reichsverfassung getroffenen Grundentscheidungen durch das Grundgesetz von 1949. Die Evangelische Kirche in Deutschland ist so zwar eine „Nicht-Regierungs-Organisation“, verfügt zugleich aber über hoheitliche Rechte wie die Verbeamtungsmöglichkeit, Kirchsteuererhebung etc. und arbeitet aufgrund von besonderen Staatsverträgen mit dem Staat einvernehmlich zusammen. Die kirchliche Kernorganisation ist dabei verwaltungsmäßig analog zum öffentlichen Dienst strukturiert (analoges Arbeits- und Dienstrecht, Besoldungs- und Vergütungssystem, Arbeitszeitregelungen, juristische Denkperspektive etc.). Vielfach leitend wurde nach dem Zusammenbruch der Staatskirche das theologische Konstrukt der „Volkskirche“[19]. Mit dem Selbstverständnis, Volkskirche zu sein, ist ein Wertekonzept verbunden: Kennzeichnend hierfür sind insbesondere ein dem Anspruch nach auf die Mitgestaltung von Gesellschaft und Kultur angelegter Ansatz, die programmatische Akzeptanz einer Vielfalt von Beteiligungsformen, aber auch der flächendeckende Versorgungsanspruch. Als Schwächen dieses Kirchenverständnisses lassen sich z. T. unklare kirchliche Profile, Nivellierung von Ansprüchen an die Mitglieder und relativ geringerer Orientierungsnutzen für einzelne Mitglieder feststellen.[20] Dies alles ergibt im Vergleich zum Management anderer Organisationen spezifisch profilierte, komplexe Herausforderungen für das Leitungshandeln der evangelischen Kirche, d.h. ein eigenständiges Profil des *Kirchenmanagements*. Für die weitere Ausarbeitung eines solchen evangelischen Kirchenmanagements sind zudem weitere Aspekte zu berücksichtigen, insbesondere:

---

[17] W. Härle: Dogmatik, Berlin u.a. 1995, 579; vgl. 577 ff.

[18] Vgl. Halfar/Borger, 50 ff. (s. Anm. 9).

[19] Vgl. A. Leipold: Volkskirche. Die Funktionalität einer spezifischen Ekklesiologie in Deutschland nach 1945, Göttingen 1997 (Arbeiten zur Pastoraltheologie 31).

[20] Vgl. zu den vorherigen Ausführungen Halfar/Borger, 37 ff. (s. Anm. 9).

- der hohe Grad an Eigenständigkeit der Kirchengemeinden und (diakonischen) Einrichtungen,
- die starke Stellung von möglichen „Profiteuren des Stillstands", etwa beamteter Pfarrer und gemeindlicher Kernmilieus,
- fehlende Managementkompetenz von Führungskräften (Pfarrer, Beamte oder Juristen, programmatisch hoher Anteil Ehrenamtlicher),
- hohe Wertberücksichtigung in Synoden, unter Umständen mit einer Konfliktaversion und der Schwierigkeit, klare Entscheidungen oder Kompromisse zu finden, aber auch informellen Machtstrukturen,
- fehlende Erfolgskontrolle für die Steuerungsfunktion von Entscheidungen sowie
- Tabuisierung von Traditionen, Mentalitäten und Organisationsstrukturen.

## 3. Ausblick: Kirchenmanagement als praktisch-theologische Herausforderung

Die als krisenhaft zu bezeichnende Gesamtsituation der evangelischen Kirche lässt eine *hohe Komplexität des Steuerungsaufwandes* kirchlicher Führung und Leitung als wahrscheinlich erscheinen. Eine professionelle und zugleich theologisch verantwortliche Rezeption bzw. Nutzung von Management-Know-how erscheint daher sinnvoll, und zwar über eine oberflächliche Ratgeberperspektive hinaus. Primär dogmatische Arbeit kann dies nicht leisten. Vielmehr intendiert sie eine *deduktive* Erfassung von Kirche und ihren Lebensäußerungen.[21] So ergibt sich allenfalls eine Kriteriologie für das Kirchenmanagement. Dies gilt auch für die analytische Arbeit der Kirchentheorie als Thema der Praktischen Theologie.[22] Ergänzend bildet sich daher zu Recht die programmatische Perspektive des Kirchenmanagements explizit heraus. Zu nennen ist Thomé 1998,[23] wo die Thematik zum Teil in Rückschau auf das seinerzeit bahnbrechende Marketingkonzept des Kölner Stadtkirchenverbandes behandelt wird. Vor allem ist auf den Beitrag von

---

21 Vgl. zu diesem Typ etwa E. Jüngel: Was ist die theologische Aufgabe evangelischer Kirchenleitung?, in: Ders.: Indikative der Gnade – Imperative der Freiheit, Tübingen 2000, 351–372; E. Herms: Religion und Organisation, in: Ders.: Erfahrbare Kirche, Tübingen 1990, 49–79.

22 Vgl. etwa R. Preul: Kirchentheorie. Wesen, Gestalt und Funktion der Evangelischen Kirche, Berlin u.a. 1997; J. Hermelink: Kirchliche Organisation und das Jenseits des Glaubens. Eine praktisch-theologische Theorie der evangelischen Kirche, Gütersloh 2011.

23 M. Thomé (Hrsg.): Theorie Kirchenmanagement. Potentiale des Wandels. Analysen – Positionen – Ideen, Bonn 1998 (Kirche und Zukunft 2).

Halfar/Borger 2007[24] zu verweisen, in dem wichtige Problemstellungen umsichtig und kenntnisreich analysiert werden. Angesichts der sich voraussichtlich eher verschärfenden Problemstellungen für Kirchenleitung stellt die weitere Ausarbeitung des Kirchenmanagements eine bedeutende praktisch-theologische Herausforderung dar. Für diese Arbeit stellen sich vor allem folgende Aufgaben:

- Die juristisch angelegte Perspektive mit ihrem strukturalistischen Zugang ist um eine Prozessperspektive zu erweitern und für organisationswissenschaftliche Einsichten zu öffnen.
- Die praktisch-theologische Diskussionslage zu Fragen des Kirchenmanagements ist in Rezeptions- bzw. Handlungsbereiche von Managementperspektiven auszudifferenzieren.
- Die Ebenen kirchlicher Organisation (also Gemeinde, Kirchenkreis, Landeskirche u. a.) sind auf ihre Möglichkeiten und Grenzen zu untersuchen, so dass die kirchliche Selbststeuerung übergreifend optimiert werden kann.
- Erfahrungen und Ergebnisse aus anderen (Experten-)Organisationen, etwa Hochschulen[25] und Krankenhäusern[26], sind für das Kirchenmanagement auszuwerten.

Der Ausarbeitung eines so auf den kirchlichen Auftrag bezogenen Kirchenmanagements kommt eine hohe Bedeutung zu. Es trägt – ganz im Sinne des Jubilars – dazu bei, evangelisches Leben im ländlichen Raum zu erhalten und weiterzuentwickeln.

---

24 Halfar/Borger (s. Anm. 9).

25 Vgl. etwa B. Kehm (Hrsg.): Hochschule im Wandel. Die Universität als Forschungsgegenstand. FS Ulrich Teichler, Frankfurt/New York 2008; A. Scholkmann/B. Roters/J. Ricken/M. Höcker (Hrsg.): Hochschulforschung und Hochschulmanagement im Dialog. Zur Praxisrelevanz empirischer Forschung über die Hochschule, Münster u. a. 2008.

26 Vgl. R. Busse/J. Schreyögg/Chr. Gericke (Hrsg.): Management im Gesundheitswesen, Heidelberg 2006.

# Epilog

# Mission der offenen Tür – eine nordhessische Apostelgeschichte

*Dieter Posch*

Wenn der Kirchenkreis Melsungen im Rahmen des Projektes „Mitglieder stärken – Mitglieder gewinnen" einen Politiker bittet, einen Beitrag zu leisten und dabei die Chancen und Schwierigkeiten der Mitgliederstärkung bzw. -gewinnung sowohl aus der gemeindlichen Arbeit als auch aus der landeskirchlichen Perspektive problematisiert sehen will, so unterstellt die Frage, dass ein Politiker in einer für die Kirche in der Tat wichtigen Frage eine Antwort geben kann. Ich will den Versuch wagen, bin mir dabei sehr wohl bewusst, möglicherweise auch missverstanden zu werden.

Die Kirche gibt häufig politisch relevante Stellungnahmen ab, verabschiedet auf Synoden und Kirchentagen Positionspapiere. Solche Äußerungen, ich denke an Anmerkungen der ehemaligen Ratsvorsitzenden der EKD zu Afghanistan, aber auch grundsätzliche Beschlüsse zur Gentechnologie, zur Abtreibungsfrage, haben einen hohen Aufmerksamkeitswert, sind aber nicht geeignet, die Kirche stärker, größer und bedeutender zu machen. Sicher tragen derartige grundsätzliche Stellungnahmen dazu bei, Mitglieder zu stärken in für den Glauben bedeutenden Fragestellungen, und sie geben den Kirchenmitgliedern Rückhalt und Perspektiven in umstrittenen Fragen, aber zur Mitgliedergewinnung sind sie nur marginal geeignet.

Was könnte noch Anlass sein, einen Politiker zum Thema „Mitglieder stärken – Mitglieder gewinnen" zu befragen? Da kommen mir zwei Zitate in den Sinn: „Der Mensch ist ein *Homo religiosus*, auch wenn er es nicht wahrhaben will".

Es gilt „den Widerspruch zwischen sakral und weltlich aufzulösen. Brücken bauen zwischen Weltlichkeit und Christentum." Dies sind Zitate aus einer Predigt in Swaziland, die Rudolf Schulze anlässlich einer Gemeindefahrt nach Südafrika gehalten hat. Passen sie zum Thema „Mitglieder stärken – Mitglieder gewinnen"?

Ich meine: ja!

Was heißt das, „den Widerspruch zwischen sakral und weltlich auflösen“? Wie soll das funktionieren, „Brücken bauen zwischen Weltlichkeit und Christentum“?

Der Mensch ein *Homo religiosus*? Ein öffentliches Bekenntnis zu einer Glaubensrichtung oder einer Glaubensgemeinschaft wird bei uns in Europa eher auf eine zweite Nachfrage hin abgelegt. Man beruft sich darauf, dass Religion Privatsache sei. Im Gegensatz dazu spielt sie in Nord- und Südamerika sowie in Asien im öffentlichen Leben eine ungleich größere Rolle. Insbesondere im Nahen Osten, in Ägypten und Palästina erleben wir tagtäglich in den Medien, dass es so gut wie keine Brücken zwischen Religion und Weltlichkeit gibt. Der Einfluss fundamentalistischer Kräfte, seien es evangelikale oder islamistische Gruppierungen, kommt uns dort erschreckend vor. Betrachtet man den amerikanischen Wahlkampf, so erscheint es uns unvorstellbar, mit welchen Argumenten von Seiten ultrakonservativer fundamentalistischer, sich christlich nennender Organisationen durchaus aggressiv um Stimmen geworben wird. Man möge mich nicht falsch verstehen, ich halte es für demokratisch legitim, auch über noch so abwegige Ansichten wie den Kreationismus zu streiten, der durch die kaum zu widerlegende Evolutionstheorie wohl endgültig *ad acta* gelegt werden kann. Nur bei uns wäre eine solche Diskussion kaum vorstellbar, weil eben religiöse Einstellungen Privatsache sind und man sich da nicht outen möchte.

Dennoch zeigen Umfragen, dass Glaube und Spiritualität im 21. Jahrhundert eine Renaissance erleben. Über 50 % der Deutschen bezeichnen sich als spirituell. Vielen Menschen genügt eine bloß materielle Sichtweise des Lebens nicht mehr. Menschen erwarten auch oder gerade im digitalen Zeitalter eine Antwort auf die ungelösten Rätsel der menschlichen Existenz. Sie erwarten Antworten auf die Fragen, wie beispielsweise *Was ist Sinn und Ziel meines Lebens? Woher kommt das Leid und welchen Sinn hat es? Was ist der Tod? Gibt es ein Leben nach dem Tod?*

Im Laufe eines menschlichen Lebens kommt diesen Fragen sicherlich unterschiedliche Bedeutung zu. In Krisenzeiten physischer, sozialer oder auch ökonomischer Art werden die Fragen vielleicht dringlicher gestellt. Auch am Ende, wenn ein Mensch Bilanz über sein Leben zieht, werden sich diese Fragen stellen. Woher jedoch die Antworten kommen, das kann unterschiedlich sein.

Welche Glaubensrichtung eingeschlagen wird, unterliegt nicht mehr der Autorität der Kirchen. Auch pseudoreligiöse und esoterische Glaubensrichtungen bieten Antworten und Orientierung. Sogar besonders strenge Glaubensverbände erfahren Zulauf. Die christlichen Kirchen haben Mitbewerber bekommen, die ihnen die Deutungshoheit über religiöse Phänomene streitig machen. Als Dienstleister werden sie in Anspruch genommen, die für spezielle Events den besonderen Rahmen schaffen können. Die Hochzeit mit einer kirchlichen Zeremonie ist eben doch viel feierlicher als nur der Gang zum Standesamt, und die Beerdigung, vielleicht sogar die eigene, soll ebenfalls in einem würdigen Ambiente stattfinden. Ein Grund zur Resignation ist dies jedoch nicht. Religion, besonders der christliche Glaube, beinhaltet nicht nur das Fürwahrhalten von Glaubenssätzen, sondern bietet auch eine Einweisung in ein moralisch verantwortungsvolles Leben, damit auch in soziale Praxis, was wiederum einmündet in politisches Handeln. Gesellschaft lebt vom Engagement der Bürger, die aus ihren Überzeugungen heraus agieren, die über den eigenen Egoismus hinaus auf das Gemeinwohl zielen.

Seit Jahren befinden sich die Kirchen, evangelische wie katholische, in einer Krise. Kirchentage sind beliebte Events, aber offenbar sind es immer dieselben Besucher, die kommen. Kirchentage sind medial wahrgenommene Ereignisse, aber sie tragen nicht unbedingt zum „Erfolg" der Kirche bei. Sie stärken die Mitglieder, aber werden auch neue gewonnen?

Die Kirchen verlieren nicht nur Mitglieder, sondern sie verlieren gleichzeitig bedauerlicherweise an Bedeutung als gestaltende Kraft in unserer Gesellschaft. Dies sehen die Kirchen selber so, wie sonst würde man auf die Idee kommen, Beiträge zusammenzuführen, die die Chancen und Schwierigkeiten der Mitgliederstärkung bzw. Mitgliedergewinnung sowohl aus der konkreten gemeindlichen Arbeit als auch aus der landeskirchlichen Perspektive darstellen sollen? Nicht einmal mehr die Hälfte der Mitglieder unserer Gesellschaft ist in den Kirchen repräsentiert. Damit verliert sie immer mehr an Einfluss.

Selbst die Wende, die ohne die Kirchen nicht denkbar gewesen wäre, hat nicht dazu geführt die Kirchen zu stärken. Aus Montagsgebeten wurden Montagsdemonstrationen, die später vielfach kopiert und missbraucht wurden zur Artikulierung subjektiver Interessen. Es hört sich eben gut an, an einer Montagsdemonstration teilgenommen zu haben.

Religiöse Splittergruppen, Naturreligionen, Sekten und Selbstfindungsgruppen hingegen haben Saison und zeigen, dass es ein Bedürfnis nach Orientierung, ein Bedürfnis nach Glauben gibt.

In der elektronischen Welt, in einer Welt von *Facebook* und *Twitter*, in der alles erfasst und in der alles durchschaut werden kann, wächst zunehmend Unbehagen. Ein erkennbares Bedürfnis nach immateriellen Werten, nach Orientierungshilfen entsteht. Holen diese „alternativen Gruppen die Menschen inmitten ihrer Probleme besser ab"? Was machen sie anders, warum haben sie Zulauf oder nehmen sie die Menschen „einfach mit“, wie man so sagt? Besser oder erfolgreicher als die Kirchen? Erfolgreicher sicherlich nicht. Aber es ist schon erstaunlich und auch sehr bedauerlich: Insbesondere die evangelischen Kirchen in der DDR waren in den Zeiten der Montagsdemonstrationen im wahrsten Sinne des Wortes Zufluchtsorte, die Orientierung und Hoffnung vermittelten. Dennoch hat dies nicht zur Stärkung der Kirchen geführt.

Wenn man dabei war während der Wiedervereinigung und damals so wie ich an vielen Veranstaltungen der Kirchen und der Runden Tische teilgenommen hat, konnte man erleben, welchen Einfluss und welche Funktion die Kirchen während des Wiedervereinigungsprozesses hatten. Ohne die Kirchen, ja ohne die Macht der Kirche, hätte es diese Wiedervereinigung nie gegeben. Ich habe kein Ereignis bislang erlebt, in dem die Kirche so erfolgreich war.

Führende Repräsentanten aus den Kirchen übten und üben wichtige Funktionen auch in der Politik erfolgreich aus. Andererseits muss man ernüchtert feststellen: Die Kirche hat durch bzw. von der Wende und damit von ihrem Engagement kaum profitiert. Als Beweis dafür mag gelten, dass die Zahl der Jugendweihen nicht abgenommen, sondern zugenommen hat.

Hat die Kirche mit der Wiedervereinigung die Chance vertan? Hätte sie von dieser Situation profitieren können? Der Begriff Profit klingt im Zusammenhang mit Kirche beinahe anstößig. Profit, das klingt nach Kapitalismus, Ausbeutung, Rücksichtslosigkeit und keineswegs nach christlichen Prinzipien. Gleichwohl zeigt ein Blick in die Kirchengeschichte, dass besonders die protestantische Zurückhaltung diesbezüglich nicht immer Programm der Kirche war. Und warum ist sie es jetzt?

Ich meine, Kirche muss profitabel sein, Kirche muss stark sein, um Einfluss nehmen zu können.

Als Politiker sage ich: Wir brauchen starke Kirchen, um den gesellschaftspolitischen Diskurs erfolgreich führen zu können. Dabei spielen sie eine besondere Rolle. Sicherlich ist es nicht ihre Hauptaufgabe, aber die gesellschaftliche Verantwortung der Kirche besteht meines Erachtens zweifellos auch darin, dem Gemeinwohl in der politischen Diskussion wieder ein stärkeres Gewicht zu verleihen. In einer Zeit der allgemeinen Panikmache, in der sich die apokalyptischen Bilder und Szenarien überschlagen, sollte Kirche helfen, Zukunftsangst zu mildern, Orientierung zu geben. Dies kann und darf Politik nicht alleine, denn es ist ein wesentliches Merkmal des totalitären Staates, dass er den Menschen Wertvorstellungen und Orientierung meint vorgeben zu müssen und die Einhaltung der vorgegebenen Glaubensrichtung oder Ideologie streng und sanktionsfreudig überwacht. Politik setzt Rahmenbedingungen, aber ist nicht der Maßstab, an dem sich Menschen zu orientieren haben.

Wir Politiker beklagen uns häufig, für alles und jedes verantwortlich gemacht zu werden. Selbstkritisch muss ich fragen: Haben wir das nicht selbst herbeigeführt, indem wir zu oft zu allem und jedem Antworten gegeben haben und uns so quasi als omnipotent dargestellt haben? Ja, das mag so sein, aber wohl auch deswegen, weil andere gesellschaftliche Gruppierungen sich überwiegend an ihren jeweiligen partikularen Interessen orientieren. Der Blick für das große Ganze, der Blick für das Gemeinwohl wird unwichtig, man fokussiert sich auf seine eigenen Interessen: Arbeitgeber auf Arbeitgeberinteressen, Gewerkschaften auf Arbeitnehmerinteressen, Bürgerinitiativen für Naturschutz, Bürgerinitiativen für Lärmschutz, Bürgerinitiativen für Gesundheit, Bürgerinitiativen gegen Kernkraft. Bürgerinitiativen gegen Fracking, Bürgerinitiativen gegen Gentechnik, die Liste kann beliebig verlängert werden.

Unsere Gesellschaft ist durch verschiedene unterschiedliche Organisationen darauf ausgerichtet, die jeweiligen konkreten und individuellen Bedürfnisse fordernd zu formulieren. Das ist berechtigt, aber darunter leidet auch die Bereitschaft, Kompromisse herbeizuführen. Im derzeitigen gesellschaftlichen Diskurs findet eine Verabsolutierung eigener Interessen statt. Die Fähigkeit und Bereitschaft zum Kompromiss, die Meinung auch anderer respektvoll gelten zu lassen, nimmt erkennbar ab. Und in diesem Diskurs ist meines Erachtens die Stimme der Kirche nicht ausreichend vertreten.

Ich will nicht missverstanden werden. Die Kirchen pflegen einen intensiven Dialog mit der Politik in Hessen. Regelmäßige Spitzen-Gespräche über vielfältige Themen wie die Energieversorgung, den bekenntnisorientierten islamischen Religionsunterricht, über grundsätzliche Regelungen zur Besteuerung von Ehen, eingetragenen Lebenspartnerschaften, Fragen zum Thema Organspende oder Präimplantationsdiagnostik u. v. m. sind Ausdruck des gut organisierten Miteinanders. Sie sind für die Gesprächsteilnehmer, und das sage ich für die Seite der Politik, äußerst hilfreich. Diese Gespräche gestalten die Landespolitik mit, aber wirken natürlich nicht unmittelbar in die gesellschaftliche Realität hinein. Sie sind ein akademischer Überbau, der stärker auf die Praxis heruntergebrochen werden müsste.

Mit Interesse habe ich gelesen, dass die EKD die Denkschrift zum Verhältnis von Politik und evangelischer Kirche herausgegeben hat. In der Denkschrift „Das rechte Wort zur rechten Zeit“ wird ausgeführt, dass die

Kirche die Bedeutung der ihr aufgetragenen Botschaft für alle Menschen und für alle Bereiche des Lebens öffentlich zu Gehör bringen müsse. Stellungnahmen der evangelischen Kirchen sollen respektvoll und behutsam formuliert und zugleich deutlich sein. Ferner heißt es in der Denkschrift, die EKD solle sich weiter bemühen, durch ihr Führungspersonal auch in Talkshows und Interviews zu aktuellen Fragen Stellung zu nehmen. Ja, es wäre wünschenswert, wenn es den Kirchen gelänge, die christliche Botschaft auf die wesentlichen Bereiche des Lebens zu übertragen und sie so für viele Unentschlossene attraktiver zu machen. Dass es vielleicht auch nach einem unüberlegten Kirchenaustritt für den Ausgetretenen nach Jahren wieder denkbar ist, zur Kircheneintrittsstelle zu gehen.

Wie sieht nun die kirchliche Praxis für den Politiker aus, der Entscheidungen, auch unpopuläre, nach Recht und Gesetz treffen und umsetzen muss? Welche Hilfestellung kann er in existentiell schwierigen Fragen erwarten? Mir scheint, in manchen wichtigen Fragen duckt sich die Kirche weg oder nimmt voreilig und undifferenziert Stellung, anstatt Plattform fairer Auseinandersetzung zu sein. Wo bzw. durch wen findet die Kirche zum Thema Stuttgart 21 statt? Stuttgart 21 und der Ausbau des Frankfurter Flughafens machen deutlich, dass diejenigen in der Öffentlichkeit Erfolg haben, die ihre partikularen Interessen drastisch formulieren. Sicherlich, es hat Erklärungen von kirchlicher Seite gegeben. Allerdings waren diese Erklärungen oft einseitig und nicht geeignet, den Konflikt zu entschärfen und Verständnis für staatliches Handeln, das an Recht und Gesetz gebunden ist, zu entwickeln.

Politische Gruppierungen und Parteien – das wird häufig übersehen – fallen als Veranstaltungsorte für den Diskurs aus, weil sie selbst in der Verantwortung sind, politische Entscheidungen durchsetzen zu müssen. Hier könnten die Kirchen eine wichtige Funktion wahrnehmen. Wir leben in einer individualisierten Welt, bei der im Vordergrund die eigene Interessenwahrnehmung steht. Man engagiert sich eben lieber für eine Bürgerinitiative, die die eigenen Interessen zum Ziel ihrer Durchsetzung gemacht hat und dabei die Notwendigkeit zum Kompromiss völlig außer Acht lässt. Im politischen Diskurs haben wir eine zunehmende Respektlosigkeit vor demokratischen Institutionen zu verzeichnen. Nehmen wir das Beispiel des Frankfurter Flughafens oder Stuttgart 21. Es wird einfach nicht zur Kenntnis genommen, dass die getroffenen politischen Entscheidungen von den zuständigen demokratischen Gewalten legitimiert worden waren. Wenn dann, wie im Fall des Ausbaus des Frankfurter Flughafens, seit den Montagsdemonstrationen im Terminal 1 auch die Kirche zu denen gehört, die das am Ende eines langen als vorbildlich erachteten Diskussionsweges erreichte Mediationsergebnis offensichtlich nicht mehr mitträgt, sondern stattdessen Fürbitten-Veranstaltungen in einzelnen Kirchen stattfinden, dann ist das nicht der richtige Weg. Die Kirchen sind auch Stätten des gesellschaftlichen Diskurses und hier reicht ihre Tätigkeit nicht mehr aus, einseitig Stellung zu beziehen. Wenn die Kirche ihrem Anspruch gerecht werden will, den Widerspruch zwischen sakral und weltlich aufzulösen, und Brückenbauer zwischen Weltlichkeit und Christentum sein will, ist hier ein stärkeres und differenzierteres Engagement erforderlich. Ja, es ist die Aufgabe der Kirche, den Erhalt der Schöpfung zu einem ihrer wesentlichsten Themen zu machen. Es ist aber auch ihre Aufgabe, sich gewissenhaft mit Pro und Contra eines Themas auseinanderzusetzen, um zu einer Stellungnahme zu kommen. Sie darf nicht der Versuchung unterliegen, sich populistisch in Themen einzuklinken, ohne sich offensichtlich in die Thematik eingearbeitet zu haben. Die Diskussion und der Beschluss der Synode zum Thema Fracking ist meines Erachtens auch ein solches Beispiel.

Mich hat es schon sehr getroffen, als die Kirchensynode der Evangelischen Kirche in Hessen-Nassau festgestellt hat, das Fluglärm Grundwerte einschränkt, und die Kirchenleitung aufgefordert hat, den Klageweg von Gemeinden zu unterstützen, und wo ein Pfarrer ausführt, der Volkstrauertag sei ein geeigneter Anlass, um gegen „Terror und Gewaltbereitschaft von oben“ zu protestieren. Ganz zu schweigen davon, dass mir die Synode verwaltungsrechtliche Nachhilfe verpasste, die Umsetzung des Nachtflugverbotes nicht im beschleunigten Verfahren umzusetzen. So stelle ich mir die Kirche nicht vor.

Wer Mitglieder stärken und Mitglieder gewinnen will, muss die Rolle der Kirchen in der gesellschaftlichen Wirklichkeit gründlich analysieren, muss den vermeintlichen Widerspruch zwischen sakral und profan auflösen, um Brücken bauen zu können zwischen Weltlichkeit und Christentum. Deswegen komme ich zurück auf das Zitat: „Der Mensch ist ein Homo religiosus, auch wenn er es nicht wahrhaben will“. Dieser Homo religiosus ist verunsichert und ängstlich, deshalb ist es kein nachhaltiges, erfolgreiches Handeln, wenn der Mensch in seiner Verunsicherung bestätigt wird, indem gegen die „da oben“ polemisiert wird.

Wer auf ein solches Thema emotional „abfährt“, wird vordergründig Ablass ernten, aber der trägt nicht zur Stärkung der Kirche bei. Er wird auch keine Mitglieder gewinnen, die sind längst woanders.

„Wir müssen die religiöse Sprachlosigkeit überwinden und die Türen unserer Kirchen weit öffnen“. Weit öffnen bedeutet auch, die Thematik im

Hinblick auf gesellschaftlich relevante Themen weiter zu fassen, ohne undifferenziert Stellung zu nehmen.

Wenige Jahre nach der Wende sagte unser heutiger Bundespräsident, dass er daran leide, in einem Dank-und-Freude-von-gestern-Land zu leben. Er sagt, „wenn ich mir Feuilletons angucke, wenn ich mir die Haltung, die Massenkultur angucke, dann erscheint mir, als ob das Land wie unter Mehltau ist. Es gibt eine allgemeine Kultur des Verdrusses, des Missbehagens. Typisch deutsch heißt, missmutig zu sein, Unbehagen zu empfinden, um ganz tief davon überzeugt zu sein, dass es ganz schrecklich ist und dass es auch unsicher ist, ob es jemals anders wird". Und weiter führt Gauck aus: „Was mir nicht gefällt, ist, dass mir plötzlich mitten in einem freien Land, als lebte ich in postdiktatorischen Zuständen, Menschen begegnen, die die Rolle eines Citoyens, eines freien Bürgers, überhaupt nicht interessiert. Sie sind praktisch ohnmächtig. Sie geben ihre Stimmen nicht ab, sie interessieren sich nicht, sie mischen sich nicht ein. Es gibt im Grunde eine neue Ohnmacht aus der Mitte der Gesellschaft heraus. Nicht nur durch die Ideologen.

Diese Ohnmacht hat auch nichts damit zu tun, dass Menschen geknechtet würden. Nein, aus Desinteresse gehen sie nicht hin. Und das zeigt sich in vielen der älteren Demokratien, dass es eine unideologische Gefährdung unserer freiheitlichen Gesellschaft gibt, wo Distanz und Desinteresse im Grund für Entmächtigung sorgen."

Mich haben diese Sätze von Gauck seinerzeit sehr beeindruckt, weil er vor dem Hintergrund seines Lebenslaufes den fahrlässigen Umgang mit Beteiligungsmöglichkeiten in der Demokratie beklagt. Aber mittlerweile ist es ja weniger permanentes Desinteresse. Desinteresse schlägt um! Im Vordergrund steht die Wahrnehmung ausschließlich eigener Interessen, und spielt das Gemeinwohl keine Rolle mehr, wird die Angelegenheit problematisch. Und deshalb ist meines Erachtens die Kirche auch hier gefragt, Ort dieses Diskurses zu sein.

Alle, die öffentlich reden, ob Pfarrer oder Politiker, sind nicht frei davon, für sich selbst auf der Kanzel oder hinter dem Rednerpult zu stehen, das Ego in den Vordergrund zu stellen. Daran ändert sich auch nichts, wenn wir uns beide immer wieder vergewissern, dass wir uns nicht selbst verkünden sollen. Auf jeden Fall gilt für den Politiker: Im Vordergrund stehen Problemlösungen und Verantwortung; für den Pfarrer die Verkündigung des Evangeliums vor dem Hintergrund der Lebenswirklichkeit unserer heutigen Zeit.

Die Kompetenz und die verständnisvolle, lebenskluge und lebensbejahende Persönlichkeit des Pfarrers und anderer kirchlicher Verantwortungsträgerinnen und -träger bieten die Chance, Brücken zu bauen. Aber auch die Bereitschaft, sich in der Kirche zu engagieren und die gesellschaftliche Wirklichkeit von unten in die kirchlichen Gremien hereinzutragen, ist für den Brückenbau notwendig. Ebenso notwendig ist ein deutlicheres Bekenntnis von Verantwortungstragenden unserer Gesellschaft zu ihrer Kirche, um auch so identifikationsstiftend wirken zu können.

Auch wenn Religion als Privatsache angesehen wird, darf das nicht für die Kirche als Organisation gelten. Kirche muss sich öffnen. Am besten natürlich im stärkeren ökumenischen Miteinander. Das allerdings setzt ein bilaterales Verständnis für die Notwendigkeit der Ökumene als Chance des Überlebens der Kirchen voraus. Neulich habe ich in einem Rundfunkinterview gehört, dass sich ein Pfarrer bereit erklärt hat, Prinz während der Karnevalszeit zu sein. Warum nicht?

Ja, es gibt Werbekampagnen der Kirchen. Aber kommen sie an? Sind sie nicht zu brav und lösen allenfalls eine interne kontroverse Debatte aus? Ich habe zugegebenermaßen kritische Beispiele aus meinem eigenen Verantwortungsbereich genannt.

Aber es gibt ja auch andere Themen, bei denen es verständlicherweise Vielstimmigkeit gibt, weil der Prozess schwer durchschaubar und der Mut zur Zieldefinition auch in der Politik nicht sonderlich ausgeprägt ist. Ich meine die Debatte um den Euro und Europa. Das ist ja weiß Gott nicht nur eine Debatte über Wirtschafts- und Währungspolitik, nicht nur eine Debatte über Spekulanten und Banken. Es geht auch um Wohlstand und gerechte Verteilung. Es darf nicht nur um reich und arm, Nord und Süd in Europa gehen. Wenn von einer europäischen Wertegemeinschaft gesprochen wird, dann ist das den Menschen zu abstrakt. Diese europäische Wertegemeinschaft basiert auf dem starken Fundament des christlichen Abendlandes, das eine auch im religiösen Sinn nicht unerhebliche Erweiterung erfahren hat. Neue existentielle Fragen spielen eine Rolle. Wäre das nicht auch ein Thema, in dem Moderation erforderlich ist, die Aufklärung ermöglicht, in der um Verständnis geworben wird? Ohne Kirche keine Wiedervereinigung, ohne Wiedervereinigung nicht dieses Europa. Wäre das nicht etwas? Wir erleben allenthalben eine Wiederbelebung der Diskussion über Bürgerbeteiligung, demokratische Teilhabe, Bedeutung der repräsentativen Demokratie, ausgelöst unter anderem durch die von mir genannten Themenstellungen. Auch hier eröffnen sich Chancen, Verständnis für die Betroffenen deutlich zu machen, sich moderierend einzuschalten und damit „Mitglieder zu stärken – Mitglieder zu gewinnen".

Kirchen stehen im Wettbewerb mit religiösen Splittergruppen, Naturreligionen, Selbstfindungsgruppen und anderen Initiativen, die sich um individuelle Interessen kümmern. Sie stehen auch im Wettbewerb mit jenen, die die Jugendweihe zunehmend als Alternative zur Konfirmation sehen. Wer im Wettbewerb steht, ob er das will oder nicht, muss sich dem Wettbewerb stellen. Wer jedoch Wettbewerb für etwas Unanständiges hält, wird auch nicht wettbewerbsfähig sein. Ich habe einen wesentlichen Teil meiner religiösen Sozialisation in der evangelischen Jungschar erfahren, wo ich gleichzeitig durch die Gründung eines politischen Jugendkabaretts das Leben in seiner religiösen sowie weltlichen Dimension durchaus auch satirisch zu betrachten gelernt habe. Ein Politiker braucht Wurzeln, die seine Überzeugungen und sein Handeln fest verankern. Die Kirche kann den Dünger liefern.

# Von der Kunst der Seelsorge und der Kommunikation

*Eberhard Wisseler*

Wenn dem Freund, der nun das 65. Lebensjahr vollendet, Worte zugeeignet werden, kann es gar nicht anders sein, als dass in diese Worte Erfahrungen, Stimmungen, Themen aus mannigfachen intensiven, fröhlichen, ernsten Begegnungen seit über 40 Jahren einfließen. Man wird aber nicht sagen können: Siehe, hier ist es! Oder: Da ist es! Sondern es ist drinnen: Schreibend, lesend, hörend, nachdenkend, miteinander redend fließt neue weitere Kommunikation. Die Erinnerung an das „panta rhei", das „Alles fließt" des griechischen Philosophen Heraklit, ist dabei nicht nur eine Wahrnehmung und Wahrheit weltlich-menschlichen Da-Seins und So-Seins – sofern wir nicht sagen, dass auch diese Wahrheit im Fluss sei – sondern auch eine Aufforderung und Herausforderung, stets in Fluss zu bringen und zu halten, fließen zu lassen, was Körper, Geist und Seele des Menschen im Jetzt und Hier sind und dürfen und sollen. So wie Predigthörende – auch wenn sie sich dessen nicht bewusst sind – immer auch Co-Autoren dessen sind, was da herauskommt, ankommt, daraus folgt, so ist auch hier Gesagtes, Benanntes, Festgehaltenes nicht nur das mehr oder weniger gelungene Werk des Verfassers, sondern zugleich auch die wie von selbst erwachsende ausgesprochene oder unausgesprochene Kommunikation der Leser und Leserinnen mit diesem und darin und darüber hinaus zudem auch die mehrdimensionale Inbeziehungsetzung zum Geehrten. Wie immer: Niemand kann nicht kommunizieren (Paul Watzlawik). Das stetig Bleibende ist die Veränderung und die Unvermeidbarkeit der Kommunikation. In einem alten Studentenlied, das Rudolf Schulze mit seinen Verbindungsbrüdern im Wingolf vielfach gesungen hat, wird die Veränderung der Lebensdimensionen einerseits melancholisch-bedauernd und mit Blick auf den bleibenden Kern und die Potentiale andererseits auch zuversichtlich aufgenommen: O jerum, jerum, jerum, o quae mutatio rerum.

Auch die Kunst der Seelsorge und der Kommunikation unterliegt diesen Existenzbedingungen, ja, erhält erst durch konsequente Einlassung auf Veränderung und jedwede Kommunikation ihre heilsame Wirkung. Bewusst sei hier von der Kunst der Seelsorge gesprochen, denn Kunst wie Malerei, Bildhauerei, Musik u. a. und Seelsorge haben meines Erachtens interessante Entsprechungen und Gemeinsamkeiten. Weder Kunst noch Seelsorge sind per se definierbar, wie es auch ehrlicherweise keine eindeutige Kategorisierung von Seelsorgern und Seelsorgerinnen, dass dieser einer sei und jener eher nicht, geben kann.

Seelsorge als Begriff kommt in der Bibel nicht vor – und dennoch hat ein jeder der Pfarrerschaft – mehr oder weniger reflektiert – eine Vorstellung, ja, unbestritten, möglicherweise unhinterfragt ein Selbstverständnis für sich als Person und Amtsträger und zur Seelsorge als zum Zentrum pastoraler Tätigkeit zugehörig. Und das Seelsorgersein wird auch unabhängig vom eigenen Verständnis von der Gemeinde so oder so zugesprochen. Definitionen bleiben aus, Annäherungen bleiben. In der Geschichte begegnen wir verschiedenen, zum Teil sich widersprechenden Zugängen, Deutungen, Methoden: Da ist das Verständnis der Alten Kirche von Paraklese (Ermutigung, Mahnung, Trost), die mittelalterliche Seelsorge wird eng verbunden mit dem Bußsakrament gesehen, die Aufklärung versteht Seelsorge mehr als Belehrung zu sittlicher Lebensführung, da sind die kerygmatische Seelsorgearbeit (Thurneysen), das Clinical Pastoral Training, Klinische Seelsorge Ausbildung, die biblisch-therapeutische Seelsorge ... Und nicht zuletzt zählt auch die Flut von Ratgebern in den Buchhandlungen und Medien aus kirchlichem und säkularem Bereich dazu. Hier ist nicht der Ort, diese Vielfalt an Konzepten miteinander in die Diskussion zu bringen. Eher erscheint es mir ohnehin produktiv und ratsam, Argumentationen nach „richtig" oder „falsch" völlig beiseite zu lassen und in der Vielfalt variable Optionen zu entdecken und sich immer neu, je und je, auf die Kunst der Kommunikation einzulassen. Hilfreich ist dabei vielleicht auch die Rückbesinnung auf den griechischen Begriff „hä technä", der in eins fasst, was im Deutschen so verschieden ist: Geschicklichkeit, Handwerk mit Fertigkeiten und Fähigkeiten, Wissenschaft und Kunst, hinter der (Lebens-) Haltungen stecken, eine Grundidee, ja, die Spiritualität einer Person, der „Geist", von der sie beseelt ist. Insofern ist eine solche Kunst nie fertig, abgeschlossen, beendet, sondern beginnt, ändert sich und andere, fließt ...

Zur Kunst der Seelsorge und Kommunikation gehören Fähigkeiten, Fertigkeiten, Anlage, Begabung, Charisma, auch Übung, Training, Selbstkontrolle, Rückmeldung, Supervision, auch Mühsal, Schmerz, Selbsterfahrung – und nicht das ganze Ausmaß ist lernbar. Was davon jeweils lernbar ist, gilt es immer wieder zu erproben. Und es ist darin und dazu erfahrungsgemäß durchaus nützlich und für Beteiligte und Betroffene erfreulich und erhebend, wenn ein Seelsorger wie Rudolf Schulze auch in Gastfreundschaft gut zu essen und zu trinken weiß und einen zugewandten Blick für die Schönheiten der Schöpfung hat, Lebensfreude (*sub specie aeternitatis* – unter dem Ansehen der Ewigkeit) in der Kommunikation ausstrahlt.

Die ausgeübte Kunst spiegelt immer auch ethische Maximen wider, die die Methodik bestimmen. Etwa so: „Handle so, daß du der Geschichte deiner Gemeindeglieder etwas Hoffnungsvolles hinzufügen kannst! Handle so, daß keine neuen Opfer entstehen! Handle so, daß du den anderen gerecht wirst wie dir selber! Handle so, daß Gott als gesellig erfahren werden kann!“ (Christoph Morgenthaler, Systemische Seelsorge).

Kunst und Seelsorge sind sich meines Erachtens auch darin wesensähnlich, dass der jeweilige Ausübende ebendies als Kunst und Seelsorge begreift und darin – hoffentlich – authentisch ist. Oder einfach: Kunst bzw. Seelsorge ist das, was jemand jeweils darunter versteht.

Bleibt die Begriffsbestimmung auch im Vagen, so doch nicht im Unverbindlichen. Verbindlich sollte sein, dass das in der Transaktionsanalyse (Eric Berne) so benannte Erwachsenen-Ich im Menschen handelt in Übereinstimmung mit sich selbst (innere Realität) und mit den faktischen Gegebenheiten (äußere Realität). Seine Stärke, sein Gelingen, sein Ziel erfährt es in Empathie (Einfühlen in das, was der Gesprächspartner meint), Akzeptanz (Grundhaltung des Annehmens des Gegenübers als Person, ohne Wertungen) und Authentizität (Echtsein ermutigt zum Echtsein).

Kunst und Seelsorge sind auch Formen der Darstellung, ja, der Selbstdarstellung, die das Gegenüber verbal oder nonverbal einlädt, ja, manchmal sogar zwingt, sich zum „Darsteller“ und seinem Anliegen in Beziehung zu setzen. Hat „Selbstdarstellung“ im allgemeinen Sprachgebrauch auch eher einen negativen Klang von unbescheidener Ichbezogenheit und entsprechenden Äußerungen, so gehört sie doch auch zum Seelsorger, zur Seelsorgerin im Sinne von: vor Augen stellen, zeigen, schildern, wovon er und sie bewegt ist, was sie trägt, was sie bindet, woraufhin sie orientiert sind. Der Seelsorger wird darstellen, was ihm zugesprochen ist als Gabe und Aufgabe, nicht als jemand, der etwas ist, sondern als jemand, der – immer wieder neu – etwas zu werden hofft. Was hier gemeint ist, findet sich in der Osternachtliturgie (EKKW): „Wir sind getauft worden. Wir denken jetzt an diesen Anfang unseres Christenlebens, damit wir werden können, was wir seit unserer Taufe schon sind: Mit Gott begabte Kinder, Teilhaber ewigen Lebens, aus neuer Wurzel genährte Menschen.“

Die Kunst der Kommunikation und der Seelsorge sollte davon geprägt und angetrieben sein: in prinzipieller Offenheit auf das hin, was immer noch aussteht – und nie seiner selbst sicher, gewiss aber im Glauben und im Zweifel. Der Zweifel ist der Bruder des Glaubens. Der Theologe Paul Tillich sagte: „Die Situation des essentiellen Zweifels gehört zur Größe des Menschen selbst." Denn sowohl Zweifel als auch Glauben entstehen aus der Frage nach Gott, nach dem „Unbedingten". So können wir im Blick auf die Kunst der Seelsorge und Kommunikation sagen: Absolutsetzungen und Fundamentalismus sind die eigentlichen Widersacher des Glaubens und des Zweifels. Und damit schließlich auch sich selbst in Frage stellen zu können, ist eben auch eine Kunst: „Wie?", fragt der eine – „du kommst in den Gottesdienst? Du sagtest doch, Du glaubst nicht an Gott??!" Antwort: „Weiß ich denn, ob ich Recht habe?"

Aus einem weiteren, etwas anderen Blickwinkel seien Gedanken hinzugefügt zum Thema von Unsicherheiten auch im gesellschaftlichen Kontext und dem Umgang damit – ein kleiner Impuls zur Einschätzung von Seelsorge im öffentlichen Raum.

Die Unsicherheit des Lebens – (*certa moriendi conditio* – so viel wie: Sicher ist nur der Tod) – hat die Menschheit von jeher beschäftigt. Fast alle kulturellen Anstrengungen haben den Antrieb, Bedrohungen der menschlichen Existenz abzuwenden, führen zu Versuchen der Abwendung, mindestens aber die Bedrohung zu bewältigen:

Rituale: Das Handreichen, um die Unsicherheit gegenüber dem Fremdsein zu überwinden; oder Konfirmation, in der Krise, wenn Kinder zu Erwachsenen werden ...

Institutionen: z. B. Staat, um mit dem ihm übertragenen Gewaltmonopol Chaos zu begrenzen ...

Technik: von der Stahlkappe im Arbeitsschuh bis zum Airbag im Auto usf ...

Wissenschaft: Medizin, um den Gefährdungen durch Krankheiten zu begegnen ...

Und es scheint so, als gewönne in der modernen Gesellschaft das Thema Sicherheit eine immer größere Bedeutung. Die dynamische Entwicklung der modernen Zivilisation bringt neue Unsicherheiten hervor durch die Geschwindigkeit des Wandels und neue technische Möglichkeiten. Das Stichwort „Globalisierung" etwa ruft sicher genug Assoziationen hervor.

Die Frage ist: Wie viel Verortung, wie viel Heimat, welches Maß an Vorhersehbarkeit, an Überschaubarkeit, an Kontinuität ist nötig, um sicher oder sicherer zu sein? Was und wie viel muss ich wiedererkennen, um sicher zu sein? Um mich sicher zu fühlen? Eine Gesellschaft und ein Individuum, die unter diesen Bedingungen überleben wollen, *müssen* damit richtig umgehen können. Braucht es möglicherweise eine „Tugend der Orientierungslosigkeit?"

Eine Grundbedingung ist zuallererst: Wer mit Unsicherheit umgehen will, muss sie zulassen können. Das hieße: nicht dagegen ankämpfen als das Uneigentliche, Störende, auf jeden Fall zu Vermeidende, sondern möglicherweise (positiv): aha, wieder eine Option!

Ich zitiere auszugsweise Wolfgang Schmidbauer, Psychoanalytiker aus München in: Zeitzeichen 4/2006 zur Kulturgeschichte der menschlichen Angst:

> „Leiden nicht alle modernen, hochentwickelten Gesellschaften unter einem Übermaß an Ängsten? Wachsen diese Ängste etwa parallel zu Sicherheit und Wohlstand? ... Wer in ein Entwicklungsland reist, wundert sich über die Fröhlichkeit der Menschen dort. In materieller Not und größter Unsicherheit, wie sie in den nächsten Tagen das Lebensnotwendige herbeischaffen sollen, nutzen sie doch jede Gelegenheit, einen Scherz zu machen oder zu lachen. Der erste historische Bericht über dieses Phänomen stammt von Pater Le Jeune, einem Jesuiten, der bei indianischen Jägern missionierte und 1634 darüber berichtete.
>
> Der Sohn einer wohl versorgten Europäerin begriff nicht, wie die Indianer so fröhlich sein konnten, wenn am Morgen nichts Essbares in ihrem Lager war. Er hatte inzwischen erfahren, wie unsicher das Geschäft der Jagd auch für den geschicktesten Jäger ist, und diese Indianer lachten und scherzten und taten so, ‚als sei ihr Wild in einem Stall eingeschlossen', wie der fromme Pater schrieb, dessen Sicherheitsbedürfnisse eine agrarische Kultur geprägt hatte.
>
> Die Indianer belehrten ihn: Sie wüssten sehr wohl, dass sie einige Tage Hunger leiden könnten, aber wer den Gram darüber in sein Herz einkehren lasse, der werde erkranken. Er solle nicht niedergeschlagen sein, wenn der Schnee komme (und die Spuren leicht lesbar würden), dann gäbe es wieder reichlich zu essen.
>
> Die Welt dieser Jäger war eine Welt, in der Ängste eine sehr viel geringere Rolle spielten als in der agrarischen Kultur. Der Ackerbauer kann (und muss) Überschüsse erwirtschaften. Daher muss er sich sehr viel stärker an der Angst orientieren, dass ihm etwas misslingt. Der größeren Sicherheit des Ackerbaus durch die Möglichkeit, Vorräte zu produzieren, entspricht eine höhere seelische Belastung. Der Bauer darf sein Saatgut nicht essen. Er muß etwas lernen, was Jäger und Sammler überhaupt nicht können müssen, weil es ihnen die Natur abnimmt: sich beherrschen, wenn die Lust groß ist."

Der Umgang mit Unsicherheit fordert wohl auch die nicht leichte Aufgabe, kulturelle Bedingungen und subjektive Befindlichkeit ebenso in eine hilfreiche Beziehung zu setzen wie Vernunft und Gefühl.

Mit Sicherheit oder scheinbarer Sicherheit umgehen heißt so auch wohl: desillusionieren. Illusionen, Selbsttäuschung, oberflächliche Vorstellungen, eingebildete Wirklichkeiten hindern „Wahr“-nehmung; „Ent-täuschungen“ sind nötig, für mögliche oder nötige Veränderungen. Und wo ein Verdacht besteht, müssen wir entideologisieren: Wer gebraucht das Wort „sicher“, „Sicherheit“ mit welchem Beweggrund, mit welcher Interessensbindung? Cui bono? (z. B. Hochsicherheitslabor, Kommission für Biologische Sicherheit beim Bundesamt für Verbraucherschutz und Lebensmittelsicherheit ... und so fort, die Zeitung ist voll davon.)

Nun wieder – im Wechsel des Blickes von dem, was außen wahrgenommen werden kann –, zu dem, was den persönlichen Umgang angeht.

Da kommt einer zum Geistlichen und fragt: „Lebt der Mensch von innen nach außen oder lebt er von außen nach innen?“ Antwort: „Wenn du mich so fragst, kann ich nur sagen: Ja.“

Im Umgang mit Sicherheit und Unsicherheit könnte auch folgender Gedanke hilfreich sein: Was bedeutet das Wort eigentlich? Mir hilft der Rückgriff auf die ethymologische Bedeutung des Wortes „Sicher“. Mittelhochdeutsch: sicher, althochdeutsch: „sichur“, ist es wohl sehr früh aus dem lateinischen *securus* übernommen worden. *Se-curus*, zusammengesetzt aus *cura* = die Sorge, Pflege und *se* = ohne, beiseite, weg von. *Se-curus* bedeutet also so viel wie sorg-los, un-bekümmert (wie se-parat, in Separee – gesondert etwas für sich bereiten). Interessanterweise ist die Wortbildung im Altgriechischen, der Sprache des Neuen Testamentes, genauso: *a-sphaleia* – Festigkeit, übertragen: Sicherheit, Zuverlässigkeit.

Die Vorsilbe *a*: ohne, los, von weg. Dazu: *sphallo* zu Fall kommen, stürzen, ausgleichen, aktivisch: Ich bringe zu Fall, täusche.

In beiden Fällen wird Sicherheit benannt als: von weg sein, ohne Fall, ohne Täuschung.

Mir hilft das. Wenn ich von etwas, Täuschung, Illusion, inneres und äußeres Ausgleiten ... weg bin, weiß ich ja noch nicht, wo ich bin. Da gibt es dann eine offene Situation, eine (neue) Option, die mir signalisiert wird.

Es ist wohl eine gewisse, unter Umständen auch hinderliche Gefahr, dass wir „nicht“, „ohne“, „un-“ negativ bewerten, sozusagen schlecht benoten. Ich nenne an diesem Ort ein anderes, uns gleichwohl betreffendes Beispiel, wo die Negation scheinbar verneinend, ablehnend, ungünstig wirkt:

Die Zehn Gebote sind immer wieder mit: „Du sollst *nicht*“ formuliert. Das klingt nach Einschränkung, Verbot, Einengung. Das Gegenteil ist aber der Fall und ist gemeint.

Ich denke im Zusammenhang mit unseren Arbeitsmethoden, zu unseren Schritten, auch in Beratung und Seelsorge insbesondere an das 2. Gebot: „Du sollst dir kein Bildnis noch irgendein Gleichnis machen, weder von dem, was oben im Himmel, noch von dem, was unten auf Erden, noch von dem, was im Wasser unter der Erde ist: Bete sie nicht an und diene ihnen nicht!" (2. Mose 20,4.5a)

Ich soll mich nicht festmachen an Vorstellungen, nicht hochhalten, schon gar nicht verabsolutieren, etwa Vorstellungen von Erfolg, von politischen Wegen ..., wie dies oder jenes in meinem Leben unabdingbar zu sein hätte.

Sich von Gott ein Bild machen hieße ja, ihn in die Grenzen menschlichen Begreifens einzusperren. Viel mehr und hilfreich: „Gott ist ein lauter Nichts, ihn rührt kein Nun noch Hier: Je mehr du nach ihm greifst, je mehr entwird er dir" (Angelus Silesius/Johannes Scheffler).

Auch wer gleichgültig ist und „angeblich" nichts glaubt, hat seine Vorstellung von Gott und vom eigenen Leben und womöglich auch von dem der anderen.

Hier geht es um Freiheit von Fixierungen. Das erlaubt oder gebietet gar den Rückschluss, die Folgerung, im Umgang mit Menschen (mit ihren Sicherheiten und Unsicherheiten) auch so zu verfahren. Denn gleichzeitig sagt die Schrift: Der Mensch ist zum Bild, zum Gleichnis Gottes geschaffen. Der Mensch darf keiner Zwecksetzung untertan gemacht werden. Hier wird letztlich nichts verboten, sondern eröffnet. Es hindert ja nicht, mir Vorstellungen für mich und andere zu machen, die brauchen wir auch und kommen nicht ohne sie aus.

Das Gebot will davor bewahren, dass diese Vorstellungen sozusagen gebunden, fixiert werden, dass ich davon abhängig werde und mir damit einen Teil meiner Freiheit nehme. Und dazu gehören eben auch meine Vorstellungen und Anmutungen, meine Bewertungen von Sicherheit und Unsicherheit – eigener und anderer. So geht es auch in Arbeitstechnik und im Umgang miteinander immer zugleich um die Erweiterung der konträren Positionen, um zu Klärungen zu kommen.

Ein Jude kommt zum Rabbi und führt Klage gegen seinen betrügerischen Lieferanten. Der Rabbi hört aufmerksam zu und erklärt dann: „Du hast Recht." Bald danach kommt der beschuldigte Lieferant und klagt seinerseits über den Ankläger. Der Rabbi hört wieder sehr aufmerksam zu und sagt abermals: „Du hast Recht." Die Frau des Rabbiners hat beide Entscheide mit angehört, und als der Lieferant weggegangen ist, sagt sie vorwurfsvoll zu ihrem Manne. „Es können doch niemals beide Recht haben!" Darauf der Rabbi. „Du hast auch Recht."

Im Übrigen gilt, was der Apostel Paulus im 1. Brief an die Korinther 13,9.10 schreibt: „... unser Wissen ist Stückwerk ... Wenn aber kommen wird das Vollkommene, so wird das Stückwerk aufhören."

Mögen Rudolf Schulze und alle, die sich um die nie vollendete Kunst der Seelsorge und der Kommunikation bemühen, Segen erfahren.

# Autorenverzeichnis

Prof. Dr. h.c. Ludwig Georg Braun
*Vorsitzender des Aufsichtsrats der B. Braun Melsungen AG, Mitglied der Landessynode der Evangelischen Kirche von Kurhessen-Waldeck*

Prof. Dr. Jochen Cornelius-Bundschuh
*Leiter der Abteilung Theologische Ausbildung und Prüfungsamt im Evangelischen Oberkirchenrat der Evangelischen Landeskirche in Baden, Apl. Professor für Praktische Theologie an der Universität Heidelberg*

Rektorin i.R. Ruthild Freifrau von Dörnberg
*Rektorin der Christian-Bitter-Schule Melsungen von 1997–2010, Präses der Kreissynode des Kirchenkreises Melsungen, Mitglied der Landessynode der Evangelischen Kirche von Kurhessen-Waldeck*

Kirchenbaudirektor Michael Frede
*Kirchenbaudirektor, Leitung des Referates Bauberatung und Technisches Gebäudemanagement der Evangelischen Kirche von Kurhessen-Waldeck*

Pfarrerin Ulrike Grimmell-Kühl
*Gemeindepfarrerin in Guxhagen, Vorsitzende des Kirchenkreis-Diakonieausschusses*

Prof. Dr. Wilfried Härle
*Professor für Systematische Theologie an der Universität Heidelberg*

Bischof Prof. Dr. Martin Hein
*Bischof der Evangelischen Kirche von Kurhessen-Waldeck*

Pfarrerin Barbara Heller
*Leitende Pfarrerin der Evangelischen Altenhilfe Gesundbrunnen e. V. Hofgeismar*

Prof. Dr. Paul-Gerhard Klumbies
*Professor für Biblische Wissenschaften unter besonderer Berücksichtigung des Neuen Testaments an der Universität Kassel*

Pfarrer Dr. Volker Mantey,
*Gemeindepfarrer in Spangenberg, Mitglied der Landessynode der Evangelischen Kirche von Kurhessen-Waldeck*

Staatsminister a. D. Dieter Posch
*Hessischer Staatsminister für Wirtschaft, Verkehr und Landesentwicklung von 1999–2003 und von 2009–2012*

Prof. Dr. Wilhelm Richebächer
*Professor für Systematische Theologie an der Fachhochschule für Interkulturelle Theologie in Hermannsburg*

Pfarrer Dr. Sigurd Sadowski
*Gemeindepfarrer in Melsungen, Beauftragter für Notfallseelsorge im Kirchenkreis Melsungen*

Pfarrer PD Dr. Freimut Schirrmacher M. A.
*Gemeindepfarrer in Fuldabrück, Privatdozent für Praktische Theologie an der Kirchlichen Hochschule Wuppertal/Bethel, Vorstandsvorsitzender der Arbeitsgemeinschaft für Erwachsenenbildung der EKKW*

Pfarrer Heinz-Ulrich Schmidt-Ropertz,
*Gemeindepfarrer in Körle, Stv. Dekan des Kirchenkreises Melsungen*

Dekan i. R. Kirchenrat Rudolf Schulze
*Dekan des Kirchenkreises Melsungen von 1989–2012, Präses der 12. Landessynode der Evangelischen Kirche von Kurhessen-Waldeck*

Pfarrer Michael Schümers
*Gemeindepfarrer in Spangenberg, Propst der Estnisch Evangelisch-Lutherischen Kirche im Ausland*

Pfarrer Dr. Alexander Warnemann
*Medienbeauftragter des Sprengels Hersfeld der Evangelischen Kirche von Kurhessen-Waldeck*

Pfarrer i. R. Eberhard Wisseler
*Gemeindepfarrer in Beltershausen von 1990–2012*